필립 코틀러

시장의 미래

이 도서의 국립중앙도서관 출판예정도서목록(CIP)은 서지정보유통지원시스템 홈페이지(http://seoji.nl.go.kr)와 국가자료공동목록시스템(http://www.nl.go.kr/kolisnet)에서 이용하실 수 있습니다.
(CIP제어번호: CIP2015022309)

필립 코틀러 시장의 미래

저성장 · 저소비 시대,
600개 도시에서 성장하라

필립 코틀러 · 밀턴 코틀러 지음 | 안진환 · 최정임 옮김

일상이상

"전 세계 부의 대부분을 창출하고 있는 글로벌 600개 도시에 대한 코틀러 형제의 통찰력을 접할 수 있게 된 것은 행운이다. 이 책은 글로벌 마케팅 전략을 수립하는 새롭고 창의적인 방식을 보여주고 있다."

장루이민(張瑞敏), 하이얼 그룹(Haier Group) 회장

"아프리카와 미국, 중남미 등의 많은 도시들이 투자 기회를 내세우며 우리를 찾아온다. 이 책은 실제로 우리의 사업에 가장 적합한 새로운 도시시장을 선택하는 데 필요한 체계적인 방법을 담아냈다."

우광콴(Wu Guang Quan), AVIC 인터내셔널 홀딩스(AVIC International Holdings) 최고경영자

"세계 각지의 글로벌도시를 이해하고 새로운 입지를 선정하는 데 도움을 주는 탁월한 저서이다."

SY라우(SY Lau), 텐센트 지주회사(Tencent Holding Company) 부사장

"이제 글로벌기업은 세계총생산의 대부분을 창출하는 전 세계 600개 도시지역에 뿌리를 내려야 한다."

첸빙(Chen Bin), 컨티넨탈 호프 그룹(Continental Hope Group) 회장

"전 세계적으로 자본이 집중되는 지리적 위치가 변화하고 있는 지금 이 시기에 기업인과 정치인에게 중요한 길잡이가 되어줄 책이다."

니르말야 쿠마르(Nirmalya Kumar), 런던비즈니스스쿨(London Business School) 교수

"저자는 풍부한 데이터와 예리한 시각으로 글로벌기업의 입지 선정 방법을 보여주고 있다. 끊임없이 변화하는 세계에서 입지 선정을 잘해내는 기업이 성공할 것이다."

데이비드 아커(David Aaker), 캘리포니아주립대학교(버클리 캠퍼스)
하스경영대학원(Haas School of Business) 명예교수

"기업의 미래는 전 세계의 도시시장과 어떻게 결속되느냐에 달려 있다. 코틀러 형제가 이 책에서 그 방법을 제시해주고 있다."

아디 고드레즈(Adi Godrej), 고드레즈 그룹(Godrej Group) 회장

"도시 당국이 적절한 방법을 통해 경제 성장을 창출할 수 있도록 도와주는 설계도와 같은 책이다."

낸시 베리(Nancy Berry), 칼리지스테이션(College Station) 시장

"코틀러 형제의 뛰어난 저서는 중국의 도시들에 산업 분야의 글로벌 혁신과 융합할 수 있는 새로운 관점을 제공하고 있다."

탕량즈(唐良智), 우한(武漢) 시장

"필립 코틀러와 밀턴 코틀러는 마케팅의 새로운 분야를 개척하기 위한 십자군원정에 나섰으며, 그러한 원정에 나설 수 있는 유일한 권위자들이다. 변화하는 세상에서 도시의 경제를 성장시키고 싶다면 이 책을 읽어야 할 것이다."

A. J. M. 무잠밀(A. J. M. Muzammil), 콜롬보(Colombo) 시장

CONTENTS

기업은 이제 국가가 아니라 도시에서 성장해야 한다

이제까지 기업은 글로벌 경영을 표방하며 글로벌 국가들에서 시장을 개척해왔다. 그러나 이제는 시장의 패러다임이 변하고 있다. 앞으로 10년, 기업은 좀 더 예리한 시선을 가지고 국가가 아니라 도시에서 성장해야 미래의 승자가 될 수 있다. 저성장·저소비 시대에 생존하기 위해서는 보다 매혹적인 시장, 새롭게 성장하고 있는 글로벌도시에 주목해야 한다. 2008년 금융위기 이후 전 세계적인 경기침체가 장기화되자 여러 글로벌도시들이 경제 성장을 위해 새로운 변화를 모색하고 있다. 마찬가지로 기업 또한 어제 통하던 방식을 버리고 전도유망한 도시에서 성장해야 한다. 결국 기업과 도시라는 두 조직체의 운명은 서로 긴밀한 연관성을 갖는다고 봐야 한다.

그렇다면 기업과 도시는 어떻게 상호 연관되어야 하는가? 기업을 유치하면 도시가 살아나고, 기업이 발전하면 도시도 발전한다. 앞으로는 기업뿐만 아니라 도시도 경쟁력을 갖춰야 한다. 도시는 기업과 자본을 끌어들이기 위해 다른 도시보다 탄탄한 인프라와 도시개발계획 등을 갖춰야 한다. 중소기업이나 대기업 그리고 다국적기업(multinational corporation, MNC)을 끌어들여 키울 수 있는 역량을 갖추었느냐에 따라 도시의 운명이 좌우된다. 기업들은 각종 연구개발과 투자, 생산, 유통, 판매를 수행하며 도시의 경제 활동을 주도한다. 도시 경제의 원동력이 되는 활동을 수행한다는 의미다.

그렇다면 기업은 어떤 도시에서 성장해야 하는가? 도시는 국가와 마찬가지로 내부총생산(gross domestic products, GDP)을 경제지표로 나타낸다. 특정 도시의 총생산, 즉 도시의 GDP도 측정할 수 있다는 말이다. 기업은 GDP 등을 통해 도시가 보유한 일자리와 인구, 산업, 1인당 소득 등을 한눈에 파악해야 한다. 그리고 도시 GDP의 성장률 또한 살펴봐야 한다. 만약 가파른 성장률을 보인다면 그 도시에서는 새로운 일자리가 창출되고 시민들이 번영을 누리고 있다고 이해하면 된다. 반면에 GDP 성장률이 저조하다거나 정체 혹은 침체 상황을 보인다면 그 도시에서는 더 이상 희망이 없다.

그런데 현재 미국의 많은 도시들이 저조한 성장률을 보이거나 더 이상 성장을 논할 수 없는 상태에 빠져 있다. 미시건 주의 디트로이트와 플린트, 오하이오 주의 클리블랜드, 데이튼, 영스타운 그리고 캘리포니아 주의 스톡턴과 리버사이드 등이 그러한데, 그 이유는 기업들이 더 이상 이 도시들에 매력을 느끼지 못해서다. 여하튼 이들 도시에서 활동하는 기업인과 직장인, 구직자, 정치가, 나아가 결국 시민 전체에게 커다란 걱정거리가 아닐 수 없다.

시장에서 살아남는 기업들은 끊임없이 어디에 투자할 것인지, 어디에서 제품과 서비스를 생산할 것인지, 그리고 어디에다 내다 팔 것인지에 대한 의사결정을 내린다. 성장세에 있는 기업이라면 반드시 새로운 시장을 찾아내야만 하고 또 신중하게 선택해야 한다. 또한 현재 주된 활동을 벌이고 있는 기존 시장에 대한 정기적인 재평가를 반드시 실시해야 한다. 시장은 글로벌 환경에 따라 시시각각 변하기 때문이다. 내수시장에 기반을 둔 국내

기업들이더라도 안심해서는 안 된다. 저성장·저소비 시대에는 소비심리가 위축되고 내수시장도 침체될 것이므로 우물 안 개구리 방식으로는 살아남을 수 없다. 내수시장만 고집하던 기업들 다수는 앞으로 낮은 가격이나 상대적으로 고품질 혹은 두 가지 모두를 앞세운 새로운 경쟁자들과 맞닥뜨리지 않을 수 없다. 세계화로 인해 시장이 개방되고 기술이 진보해져 글로벌 교역이 용이해지기 때문이다. 그러므로 내수시장에만 머물러 있어서는 안 된다. 외부의 위협으로부터 스스로를 방어하는 동시에 다가올 미래에 새로운 기회를 제공하는 시장으로 옮겨야 한다.

앞서가는 기업은 남들보다 한 걸음 앞서 움직인다. 이미 오래전부터 많은 기업들이 원가 절감을 위해 선진국에 위치한 생산시설을 개발도상국으로 이전하고 있다. 생산시설을 이전하기 위해 기업들은 어느 도시가 자신들이 벌이려는 사업과 가장 적합할지를 평가해야 한다. 예를 들어, 프랑스의 자동차기업 푸조(Peugeot)가 아시아시장을 확장하고자 한다면 지사와 생산시설을 어디에 두어야 할까? 푸조는 이미 중국 우한에 본사를 둔 동펑(Dongfeng)자동차와 공동 생산시설을 가동하고 있다. 그렇다면 푸조는 상하이나 항저우, 광저우 같은 중국 동부 지역의 대도시로 생산시설을 확대해 입지를 더욱 강화하는 것이 좋을까? 그런데 푸조는 태국 방콕에서는 조립라인만 두고 있다. 그렇다면 인도네시아에서 그런 것처럼 방콕에서 조립뿐만 아니라 생산도 하는 것은 어떠한가?

생산된 제품의 내수와 수출 물량이 어느 정도인지, 얼마를 투자해야 하는지, 기업의 성장을 위해 어디에 투자를 해야 하는지 등을 파악하기 전에, 경영자들은 각각의 도시와 대도시권이 보유하고 있는 경제적 입지 조건에 관심을 갖는 것이 좋다. 이처럼 기업은 새로운 성장을 위해 도시들을 물색하고 있는데, 도시의 경우도 성장을 위해서는 기업에게 열려 있어야 한다. 공공사업의 재원으로 쓸 도시의 수익을 창출하고, 시민들에게 일자리를 제공하기 위해서는 전도유망한 기업을 유치해야 한다. 기업이 성장해야 도시도 성장하기 때문이다.

불황에도 웃을 수 있는 기업의 구성원이 되고 싶다면, 도시의 토지와 주택의 가격, 편의시설과 고유한 특성 그리고 향후 10년 내지 20년 동안 나아갈 방향 등등 도시생활의 면면을 속속들이 알아야 한다. 기업은 자신들이 생산한 제품 및 서비스와 관련해 '누가, 무엇을, 언제, 어디서, 어떻게, 왜' 구매하는지를 알아야 할 필요가 있다. 또한 법인 설립과 거래 및 수출 등이 용이한지, 관련 법률이 어떠한지도 정확히 파악해야 한다.

반면에 도시 당국은 각각의 기업들이 도시에서 필요로 하는 것이 무엇인지 이해해야 한다. 과거와 달리 글로벌 시대에는 특정 도시에서만 활동하는 기업은 많지 않다. 도시 당국은 도시가 보유하고 있는 결정적인 장점이 무엇인지 먼저 파악한 다음, 도시의 자원과 미래 비전에 부합하는 산업이 무엇인지 그리고 해당 산업 분야에 어떤 기업들이 적합한지를 물색해야 한다. 이러한 노력을 기울이는 도시의 지도자는 충분한 세수를 확보할 수 있을 것이다. 시민들에게 일자리와 사회복지 등을 제공할 수 있고, 결과적으로 재선에도 성공할 것이다.

그런데 도시의 시민들 대부분은 자신이 살고 있는 도시의 경제에 대해서는 잘 모른다. 시민들의 관심은 일자리, 가족, 친구, 이웃, 개인적인 즐거움 등에 쏠리기 마련이다. 경제 발전은 개별 도시의 정책이 아니라 국가 차원의 정책에 달려 있다고 생각하기 때문이다.

하지만 지난 30여 년 사이에 상황이 달라졌다. 그동안 각국의 정부는 전 세계적인 자유무역 체제를 추구해왔다. 자본의 투자와 소비 그리고 교역 활동에 있어 이미 국가의 경계는 허물어졌다. 선진국의 기업들은 국내 생산과 국내 소비만을 생각하던 단계에서 벗어나 제조 기반을 아시아 지역으로 이전했다. 제조 기반을 아시아로 이전한 기업들은 원가를 절감하고 마케팅과 재무 전략을 세밀하게 조정했다. 그로 인해 전 세계적으로 더 많은 수요를 창출하고, 나아가 시장 점유율을 높이고 막대한 이익을 얻을 수 있었다.

한편 개발도상국의 기업들은 제조업을 통해 돈을 벌어들이는 방식을 벗어던지고 새로운 변화를 꾀하고 있다. 자사의 제품과 서비스를 판매하는 방식도 선진국의 방식을 따르고 있다. 개발도상국에서 출현하는 다국적기업의 수는 점점 증가하고 있으며, 새롭게 부상하는 아시아의 다국적기업들은 오랜 기간 시장을 지배해왔던 서구의 다국적기업들에게 위협적인 경쟁자가 되고 있다.

대도시로 이주하는 농촌 사람들의 수도 지속적으로 증가했다. 상파울루와 자카르타 같은 개발도상국의 산업도시들은 이제 인구 1,000만 명 이상의 메가시티(megacity)로 변모하고 있다. 인구 500만 명 정도의 대도시와 1,000만 명 이상의 메가시티들은 이미 국가의 GDP를 지배하기 시작했다. 개발도상국의 방대한 산업 생산량은 오래된 도시와 새로운 도시 모두를 시골 지역에서 이주해온 인구들로 넘쳐나게 만들었다. 개발도상국들은 인프라에 대한 투자는 물론, 제조업과 천연자원, 무역에 대한 투자를 최대한 끌어들였다. 그러한 국가들에서는 엄청난 노동력을 기반으로 급속한 도시화가 이루어졌고, 소비를 담당하는 중산층과 투자를 담당하는 부유한 상류층이 형성되었다.

같은 시기에 뉴욕과 런던, 파리, 슈투트가르트, 밀라노, 도쿄, 서울 등과 같은 선진국의 상업 중심지들은 산업과 문화 등을 융합해 국내외의 인재와 투자를 끌어들여 그 위상을 유지해왔다.

이처럼 패러다임이 변하자 각국 정부들은 국내기업들의 합병을 유도해 거대한 다국적기업으로 거듭나게 만들었고, 이들 거대 다국적기업들은 국가의 GDP는 물론 세계총생산(gross world product, 세계총생산)까지 좌지우지하는 수준에 이르렀다. 2010년 기준 전 세계 8,000개 기업이 세계총생산의 90퍼센트를 생성했다. 그리고 이들 다국적기업을 유치한 600개의 도시가 세계총생산의 절반을 생산했으며, 그중 상위 100개 도시의 생산량이 세계총생산의 38퍼센트를 차지했다. 기업과 도시의 관계에서 형성되는 부의 집중 현상은 점점 더 가중될 것으로 보인다.

경제적 관점에서 볼 때, 우리는 다국적기업과 글로벌도시들이 지배하는 세상에서 살고 있는 것이나 다름없다. 다국적기업과 글로벌도시는 국가의 경제력을 압도하고 있다. 이들 기업과 도시는 비즈니스 리더와 마케팅 담당자들이 투자 의사를 결정하는 기반이 되고 있다. 기업과 도시는 정치가들에게도 주요 관심사일 수밖에 없다.

그런데 선진국들은 이러한 흐름에 민첩하게 대응하지 못했다. 선진국들은 언제부턴가 적자 지출을 통해 공공복지의 수준을 높이는 데 역량을 집중하기 시작했다. 그들은 저금리 위주의 경기부양책으로 경기회복을 시도했고, 소비를 촉진하는 마케팅과 금융 시스템을 장려했다. 강대국으로서 그들은 국내 문제보다는 다른 국가들과의 관계를 만들어나가는 일에 더 많은 시간을 할애했다. 그러는 동안 실업률이 늘고 경제성장률이 줄었다.

2008년에 금융위기가 도래하자 세계 경제의 원동력은 서양권에서 동양권으로 이동했는데, 이러한 구조적 이동은 2008년 이전까지 오랜 기간 지속된 서방 선진국들의 부와 힘에 가려져 있었다. 금융위기는 레버리지(leverage: 차입경영)에 과도하게 의존하던 선진국들에게 엄청난 타격을 주었고, 경제성장률을 감소시켰다. 그럼에도 불구하고 각국의 중앙정부와 중앙은행들은 부적절한 경기부양책을 쏟아냈고, 몇몇은 자멸적인 정책을 채택하기도 했다. 정부의 노력은 대부분 저금리로 대형 은행을 살리는 데 집중되었다. 경기부양을 위한 신용(대출) 흐름의 복원을 기대하며 그렇게 했지만 그런 기대는 현실에서는 통하지 않았다.

정부가 은행을 살리는 데만 집중하는 동안 도시들은 값비싼 채권을 발행하는 등의 자구책을 마련해야 했고, 대기업들은 정부의 저금리 정책을 활용해 나름의 이득을 취하는 데 몰두했다. 그러는 동안 글로벌도시들은 다국적기업의 투자를 유치하기 위해 서로 경쟁을 벌였다. 기업들은 사내유보금 등의 현금을 이용해 개발도상국들에서 자사의 브랜드를 성장시키는 데 투자했다. 개발도상국들은 선진국들과 달리 수요가 포화상태에 이르지 않았기 때문이었다.

이러한 환경이 바로 이 책의 배경이 된 것이다. 앞으로 세계 경제의 운명은 다국적기업과 글로벌도시들의 상호작용에 달려 있다. 이 책은 비즈니스 리더들이 고도 성장세에 있는 글로벌도시들 가운데 투자를 위한 최적의 입지를 선정하도록, 그리고 마케팅 관리자들이 투자의 수확을 거두어들이기 위한 마케팅 활동을 적절한 지역에서 집중하도록 도움을 줄 것이다. 아울러 글로벌도시의 정치가와 당국자들이 다국적기업들을 끌어들이는 데 도움이 되는 방법들도 담았다. 현명한 도시 당국자라면 '경제 살리기'가 최대 관심사로 떠오른 현 시점에 이 책을 선택하기 바란다.

이 책의 1장은 글로벌도시들의 시장성에 대해 조명한다. 2장은 기업이 알아야 할 도시의 11가지 특성에 대해 살펴본다. 3장에서는 기업이 어떤 도시에서 시장을 개척해야 하는지를 알아본다. 4장은 기업이 도시에서 어떻게 성장해야 하는지를 알아본다. 5장에서는 기업의 투자를 유치하는 경쟁에서 이기기 위해 글로벌도시들이 무엇을 해야 하는지를 살펴본다. 6장은 도시의 경제적 성장을 돕기 위해 정부는 어떻게 지원해야 하는지를 알아본다. 7장에서는 경제 전쟁이라는 잔인한 게임 속에서 다국적기업과 도시들이 준수해야 할 사회적, 도덕적 책임에 대해 검토한다. 마지막으로 8장에서는 마케팅 관리자들이 글로벌도시 시장에서 자신의 기업을 위한 가치를 전략적으로 또 전술적으로 최적화하도록 돕는다.

다시금 강조하건대, 이 책은 수많은 자료와 실제 사례를 제시하며 미래시장에 대비하는 법을 담았다. 갈수록 경쟁이 치열해지고 있는 도시 중심의 글로벌시장에서 지분을 획득하고 수익을 창출하기 위해 이 책을 꼼꼼히 읽어주기 바란다. 이 책을 통해 기업의 경영자와 마케팅 담당자들이 보다 효율적으로 자원을 활용했으면 한다. 또한 고용률과 소득을 늘리고, 세수를 창출하기 위해 다국적기업들의 투자를 성공적으로 유치해야 하는 도시 당국을 위한 책이기도 하다. 이 책은 도시가 보유하고 있는 장점을 활용하는 방법에 대해서도 자세히 다루었다.

경제 환경에서 영원불변한 것은 아무것도 없다. 변화가 항상 일어나고 있다는 말이다. 그러나 분명한 것은 향후 10년 혹은 20년 뒤의 세계 경제는 글로벌도시 시장을 장악하는 다국적기업들이 지배할 것이라는 점이다. 이러한 변화에 대비하기 위해 이 책을 펼쳐보기 바란다.

1

2025년, 600개 글로벌도시가 세계시장을 지배한다

세계시장의 원동력, 국가에서 도시로 바뀌고 있다

기업은 이제 국가가 아니라 도시에서 성장해야 한다. 자사의 제품과 서비스를 최대한 판매할 수 있는 도시를 찾아야 할 필요가 있다. 국내에서는 본사와 지사는 어디에 두고 생산과 유통, 판매는 어디에서 할 것인지에 대한 의사결정을 내려야 한다. 기업들이 적합한 도시를 선택해야 하는 이유는 국가 차원이 아닌 도시 차원에서 장점을 면밀히 살펴야 성공 확률이 더 높기 때문이다.

해외로 진출할 때에는 생산과 판매를 어느 나라의 어느 도시에서 할 것인지 그리고 관리와 생산, 유통, 판매 활동의 본거지는 어디에 둘 것인지를 선택해야만 한다. 그렇다면 중국시장에서 제품을 판매하고자 하는 기업이라면 중국 내 본부의 위치는 어디로 정해야 할까? 베이징이나 상하이, 홍콩 아니면 중국의 다른 10여 개 대도시 가운데서 어느 도시가 좋을까? 본부를 두기로 결정한 도시 내에서도 기업이 자리 잡을 지리적 위치를 구체적으로 설정할 필요가 있다. 활동 지역을 선정하는 것은 기업의 성공을 좌우하는 중요한 과업이다.

그런데 여기서 명심해야 할 점이 있다. 국가 내에는 저마다 중요도도 다르고 국내외적 접근성에도 차이가 있는 여러 도시들이 있다. 세계적으로 유명한 몇몇 도시들은 웬만한 국가보다 규모가 크다. 2007년 기준 도쿄 대도시권역에는 1만 3,500제곱킬로미터의 면적에 3,500만 명이 거주하고 있다. 3,500만 명이면 캐나다의 전체 인구와 별 차이가 없으며 말레이시아나 네덜란드, 사우디아라비아의 인구보다 많은 수이다. 상하이나 베이징, 뭄바이, 델리, 뉴욕, 로스앤젤레스, 런던, 멕시코시티, 상파울루, 부에노스아이레스, 리우데자네이루, 다카, 라고스, 모스크바, 카이로, 이스탄불 등과 같은 메가시티들도 웬만한 국가보다 많은 인구를 보유하고 있다. 이들 메가시티는 국민총생산(GNI)의 상당 부분을 창출하고 있으며, 다른 도시 및 국가들과 광범위하게 경제적, 정치적, 사회적 상호관계를 형성하고 있다.

단언컨대, 국가의 성장은 자국의 주요 도시의 성장과 긴밀한 관련을 갖는다. 주요 도시들의 GDP 성장률은 국가 전체의 GDP 성장률보다 훨씬 높다. 도시가 아닌 주요 도시가 국부의 원천과 국가 성장의 원동력이 되는 것이다. 국가의 주요 도시들이 바로 투자와 거래 그리고 소비 활동이 이루어지는 시장인 것이다.

그러나 지금까지 거의 70년 동안 개발경제학자(development economist)들은 도시의 성장이 아니라 국가 경제의 성장에 초점을 맞춰왔다. 제2차 세계대전 이후 패권국가인 미국과 소련은 물론이고 국제연합(UN)과 세계은행(World Bank), 국제통화기금(IMF) 등의 국제기구들도 국가 경제를 확립해 경제 발전과 성장을 얻으려는 정책을 추구해왔다. 이와 관련된 것들은 중앙정부의 정책과 구조, 군대의 현대화, 대규모 인프라 구축, 무역협정, 글로벌 금융 통합, 농업 지원 등이다.

소련과 중국, 인도 그리고 여러 국가에서 중앙정부가 정책을 선포하고 개별 도시들에 강력한 통제력을 행사했을 때, 상당수 도시의 경제성장률과 사회적 안정성은 오히려 악화되었다. 소련이 붕괴될 수밖에 없었던 것은 소련의 도시들이 침몰했기 때문이다. 소련과 같은 사태가 미국에서도 일어나지 말란 법은 없다.

그럼에도 불구하고 미국 중앙정부는 자국 내 주요 도시의 경제적 성장에 대해 그리 큰 관심을 보이지 않았다. 중앙정부가 재정적 부담을 느껴서 그런 것인데, 그러는 사이에 다른 도시나 해외로 기업과 인재 등이 유출된 도시들은 경제적으로 낙후될 수밖에 없었다. 도시는 빈곤층의 생활을 개선하는 장소일 뿐 경제 성장을 촉발하는 장소로 인식되지 못했다. 정도는 덜 하겠지만 유럽 국가들도 별반 다르지 않았다.

결국 중앙정부의 재정은 메말라갔고, 경제성장률은 낮아졌으며, 정치적 양극화, 심각한 부정부패 그리고 고질적인 사회적 폐해 등을 낳았다. 국가의 자원은 오로지 정치적 판단에 따라 분배되기 마련인데, 정치인들은 고속성장이 가능한 도시시장에 자원을 집중해 국가 전체의 수익을 늘리도록 만드는 역량이 부족했다. 이러한 문제점은 자본주의와 전제주의 양자 모두에 내재된 심각한 경제적 위험 요소이다.

미국과 인도의 국가 정책에서는 이러한 문제점을 엿볼 수 있다. 미국의 보조금 정책은 연방정부가 주정부와 도시에 재정적 지원을 제공하는 프로그램으로, 그 지원의 기준은 다름 아닌 '형평성'이다. 하지만 재정 지원을 받는 수혜 도시가 보유한 잠재적 생산성과는 전혀 무관한 기준을 제시하고 있다. 지원을 필요로 하는 도시의 수에 비해 제공되는 보조금은 부족할 수 밖에 없으므로, 경제 성장에 박차를 가할 정도로 충분히 지원될 수도 없다. 인도의 집권당인 국민의회당(Congress Party)은 얼마 전 경제 투자 활성화를 목적으로 설계된 기존의 선별적 인프라 구축 투자 정책을 버리고 농촌 지역에 할인된 수매가(시장 가격의 10퍼센트 할인가)로 수입을 보장하는 정책으로 갈아탔다. 그 결과 9.3퍼센트였던 2010~2011년 인도의 GDP 성장률은 2012~2013년에는 5퍼센트로 추락했다. 일반적으로 중앙정부는 핵심 성장 도시들에만 자원을 투입할 수가 없다. 어쩔 수 없이 지방정부나 도시가 중앙정부와는 별개로 투자 촉진 정책을 주도해야 하는 상황에 처한 것이다.

뉴욕시의 경제적 번영을 한층 더 끌어올린 마이클 블룸버그(Michael R. Bloomberg) 전 시장의 정책은 하나의 좋은 사례다. 글로벌시장에서 뉴욕시의 역할을 강화하기 위해 시행했던 블룸버그 시장의 혁신적인 정책들에 대해서는 뒤에서 보다 자세하게 살펴볼 것이다. 11년간의 재임을 마친 후 그는 전 세계 도시들의 구조 개선에 도움을 주기 위해, 자신의 방대한 자산을 활용할 수 있는 강력한 컨설팅 그룹을 만들었다. 블룸버그에게 대도시는 경제 발전과 공중보건 및 교육 정책 등과 관련된 대규모 실험을 해볼 수 있는 연구소인 셈이다.

미국 대통령 버락 오바마(Barack Obama) 역시 국가의 GDP가 성장하려면 주요 도시의 핵심적인 강점이 부각되어야 한다고 생각한다. 2013년 12월 13일, 오바마 대통령은 새롭게 선출된 10여 명의 시장들을 만난 자리에서 이렇게 말했다. "미국 경제 발전의 중심은 바로 우리나라의 주요 도시들입니다." 그리고 오바마 대통령은 주요 도시들을 핵심적인 일자리 창출의 허브로 만들 수 있는 환경을 제공하기 위해, 주요 도시의 시장들과 공조하기를 원한다고 덧붙였다.

서구 선진국도시에서 개발도상국 고성장도시로

현명한 기업이라면 오늘 지는 해보다는 내일 떠오를 해를 생각한다. 글로벌기업은 이제 개발도상국의 고성장도시에 집중적으로 투자하고 있다. 왜 그럴까? 미국과 유럽의 주요 도시에서는 인구가 점점 감소하고 있다. 소비와 거래, 투자 또한 위축되고 있다. 미국과 유럽의 대도시들은 더 이상 서구 다국적기업들의 사업을 성장시키고, 주주들에게 적정 수익을 되돌려줄 수 있는 충분한 시장을 제공하지 못하기 때문이다.

반면에 가장 빠른 성장세를 보이는 도시들은 개발도상국에 있다. 특히 부유한 중산층이 급속도로 성장하고 있는 아시아와 남미 지역의 도시들에 주목해야 한다. 이들 도시들에는 세계의 돈이 모인다. 선진국과 개발도상국의 발 빠른 다국적기업들과 국내 대기업들은 이미 그런 도시들이 제공하는 기회를 십분 활용하고 있다. 선진국의 다국적기업들은 보다 공격적으로 움직여야 한다. 새롭게 부상하는 개발도상국의 다국적기업들에게 추월당하기 전에 말이다.

다시 말하지만, 개발도상국의 중간 규모 도시와 대도시들의 경제성장률은 이미 자국의 경제성장률을 앞지르고 있는 것이 현실이다. 세계적인 도시들이 만들어내는 생산량은 GDP의 상당 부분을 차지하고 있다. 선진국에서는 대도시들이 국가 GDP의 80퍼센트를 차지하고 있으며, 미국의 경우 그 수치가 79퍼센트에 이른다. 개발도상국 대도시들의 생산량은 국가 GDP의 40~60퍼센트 수준이다. 중국은 GDP의 60퍼센트가 대도시에서 창출되고 있다. 2013년 기준 중국 내 35개 도시에서 중국 GDP의 거의 절반이 창출되고 있다.

비록 20세기 후반 수십 년 동안 개발도상국들이 혼란을 겪긴 했지만 이제는 안정을 되찾아 매력적인 투자처가 되고 있다. 중동이나 남미, 아시아의 일부 지역은 경제 성장으로 가는 여정이 아직은 험난하지만 중국과 인도, 브라질, 남아프리카공화국, 칠레, 콜롬비아, 인도네시아, 한국, 멕시코, 싱가포르, 베트남 등과 같은 국가의 주요 도시권역은 기업 활동을 위한 최적의 장소임에 틀림없다.

과거에는 서구의 국가들이 민주주의 체제에서 경제 발전을 이루려 했다. 한국이나 대만, 인도, 브라질, 멕시코와 같은 민주주의 국가들이 눈부신 경제 발전을 이루어낸 것은 사실이지만 중국이나 싱가포르, 사우디아라비아, 아랍에미리트와 같은 전제주의 국가 역시 민주주의 체제 없이도 경제 발전을 이루어내고 있다. 최근 민주주의 체제가 흔들리고 있는 러시아마저도 다시 되살아나고 있다.

만약 민주주의 체제가 경제 성장의 필수조건이 아니라고 본다면, 경제 성장은 과연 무엇을 통해 이루어질까? 국가 건설이라는 미명 아래 개발도상국의 경제는 도시가 고속 성장하는 과정에서 이루어지는 급속한 도시화, 산업화, 무역과 소비, 교육 등의 역동적인 상호 작용을 통해 번창해왔다. 개발도상국의 도시들은 안팎에서 투자를 유치하고, 새롭게 이전해오는 글로벌 산업, 토착산업, 중앙정부의 투자 정책, 선진적인 기업 운영 및 마케팅 기법, 도시가 보유한 기업가적 재능과 정신 등을 통해 성장해온 것이다.

그런데 국가기관은 외부로부터 투자를 유치하거나 무역과 소비를 촉진하는 조력자의 역할을 수행하기도 하지만 그보다는 규제자의 역할을 담당하는 경우가 더 많다. 개발도상국의 메가시티와 대도시에서 기업은 지역 경제를 성장시키며, 지역 경제는 중앙정부를 위해 부가적인 수익을 창출한다. 국가는 부를 창출하는 주체가 아니라 기껏해야 도시의 성장을 위한 촉진제 역할을 할 뿐이다. 국가의 부를 키워나가는 것은 다름 아닌 도시들이다. 국가는 도시 경제의 수혜자일 뿐 창시자가 아니라는 말이다.

세계적인 컨설팅회사 매킨지(McKinsey Global Institute)의 2011년 자료에 의하면, 지구상에 있는 도시들 중 상위 600개 도시에 세계 인구의 20퍼센트가 거주하고 있는데, 이 도시들의 총생산은 세계총생산의 절반에 가까운 34조 달러(US$)에 이른다. 그리고 2025년까지 상위 600개 도시의 총생산은 약 두 배로 늘어나 65조 달러에 이르며, 세계총생산의 67퍼센트를 담당할 것으로 예상된다.

개발도상국에 위치한 도시들의 GDP 구매력평가지수(purchasing power parity, PPP)는 서방 선진국에 위치한 도시들의 그것에 육박하고 있다. 중국 선전(深圳)의 생활수준은 미국 시카고와 맞먹으며 중산층 가구의 수는 훨씬 더 많다. 상하이와 베이징의 물가는 뉴욕보다 더 비싸다. 2007년부터 2010년까지 중국 대도시의 GDP는 미국 대도시 GDP의 20퍼센트 수준에서 37

퍼센트까지 상승했다.

2025년에는 개발도상국의 세계총생산 기여도가 선진국을 능가할 것이다. 파리경제대학(Paris School of Economics)은 2025년까지 중국의 명목 GDP가 미국에 버금가는 수준이 될 것이며, 실질 GDP 또한 유럽연합(EU)의 3분의 2, 미국의 절반에 달하는 수치까지 성장할 것이라고 전망한 바 있다. 2010년 중국의 경제 규모는 2000년 미국의 경제 규모와 동등한 수준이었다. 그뿐만이 아니다. 2025년까지 인도는 세계 6위의 경제 대국으로, GDP는 프랑스에 버금가는 수준으로 성장할 것으로 기대된다. 세계 경제의 중심이 선진국의 도시들에서 개발도상국의 도시들로 옮겨가고 있는 것이다.

어떻게 이런 일이 가능한가? 아시아를 비롯한 개발도상국의 경제 발전이 서방 선진국의 경제적 지배력을 잠식하고 있는 이유는 무엇인가? 서방 선진국들은 소비에트 연방과의 냉전이 종식된 이후에도 자신들의 정치적, 경제적 지배력이 지속될 것으로 생각했다. 개발도상국의 급속한 경제 발전이 미국의 우월성에 도전장을 내미는 상황은 상상도 못했던 것이다.

대답은 간단하다. 19세기에 민족국가가 부상한 이후 비교정치학과 경제학은 국가 데이터를 기반으로 삼아왔다. 국가는 GDP 구매력평가지수 또는 GDP 성장률이 아니라 오로지 명목 GDP로만 비교되었고, GDP 데이터를 비교 분석할 때에도 마찬가지였다. 명목 GDP는 구매력평가지수가 아닌 달러를 기준으로 산출되는 수치이다. 다시 말해, 각각 다른 도시에서 동일한 생활방식을 영위하는 데 얼마의 비용이 드는가를 비교하는 구매력평가지수를 명목 GDP를 산출하는 기준으로 삼지 않았다. 그럼에도 불구하고 선진국들은 명목 GDP를 중요한 기준으로 삼았으며, GDP 구매력평가지수의 성장률을 무시해왔다.

국가 GDP 데이터는 자국 내 도시들의 GDP의 차이점이나 국가 GDP에 대한 도시 경제의 기여도를 반영하지 못한다. 예를 들어, 2011년 인도의 상위 15개 도시는 국가 GDP의 56퍼센트를 담당했지만 그 도시에 거주하는 인구는 인도 전체 인구의 7.5퍼센트에 불과했다. 요컨대 국가 GDP 데이터가 국내의 도시 데이터에 비해 뒤처진다는 말이다. 도시들은 국가보다 훨씬 더 급속하게 성장하고 있다. 전반적으로 국가보다는 도시가 더 매력적인 시장일 수밖에 없다. 도시는 국가의 경제를 발전시키는 발전소와 같은 존재다.

글로벌 컨설팅기업 프라이스워터하우스쿠퍼스(PricewaterhouseCoopers)는 2025년 브라질의 연간 성장률이 3퍼센트 이하가 될 것이라고 전망하며, 같은 기간 상파울루의 연간 성장률은 4.3퍼센트, 리우데자네이루는 4.2퍼센트를 보일 것으로 내다봤다. 또한 인도의 연간 성장률은 5퍼센트에 불과하지만 뭄바이와 뉴델리는 각각 6.3퍼센트와 6.4퍼센트의 성장률을 기록할 것으로 전망했다. 중국의 경우, 5.5퍼센트의 연간 성장률이 예상된 데 비해 상하이나 베이징, 광저우 등 중국 대도시의 성장률은 많게는 10퍼센트까지 국가 성장률보다 높을 것이라고 내다봤다. 2012년 중국 톈진의 GDP 성장률은 16.4퍼센트였는데, 중국의 국가 GDP는 10퍼센트 성장에 그친 바 있다. 2011년 미국 캘리포니아 주 새너제이는 전년 대비 7.7퍼센트의 성장률을 보였고, 텍사스 주의 휴스턴과 미들랜드는 각각 3.8퍼센트와 9.5퍼센트의 GDP 성장률을 기록했다. 이는 같은 해 미국의 국가 GDP 성장률인 1.7퍼센트를 가뿐히 뛰어넘는 수치다. 그렇다면 시장을 확장하기 위해 투자하려는 기업이라면 국가와 도시 중 어느 쪽에 관심을 두어야 할까?

한 국가의 경제 성장은 자국의 고성장도시로 글로벌 민간 투자를 유치하고 무역과 소비를 촉진시킬 수 있는 국가 정책에서 시작되는 것이며, 그것은 선진국이든 개발도상국이든 마찬가지다. 고성장도시로 유입되는 글로벌 민간 투자는 수혜 도시뿐만 아니라 국가 전체를 발전시킨다. 기업이 도시에 투자하면 새로운 기술이 유입되고 교육의 질이 높아지며, 인프라가 구축되고 기술력이 질적으로 향상되며, 가구 소득이 증대되고 중산층이 확산되며, 자본의 투자 및 소비가 증가해 도시화 과정에서 부가가치가 창출된다.

이처럼 국가가 아닌 도시가 시장의 중심으로 새롭게 떠오르고 있는데, 메가시티와 대도시들의 1인당 GDP는 자국의 국가 GDP에 비해 80퍼센트나 높다. 2025년에 이르면, 구매력평가지수를 기준해 산출한 연평균 가구소득이 2만 달러 이상인 전 세계 상위 25개 도시 중에서 선진국의 도시는 도쿄, 뉴욕, 런던, 파리, 라인루르, 오사카, 로스앤젤레스, 서울, 시카고, 밀라노, 란스타드, 마드리드, 이렇게 12개에 그칠 것이다. 나머지 13개는 모두 개발도상국의 도시들, 즉 상하이, 베이징, 모스크바, 멕시코시티, 상파울루, 뭄바이, 카이로, 홍콩, 대만, 선전, 이스탄불, 델리, 부에노스아이레스 등이 될 것이다.

중국을 예로 들어 도시의 경제적 힘에 대해 살펴보자. 1980년 중국 공산당 주석 덩샤오핑(鄧小平)은 수십 년에 걸친 국가 계획 끝에 시장 경제를 시험해볼 무대로 삼기 위해 동부 해안의 5개 도시에 경제특구(special economic zones, SEZ)를 설치했다. 광둥 성의 선전, 주하이, 산터우, 푸젠 성의 샤먼 그리고 하이난 성 전체에 경제특구를 설치한 것이다. 이들 다섯 개 도시는 자유무역지구, 수출가공지구, 산업단지, 자유무역항 그리고 도시기업지구로 변모했다.

5개 경제특구를 통해 처음으로 중국 본토에 해외 자본이 유입되었고, 그 자본의 출처는 서방 선진국이 아니라 홍콩이나 싱가포르 등에 거주하는 재외 중국인 투자자들이었다. 그러한 초기 투자가 이뤄진 다음에야 서방 선진국의 기업들과 금융 투자 자본이 뒤를 따랐다. 그러나 당시 모든 재외 중국인 투자자가 자본주의 국가에서 살고 있던 것은 아니었다. 몇몇은 인도네시아와 같은 사회주의 국가에서 살고 있었다.

오늘날에 경제특구로 명성을 떨치고 있는 선전은 원래 3제곱킬로미터에 채 미치지 못하는 면적에 낡고 황폐한 건물들이 늘어서고 교통 신호 체계조차 미흡한, 작은 어촌 마을과 소규모 무역도시로 구성된 인구 3만 명 정도의 도시였다. 그런데 이처럼 볼품없던 도시는 놀랍게 달라졌다. 선전은 혁신적인 경제 정책을 시험해볼 수 있는 무한한 자유가 주어졌다는 점에서 가장 특별한 경제특구였다. 1982년에는 주변 지역이 경제특구에 추가되면서 전체 인구가 35만 1,871명으로 늘어났다.

경제특구로 지정된 후 불과 20년이 지난 2000년에 선전의 인구는 700만 8,428명으로 늘어났고, 2010년에는 그보다 47.8퍼센트 늘어난 1,035만 7,938명이 되었다. 또한 선전 지방의 거의 대부분이 경제특구에 포함되었다. 2012년 선전경제특구의 1인당 GDP는 3,581달러, 구매력평가지수는 2만 3,897달러에 이르렀다. 연간 성장률 10퍼센트를 기록하는 상황에서 선전의 구매력평가지수는 미국 시카고의 2010년 1인당 GDP 2만 9,535달러에 거의 육박했으며, 클리블랜드의 1인당 GDP를 뛰어넘었다. 우리가 이 책을 집필하는 현재 선전경제특구의 구매력평가지수가 머지않아 미국 필라델피아의 1인당 GDP에 필적할 것으로 보인다.

중국이 시범적으로 설치한 경제특구는 순식간에 나라 전체로 퍼졌고, 베이징, 상하이, 충칭, 청두, 톈진, 우한, 시안, 광저우 등의 다른 도시 지역에서도 산업화 및 상업화가 빠르게 확산되었다. 서양기업들은 독자적으로 중국의 도시시장으로 진입하거나 특정 산업 분야에서 중국 국영기업과 합작을 통해 진출하기도 했다. 투자와 기술 이전, 경영 기술 등을 제공하는 조건으로 쉽고 안전하게 중국의 도시시장으로 진입할 수 있었다. 이처럼 외부 투자가 늘자 중국 곳곳에 민간 및 공공 자본이 형성되어 해당 도시뿐만 아니라 국가 전체가 성장하게 되었다. 공공과 민간을 구분할 것도 없이 인프라를 건설하는 데 방대한 규모의 투자가 이루어졌고, 그렇게 중국의 도시들은 30여 년 동안 성장가도를 달리면서 세계 최대의 글로벌 경제도시로 거듭났으며, 중국을 세계 제2위의 경제 대국으로 끌어올렸다.

2010년 기준 중국 국가 GDP의 65퍼센트를 민간 부문이 맡고 있으며, 40퍼센트에 해당하는 자본을 이들 민간 부문에서 보유하고 있다. 이후 자카르타와 방콕, 쿠알라룸푸르, 두바이, 멕시코시티, 상파울루, 뭄바이 등과 같은 다른 개발도상국의 도시에서도 중국의 사례와 유사한 형태로 서양기업들에 의한 외부 투자와 새로운 내부 투자가 이루어졌고, 이 도시들은 모두 거대한 글로벌도시로 성장했다.

이제 투자자가 되어 아프리카의 도시들로 진출하고 있는 중국은 선진국 기업들의 투자 행태를 그대로 답습하고 있다. 아프리카 대륙으로 유입된 중국 자본의 규모는 세계은행의 투자 규모보다 크다. 중국은 막대한 자금력을 기반으로 아프리카를 비롯한 개발도상국과 선진국에서 산업, 기업, 기술과 물류 자산 등에 대한 투자 및 취득 활동을 이어가고 있다. 중국은 이제 세계 경제를 움직이는 큰손이 된 것이다.

도시화가 경제를 살린다

세계는 지금 선진국에서 개발도상국으로 부가 이동하고 있는데, 저임금 노동력이 대도시로 몰려드는 급속한 도시화 때문에 그런 것이다. 저임금 노동력은 글로벌기업과 투자자에게 생산원가를 절감할 수 있는 장점을 제공하는 동시에 새로운 거대시장으로 접근할 수 있는 요소로 작용한다. 이와 같은 부의 이동은 고부가가치 공급망과 수출 지향적 브랜드 그리고 새로운 중산층의 내수 소비를 진전시키고 있다.

제인 제이콥스(Jane Jacobs)를 비롯한 여러 도시 분석 전문가들은 부의 창출에 미치는 도시의 영향을 살펴본 바 있다. 제이콥스와 같은 초기 전문가들은 선진국의 도시화에 중점을 두었지만, 오늘날 개발도상국의 도시에서는 훨씬 큰 규모의 부가 창출되고 있음을 알 수 있다. 매킨지에 따르면, "도시화에 기인한 중국 경제의 환골탈태는 도시화를 경험한 최초의 국가인 영국에 비해 100배나 큰 규모로, 10배의 속도로 도시화가 이루어지고 있다." 2013년 기준 3억 1,500만 명의 인구를 가진 미국이 2010년 기준 총인구 26억 명의 개발도상국 지역들과 효율적으로 경쟁할 수 있느냐는 질문에 대해 미국인들은 곰곰이 생각해봐야 한다.

우리는 지금 인류 역사상 최초로 도시가 지배하는 세상에서 살고 있다. 세계 인구의 50퍼센트 이상이 도시에 거주하고 있고, 세계총생산의 80퍼센트가 도시에서 생산된다. 2007년 매킨지가 선정한 세계 600대 글로벌도시 중 380개 도시가 세계총생산의 50퍼센트를 담당하고 있으며, 2025년에는 600개 대도시의 생산량이 세계총생산의 67퍼센트를 차지하게 될 것이다. 그리고 2025년에는 주전 선수가 바뀔 것이다. 136개의 개발도상국의 도시들이(중국에서만 100개의 도시들이) 600대 글로벌도시의 목록에 새롭게 추가될 가능성이 높다. 또한 2007년에 작성된 매킨지 글로벌도시 목록에 포함된 선진국의 도시들 중 3분의 1은 그 목록에서 삭제될 공산이 크다. 새로운 부를 창출하는 원동력은 소비에서 비롯될 것이다. 2007년 1인당 평균 소득 2만 달러인 4억 8,500만의 가구, 즉 소비의 주체가 2025년에는 1인당 평균 소득 3만 2,000달러인 7억 3,500만 가구로 그 수가 늘어날 것이기 때문이다.

2025년, 개발도상국의 도시들이 세계 소비를 좌우한다

도시는 인프라 구축과 상업적 투자, 산업화, 고용, (고임금을 원하는) 농촌 지역 인구의 유입, 물류와 무역, 교육의 발전, 부동산 개발, 소비자 마케팅과 유통, 문화적 매력, 자본 형성 등이 발생하는 공간이다. 도시와 도시권역은 제조업은 물론 서비스업에 필요한 공급망을 제공한다.

대도시와 메가시티는 산업과 기술 그리고 상업적 투자를 활성화한다. 기업에게는 가구 소비를 늘려 소득을 창출할 수 있는 훌륭한 시장이며, 개인에게는 교육과 일을 통해 커리어를 발전시켜나가는 기회를 주는 장소이기도 하다. 그러나 한편으로는 환경오염을 일으키고 천연자원을 고갈시키는 주범이 되기도 한다. 따라서 대도시는 정치 및 행정적으로 관리해야 하고, 사회적 균형이라는 엄청난 과제를 해결해야 한다.

도시에서 이루어지는 소비는 빈곤층, 저임금 계층, 중산층 그리고 부유한 상류층으로 구분되며, 각각의 세부 집단을 모두 포함한다. 새롭게 부상하는 개발도상국의 440개 도시시장에서 구매력평가지수 2만 달러 이상의 가구 수는 2010년 35퍼센트에서 2025년에는 55퍼센트까지 증가할 것으로 보인다. 또한 연간 구매력평가지수가 7만 달러를 초과하는 고임금 가구 수의 규모도 상당하다. 2010년에 2,000만으로 집계된 개발도상국의 글로벌도시에 있는 고임금 가구는 2025년까지 그 세 배에 달하는 6,000만 가구로 증가할 것이다. 이들은 전 세계 도시 고임금 가구의 글로벌 성장률 중 60퍼센트를 차지하면서 선진국도시의 부유층 가구 수를 넘어설 것으로 전망된다. 또한 개발도상국의 새로운 고임금 가구 중 19퍼센트를 중국의 도시에 사는 가구들이 차지하게 될 가능성이 높다.

2025년에 인구 500만 명에서 1,000만 명을 보유하고 중간소득(중산층과 고임금 계층) 2만 달러 이상인 글로벌도시 26개 중 11개는 브라질, 러시아, 인도, 중국 등 소위 브릭스(BRICS) 국가를 포함한 개발도상국에, 나머지 15개 도시는 선진국에 위치할 가능성이 높다. 상위 26개 도시에 이름을 올릴 미국의 글로벌도시는 뉴욕과 로스앤젤레스, 시카고 이렇게 3개 도시가 전부다. 인구 1,000만 이상이며 중간소득 가구 수가 가장 많은 23개 도시로 범위를 좁혀본다면, 선진국의 도시는 미국의 뉴욕과 로스앤젤레스, 유럽의 런던, 파리, 라인루르 그리고 일본의 도쿄와 오사카 등 7개 도시에 그칠 것이라고 매킨지는 내다봤다. 나머지 16개 도시는 모두 개발도상국일 가능성이 높으며, 중국의 상하이, 베이징, 충칭, 인도의 뭄바이, 델리, 콜카타, 남미 지역의 멕시코시티, 상파울루, 부에노스아이레스, 리우데자네이루 그리고 카라치, 다카, 마닐라, 모스크바, 카이로, 이스탄불이 여기에 포함된다. B2B(business-to-business)와 B2C(business-to-consumer) 등 기업의 모든 마케팅 활동의 중심축이 선진국에서 개발도상국으로 이동할 가능성이 높다는 얘기다.

매킨지 선정 상위 600개 도시의 인구 연령이나 가구의 수와 규모, 교육 수준과 같은 소득 이외 요인들은 각각의 도시에서 기업 활동을 하는 데 있어 문제점과 기회를 구별할 수 있는 지표가 될 것이다. 따라서 기업은 각기 다른 도시 상황에 맞추어 전략을 수정할 필요가 있다.

도시는 5단계를 거쳐 성장한다

제이콥스는 1984년 자신의 저서 《도시와 국가의 부(Cities and the Wealth of Nations)》에서 도시와 도시권역이야말로 국부 창출의 진정한 원천이라고 주장함으로써, 부의 창출이 국가에 의해 주도된다는 국가 이론을 보기 좋게 허물어버렸다. 제이콥스는 도시가 각기 다른 일련의 단계를 거쳐 성장한다고 주장한다. (1)수입을 위한 시장 단계, (2)수입 대체 단계(일자리), (3)산업 및 상업적 변화 단계, (4)기술 단계, (5)자본 형성과 투자 단계가 그것이다.

그녀는 저서에서 서구의 대도시들이 국부 창출을 위해 자국 내에서 주변의 수출입 도시 지역과 어떻게 연합했는지를 자세히 보여주고 있다. 도시 지역은 국가 경제의 핵심이다. 핵심 도시들의 전성기는 내부의 잉여 생산물을 주변의 다른 핵심 도시와 외국으로 수출하기 시작하는 수입 대체 단계이다. 수입이 지속적으로 수입 대체와 수출로 전환되면서 도시 지역의 부가 성장해가는 것이다. 중심도시의 에너지와 창의성이 쇠퇴하면 결국 도시 지역 전체가 쇠퇴하고 만다.

제이콥스의 1961년 저서인《미국 대도시의 죽음과 삶(The Death and Life of Great American Cities)》에서는 서로 경쟁하는 미국의 대도시와 도시 지역들을 살펴보며, 도시의 성패와 관련된 다양한 원인을 분석하고 있다. 모든 도시는 시장과 일자리, 기업의 이전, 기술, 자본을 놓고 경쟁한다. 도시는 영속적일 수 있을지 모르지만 도시의 부와 경제력은 결코 영원할 수 없다.

제이콥스는 도쿄를 비롯한 일본의 주요 도시들이 부상하면서 일본의 국부가 성장하는 과정을 지켜보았다. 그러나 중국과 인도를 비롯한 아시아 지역, 남미 지역의 상파울루와 리우데자네이루, 멕시코시티, 중동 지역의 이스탄불과 두바이 혹은 아프리카의 라고스 등과 같은 메가시티의 태동은 저자의 사후에 일어난 현상이다. 물론 저자는 도쿄를 시작으로 일본의 주요 도시들이 1990년대 이후 경기침체로 서서히 몰락해가는 것도, 디트로이트와 미국과 유럽의 수많은 주요 도시들이 쇠퇴해가는 것도 지켜볼 수 없었다. 그럼에도 불구하고 제이콥스의 견해는 틀리지 않았다. 도시권역의 경제적 운명은 국내시장과 글로벌시장, 일자리, 기업 이전, 기술, 자본 등의 흐름에 달려 있다는 견해 말이다.

제이콥스의 저서가 1961년에 출판되었을 당시는 소련 연방이 붕괴되기 전이었다. 자유무역과 금융 통합 그리고 새로운 세계 질서가 아직 자리 잡지 못한 시기였다. 보호주의 무역이 개방 지향적 무역으로 전환하는 데 이바지한 세계무역기구(WTO)도 없었다. 중국에서는 이제 막 공산당 체제 하에서 시장이 성장하기 시작할 찰나였고, 사회주의 국가인 인도에서는 시장 개혁이 시작되지도 않은 상황이었다. 기업은 오늘날과 같은 글로벌기업으로 성장하지 못한 상태였다. 제이콥스가 사망한 2006년에 이르러서야 새로운 세계의 윤곽이 뚜렷이 드러났다. 하지만 제이콥스가 도시의 중요성에 주목한 점은 높이 평가해야 한다. 이 책은 도시의 중요성을 강조한 제이콥스의 선구적인 저작물에 대한 헌사이다.

제이콥스가 주장한 도시 발전의 5단계가 오늘날 그리고 미래의 글로벌 경제에 어떤 영향을 주는지 살펴보도록 하자.

1. 시장의 성장

새롭게 조성된 도시시장의 모습에 대해서는 앞서 서술한 바 있다(여기에서 도시는 제이콥스가 자신의 저서에서 도시 지역이라고 불렀던 대도시권을 의미한다). 2008년 기준 전 세계 상위 600개 도시 중 개발도상국의 도시에 사는 중산층과 부유층 가구는 8천만 가구이며, 선진국의 도시에 사는 중산층과 부유층은 1억 7,200만 가구로 집계되었다.

2025년, GDP 성장률이 가장 높을 것으로 예상된 전 세계 25개 도시 중 15개 도시가 중국에 분포할 것으로 전망된다. 미국의 대도시 중에서는 아마도 로스앤젤레스 단 하나뿐일 것이다. 연간 GDP 구매력평가지수 2만 달러 이상인 가구 수를 기준으로 본다면 뉴욕과 로스앤젤레스, 시카고 등의 미국 도시가 상위 25개 도시 목록에 이름을 올려 중국이 상하이, 베이징, 선전과 겨루게 될 가능성이 높다. 그리고 상위 25개 도시 중 12개 도시가 개발도상국의 도시가 될 것이다.

이처럼 세계의 부는 이미 선진국의 도시에서 개발도상국의 도시로 이동하고 있다. 이는 소비의 중심이 이동했다는 의미이며, 그 원인은 도시 GDP의 성장, 인구의 규모, 가구 수와 규모 그리고 1인당 소득 등의 조합에서 찾을 수 있다.

지속적으로 성장하고 있는 개발도상국의 대도시에서 소비를 늘리는 것은 제조업, 브랜드 파워, 소매 공급망에 미치는 다국적기업의 글로벌 영향력이다. 그리고 이는 다시 토착기업의 성장, 생산력, 디자인, 광고, 소매망과 쇼핑몰을 통한 유통 등에 의해 강화된다.

서구의 다국적 B2C, B2B 기업들이 초기에 자신들의 제품과 서비스를 개발도상국의 도시시장으로 수출하면, 개발도상국의 기업들은 눈 깜짝할 사이에 다국적기업의 수입품을 복제품으로 만들어 보다 저렴한 가격으로 소비자에게 판매한다. 이와 같은 시장 위협과 수출 경쟁에 대응하기 위해 다국적기업은 묘수를 썼다. 생산기지를 아예 수출지인 개발도상국으로 이전해 현지시장에서 자사 브랜드를 보호하는 동시에 현지의 값싼 노동력을 활용해 모국이나 다른 시장으로 수출할 상품을 생산하게 된 것이다.

이와 같은 현지시장의 수입 대체에 맞서 다국적기업은 특허권과 저작권 보호법이라는 비장의 카드를 써보려 노력했지만 과거 사례를 보더라도 그것만으로는 역부족이었다. 그럼에도 불구하고 다국적기업의 브랜드는 현지 경제에 뿌리를 내렸고, 모국의 제조업 경제를 위태롭게 만들었던 다국적기업들이 현지에 산업 및 상업적 투자를 늘리자 결과적으로 개발도상국의 도시시장에 경제적 힘을 보태주었다.

개발도상국의 토착기업은 수입품을 대체하고 자기만의 브랜드를 성장시켜 시장에서 자리 잡았을 뿐만 아니라 연구개발(R&D)과 혁신에 대한 투자도 시작했다. 2011년에 중국은 미국을 제치고 EU에 이어 세계 2위의 수출대국이 되었다. 2012년, 중국의 거대 통신기업인 화웨이(Huawei)는 연간 수익의 13.7퍼센트를 연구개발에 투자했다. 2013년까지 중국은 자국의 수출품목을 고부가가치 제품들로 전환했고, 내수시장에서 다국적기업의 제품들과 경쟁해 결코 밀리지 않았다.

2. 일자리의 증가

이제 일자리는 선진국보다 개발도상국에 더 많다. 2025년 1인당 소득 상위 5개 도시가 될 것으로 예상되는 오슬로와 도하, 베르겐, 트론헤임, 새너제이의 인구 전체를 상하이에 풀어놓아도 모두 일자리를 얻을 수 있을 정도다. 1인당 소득이 높은 도시들 대부분은 적은 인구와 작은 일자리시장을 보유하고 있지만 천연자원이나 인력, 금융 자원이 풍부하다.

개발도상국의 도시들이 제공하는 풍부한 일자리는 어디에서 온 것인가? 앞에서 언급했듯이 중국 선전은 1980년에 인구 3만 명의 도시에서 2010년에는 인구 1,000만 명이 넘는 도시로 성장했다. 1980년에 톈진의 인구는 770만 명이었으나 2012년에는 1,100만 명으로 늘어났다. 인도 뭄바이 대도시권은 1981년에 820만 명에서 2012년 1,300만 명으로 성장했고, 상파울루 대도시권의 인구는 1980년 850만 명에서 2012년에는 1,300만 명으로 늘어났다.

일반적으로, 전체 인구의 70퍼센트를 생산가능 인구로 보고 있다. 경제개발협력기구(OECD)에서 정의하고 있는 생산가능 인구의 연령대가 15세에서 64세까지인 것을 고려하면, 개발도상국의 고성장도시는 인구가 많은 만큼 고용률 또한 가파르게 성장하고 있음을 알 수 있다.

1980년부터 2010년까지 개발도상국에서는 8억 8,600만 개의 도시형 일자리가 만들어져 61퍼센트의 성장률을 보였다. 이는 1억 6,400만 개의 새로운 도시형 일자리가 창출되고 9퍼센트의 성장을 기록한 선진국과 대조를 이룬다. 1980년 이후 미국의 50개 대도시권의 고용은 -1퍼센트에서 -4.9퍼센트의 비율로 꾸준히 감소했다. 벼락경기와 불경기가 교체되었던 과거 30년간의 실업률은 금융위기 직후의 실업률에 비하면 그 심각성이 훨씬 덜하기는 하지만 경제 회복세와 새로운 호경기가 장기간에 걸친 고용 감소를 상쇄할 수는 없음을 증명하고 있다.

개발도상국의 고성장도시에서 일자리가 늘어난 것은 고임금을 바라고 도시로 모여드는 시골 인구의 이주 현상 때문이다. 도시 일자리가 늘어나게 되는 근본적 요인은 도시화이다. 중국과 인도는 80퍼센트에 이르는 선진국의 도시화 수준을 따라잡기까지 아직도 갈 길이 멀다.

도시 일자리가 늘어나는 데 기여하는 또 다른 요인은 인구의 노동참여율(workforce penetration)이다. 노동참여율은 현재 고용상태에 있는 인구와 생산가능 인구 집단을 비교한 수치다. 남미 지역의 노동참여율은 80퍼센트에 달한다. 이 지역의 GDP 성장률이 미국에 비해 높은 것은 보다 많은 노동력이 생산가능 인구 집단에 참여하고 있기 때문이다. 브라질의 노동참여율도 미국에 비해 훨씬 높게 나타나고 있다. 2000년에 67퍼센트로 정점에 달했던 미국의 노동참여율은 2013년에 63.2퍼센트로 감소했으며, 2040년까지 60퍼센트로 떨어질 것으로 전망된다. 미국의 실업 상태에 있는 생산가능 인구 대부분은 더 이상 구직 활동을 하지 않는다. 경제성장률이 감소해 그런 것이긴 하지만 또 다른 이유는 지난 20년 동안 실업자를 위한 복지가 엄청나게 확대되었기 때문이다. 복지 수준이 높은 유럽에서는 이보다 더 심각한 상황이다. 2012년 이탈리아와 스페인의 노동참여율은 44퍼센트에 불과하며, 프랑스는 51퍼센트에 그치고 있다.

3. 글로벌 기업의 이전

1980년 이전까지 국내기업의 인프라 구축과 산업 및 서비스에 대한 공공 및 민간 투자 덕분에 개발도상국의 인구가 도시로 집중되고 고용률이 상승했다. 그러나 1980년 이후에는 선진국기업이 생산시설을 이전해 고용률이 더더욱 상승하게 되었다.

낮은 임금을 비롯해 교육과 기술 훈련 수준의 향상, 인프라 구축, 물류 및 지역 공급망, 거대 도시권역의 소비시장, 우호적인 상호 균형 무역 및 글로벌 무역 정책, 현지 국가가 제공하는 인센티브 등과 같은 많은 요소들이 선진국에서 개발도상국으로 기업이 이전하는 데 일조했다. 중산층 소비와 1인당 부의 중심축 또한 이와 보조를 맞추어 움직이고 있다.

개발도상국의 도시들은 중앙정부와 지역정부의 정책과 금융, 회계, 무역 부문의 지원 등 투자 장점을 앞다퉈 홍보하며, 외국인직접투자(foreign direct investment, FDI)를 유치하기 위해 서로 경쟁한다. 이때 기업 유치의 홍보 주체는 중앙정부가 아니라 도시들이다. 일례로, 중국 대도시의 시장들이 이끄는 무역 대표단은 미국이나 유럽의 도시들에 홍보 사절단을 파견해 투자 기회를 설명한다. 이들 사절단은 워싱턴의 연방정부가 아닌 샌프란시스코, 댈러스, 애틀랜타, 시카고, 뉴욕 등 미국의 대도시로 향한다.

산업의 이전과 지사에 대한 투자는 국가 간 교역이 아니라 도시 간 교역이다. 미국의 대통령이 투자와 무역에 관한 성과를 자랑스럽게 알릴 수는 있겠지만 실제로 그런 거래는 글로벌도시들 사이에서 이루어진다. 국가의 대통령은 시장과 기업인으로 구성된 사절단을 대동함으로써 자국의 도시로 기업을 끌어들이는 데 일조한다.

선진국에서 빠져나간 기업의 생산시설이 개발도상국으로 향하는 현상은 향후 수십 년 동안 꾸준히 지속될 것으로 전망된다. 이와 같은 흐름은 앞에서 선진국과 개발도상국의 도시 GDP 성장률을 비교하면서 언급한 바 있다. 서구 선진국의 상대적으로 높은 실질 GDP와 1인당 소득은 향후 수십 년 내에 시들해질 가능성이 높다.

한때 미국은 유럽에서 들어오는 제품의 수입 대체를 위해 토착산업을 발전시켰지만 오늘날 개발도상국의 대도시는 서방 선진국 제품의 수입 대체를 위해 선진국기업의 이전을 유도하는 동시에 토착산업을 발전시키고 있다. 이와 같이 방대한 규모와 빠른 속도로 진행되고 있는 수입 대체는 개발도상국의 도시와 그 안에 있는 소비 계층을 급속하게 성장시킨다.

선진국의 인구수가 적은 도시가 경제적으로 성장할 수 있는 유일한 방법은 수출 혁신이다. 그러나 이마저도 개발도상국의 도시들 때문에 방해받을 것으로 보인다. 중국은 2020년까지 기술의 수입을 50퍼센트에서 30퍼센트로 감소시키는 것을 목표로 하고 있다. 2011년 글로벌 R&D에서 중국의 비중이 12퍼센트 상승한 데 비해 미국의 비중은 36퍼센트에서 34퍼센트로 감소했다.

2013년 현재 주요 개발도상국의 민간 및 공공 다국적기업과 대기업들은 자국의 혁신을 지원할 수 있을 정도의 금융 기반까지 갖추고 있다. 중국 GDP의 60퍼센트는 민간 부문에서 생산되며, 국부의 40퍼센트가 민간 자본이다. 중국의 민간 부문은 국영기업의 성장 속도보다 훨씬 빠르게 성장하고 있고, 민간 및 공공 부문의 막대한 자본은 유럽과 일본, 미국 등 선진국의 도시에 대한 투자와 기업 인수를 통해 선진 기술력, 시장 접근성, 브랜드 파워를 증대시키고 있다.

중국의 화웨이는 세계 2위의 통신장비기업이다. 민간기업인 화웨이는 유럽과 남미, 동남아, 아프리카, 중동, 심지어 기업 활동에 대한 연방정부의 규제가 심한 미국에서도 생산시설과 지사를 두고 있다. 홍콩의 상장기업인 레노보(Lenovo)는 세계 최대의 PC 제조기업이다. 중국은 자국 도시의 기업이 글로벌기업으로 성장하는 데 필요한 민간 및 공공 자본을 보유하고 있다. 중국의 기업들은 유럽과 미국에서 다수의 기업을 인수했다. 2013년에 9개월 동안 중국의 기업이 미국 내에서 55건의 그린필드 프로젝트와 기업 인수를 위해 쏟아 부은 투자금액은 122억 달러이며, 미국에 대한 중국의 외국인직접투자(FDI)가 새로운 기록을 경신할 날이 멀지 않았다.

개발도상국의 도시들이 선진국의 도시에 대한 수출량은 선진국으로부터의 수입량보다 많다. 그 결과, 중국을 비롯한 개발도상국의 외환 보유고는 눈에 띄게 증가해 글로벌기업에 대한 투자 기반을 견고히 했고, 이는 개발도상국과 그 도시들의 부를 한층 더 증대시켰다. 그렇다면 선진국들은 어떻게 해야 할까? 기업이 해외로 이전하고 일자리가 감소하는 문제를 해결할 수 있는 경제적 희망은 혁신적인 기술밖에 없다. 이제부터 도시 경제를 성장시키는 주요 요인인 기술에 대해 살펴보도록 하자.

4. 기술의 복제와 연구개발 투자

중국을 비롯한 다수의 개발도상국은 특정 산업 분야에 외국인직접투자를 유치하기 전에 반드시 합작회사의 구조를 갖추도록 요구한다. 이는 국영기업의 고정자산과 수익을 증대하고 토착기업이 고부가가치의 기술력을 습득해 자사 브랜드 제품을 생산하는 데 그대로 적용하기 위해서이다. 또한 합작회사의 파트너가 되는 토착기업은 대규모의 사업을 효율적으로 운영하는 기술과 경영 방식 등을 학습하게 된다.

다국적기업은 합작회사를 설립하고 기술 이전 조건을 수락하는 대가로 시장 진입과 판매 수익 확보라는 단기적 혜택을 보장받는다. 하지만 토착기업 혹은 제3자에 의해 지적 재산권을 절도당하는 피해를 입기도 한다. 다국적기업이 자신의 지적 재산권을 보호하기 위해 지출하는 엄청난 작업과 법률 비용에도 불구하고 크게 개선될 여지는 없다. 무엇보다도 과거의 사례를 생각해본다면 만만한 일이 결코 아니다. 더구나, 인터넷 정보가 넘쳐나는 세상에서 산업 스파이들은 돈을 노리고 장난치는 것뿐만 아니라 악의적으로 재밋거리를 찾기 위해 지적 재산권을 침해한다. 사이버 세상에서는 지키려는 자와 빼앗으려는 자가 끊임없이 경쟁을 벌인다. 그리고 종종 해

적들이 승자가 된다.

이제까지 개발도상국의 도시 경제는 '복제'를 통해 성장해왔다. 모든 도시는 수입 대체를 통해 성장하는데, 수입 대체란 '복제'의 고상한 표현이다. 도시 경제가 복제를 통해 성장하는 것을 막을 수 있는 법률 체계나 절차는 안타깝게도 어디에도 없다. 개발도상국의 도시들은 과거에 수입하던 제품을 낮은 가격으로 수출하기 위해 수입 제품을 복제한다.

수많은 인도기업들이 선진국에서 수입한 소프트웨어를 복제했다. 인도의 IT기업인 인포시스(Infosys)는 현재 세계 소프트웨어 업계의 선두에 있다. 제너럴 일렉트릭(GE)과 일렉트로룩스(Electrolux), 보쉬(Bosh)의 제품을 복제한 중국의 가전제품 생산기업 하이얼(Haier)은 세계 최대의 백색 가전제품 제조기업이다. 또 다른 중국 가전제품 제조기업 거란스(Galanz)는 미국 전자레인지 제품을 복제해 2007년에 마이크로웨이브 오븐 제품 생산기업 중 세계 최대 생산자가 되었다. 심지어 개발도상국의 도시 지역에서는 내수시장과 수출을 위한 수입 대체만 이루어지는 것은 아니다. 거기서는 그들이 대체한 브랜드 수입품의 생산과 심지어 디자인 설계가 이뤄지기도 한다. 소비재 제품을 생산하는 서구의 다국적기업들은 대체로 마케팅 중심 조직으로 변모해 생산과 디자인을 아웃소싱하고 있다. 서구의 브랜드 소매망은 대체 상품에 PL브랜드(private-labeled brand: 제조업체가 아닌 유통업체의 상표를 붙이는 방식)를 붙여 직접 수입하고 있다.

중국의 기업들은 제조 부문에서 보다 많은 선진 기술을 흡수함과 동시에 신기술에 대한 투자 또한 병행한다. 2009년부터 2013년까지 통신장비와 스마트폰을 제조하는 기업인 ZTE(중흥통신)는 영업이익의 10퍼센트를 연구개발에 투자했다. 이는 미국기업의 전반적인 연구개발 투자 비중보다 훨씬 높다. 애플(Apple)도 연구개발 투자 비율이 매출의 3퍼센트에 불과하다. 이에 더하여, 중국 정부 또한 연구개발 분야에 엄청나게 투자하고 있다. 2015년까지 이어지는 중국의 열두 번째 5개년 계획 아래 정부의 공공 연구개발 투자는 2.2퍼센트까지 증가될 가능성이 높으며, 2020년에는 2.5퍼센트에 이를 공산이 크다. 이는 선진국과 동일한 수준인데, 2011년 OECD 평균은 2.3퍼센트였다. 중국은 과학 분야를 위한 재원을 2012년까지 360억 달러로 늘리고, 2011년 이후 매년 12퍼센트씩 늘려나갈 계획이다. 그중 14퍼센트는 기초 연구개발 분야에 배정되어 있다.

현재 중국은 전 세계 태양에너지시장과 풍력에너지시장을 주도하고 있다. 전기자동차 제조와 판매 부문에서 미국을 앞지르고 있다. 해외직접투자(ODI)를 강화하고 있는 중국은 유럽의 기계 제조시설과 기술을 빠른 속도로 사들이고 있다. 독일의 건설기계기업인 푸츠마이스터(Putzmeister)를 인수한 중국 싼이중공업(Sany)은 이제 미국과 일본의 기업들과 대등한 위치에 있다.

뿐만 아니라 사물인터넷(Internet of things, IoT) 분야에서 중국의 목표는 단연코 선두를 달리는 것이다. 베이징에서는 적외선 센서나 RFID(Radio-Frequency Identification), 사물인터넷 기술을 적용한 전자장치의 기반이 되는 기술을 집중적으로 개발하고 있다. 중국 정보기술부는 자국의 사물인터넷시장이 2015년에 803억 달러에 도달할 것이며, 2020년까지 그 두 배인 1,660억 달러 규모의 시장이 될 것으로 전망한다. 발광 다이오드와 모바일 결제 기술 분야에서도 중국은 주도적 역할을 하고 있으며, 반도체 기술과 광전자 공학, 그래핀(Graphene: 탄소원자로 만들어진 원자 크기의 벌집 형태 구조를 가진 소재) 기술 분야에도 활발히 진출하고 있다. 미국 최대의 이공계 분야 연구개발 기관인 바텔연구소(Battelle Institute)는 "중국의 연구개발 비중 증가율은 미미한 성장이 재개되어 2020년까지 비교적 안정화될 것으로 보이는 미국의 연구개발 비중 증가율을 훨씬 앞지르게 될 것이다. 현재와 같은 성장률과 투자 규모로 볼 때, 2020년이 되면 중국의 연구개발 부문 총재원은 미국을 능가할 것으로 전망된다"라고 예측한 바 있다.

결론적으로, ZTE와 화웨이의 근거지인 선전과 같은 중국의 도시와 인포시스가 태동한 인도의 방갈로르, 릴라이언스(Reliance)의 본거지인 뭄바이 등의 도시들이 투자, 무역, 소비뿐만 아니라 기술 측면에서도 선진국의 도시들을 따라잡고 있다.

5. 자본의 이동

뉴욕과 런던, 파리, 프랑크푸르트, 도쿄, 싱가포르 등은 여전히 글로벌 금융의 중심지다. 그러나 이제는 홍콩(법적으로 중국의 일부), 상하이, 베이징, 뭄바이, 델리, 상파울루, 두바이와 같은 도시들이 선진국의 도시들이 차지했던 자리를 넘보고 있다.

결론적으로 말하자면, 글로벌 투자 자본은 매킨지 선정 600대 도시 중 120개 선진국의 도시보다 480개 개발도상국의 도시들로 더 많이 흘러들고 있다. 서구의 다국적기업들은 해외에서 벌어들인 수십억의 자본을 모국으로 들여와 세금을 납부한 후, 얼마 되지 않는 국내 투자 기회를 잡는 데 사용하는 대신 다른 개발도상국의 도시 지역에 투자한다.

개발도상국의 국부펀드(정부가 외환보유고 같은 자산을 가지고 주식·채권 등에 출자하는 투자펀드, 즉 정부 소유 투자기관)는 선진국의 흑자 규모보다 훨씬 빠른 속도로 증가하고 있다. 대부분의 선진국들은 엄청난 규모의 국채와 지방채를 안고 있는 적자 국가이다. 유로화를 사용하는 EU 주변국들의 향후 지급 능력은 여전히 부족해 보인다. 우월한 글로벌 기축통화이자 여전히 글로벌 무역 거래의 80퍼센트를 담당하고 있는 달러화가 떠받치고 있는 미국의 국가 채무는 끝이 보이지 않는다.

중국의 런민비(RMB, 위안화)는 국제 거래 통화로서 급속하게 세력을 키워가고 있다. 월스트리트 저널 마켓 워치(Wall Street Journal Market Watch)는 국제은행 간 자금결제통신망(Society for Worldwide Inter-bank Financial Telecommunications, SWIFT)의 수치에 의거해, 중국의 위안화가 2013년 10월 현재 유로화를 뛰어넘어 국제 무역과 금융에서 전 세계에서 두 번째로 빈번하게 사용되는 통화가 되었다고 보도한 바 있다. 도이치 뱅크(Deutsch Bank)는 2014년에 위안화 무역 결제가 50퍼센트 증가했다고 발표했다.

앞으로 10년 이내에 중국 위안화는 완전한 태환통화(convertible currency)가 되어 선진 세계의 금융 자본에 대대적인 개혁을 안겨줄 것이다. 2014년까지 중국과 유럽 간 무역 결제는 아시아 무역 결제를 능가할 가능성이 높다. 러시아와 브라질의 경우 대중국 무역의 일부를 위안화로 결제하고 있으며, 다른 나라들도 더 많은 스왑 협정 체결을 앞두고 있다. 최근에 있었던 호주 달러와 중국 위안화 스왑과 같은 통화 스왑은 미국 달러화를 매개로 하지 않으면서 거래 비용을 절감하고 있다.

그런데 가장 흥미로운 점은 중국의 해외직접투자(ODI) 자본이다. 중국의 해외직접투자는 2004년 30억 달러 규모에서 2012년 878억 달러까지 증가했다. 중국이 서방 선진국들의 중요한 투자 경쟁자로 거듭난 것이다.

1990년 미국의 해외직접투자는 국내투자수준을 크게 넘어섰다. 그 차이가 1985년에는 1,520억 달러였는데, 1990년에는 1,840억 달러였다. 2011년 미국의 해외직접투자 규모는 2,730억 달러인데, 그 분포도를 살펴보면 유럽에 55.6퍼센트, 캐나다에 13퍼센트, 아시아에 17퍼센트, 남미에 13퍼센트, 아프리카와 중동에 8퍼센트였다. 요컨대, 30.8퍼센트에 해당하는 840억 달러가 개발도상국의 도시로 흘러 들어간 것이다.

미국노동통계청(U. S. Bureau of Labor Statistics)이 2013년에 보고한 바와 같이 1992년부터 2002년까지 10년 동안 미국 국내투자는 연간 6.2퍼센트의 성장률을 보였다. 이후 2002년부터 2012년까지 10년 동안 미국 국내투자 성장률은 급격히 감소해 연간 0.6퍼센트에 그쳤다. 미국 정부가 발표한 "2012년부터 2022년까지 10년 동안의 연간 성장률 4.7퍼센트"는 가설에 지나지 않았다. 실상은 감소 현상이 지속될 가능성이 높다는 얘기다.

이처럼 미국은 실질적으로 자국의 도시에 대한 자본투자를 상당 부분 줄여왔고, 그럼으로써 사실상 자국도시의 경제 성장을 방해하는 개발도상국의 기업에 재정을 대온 것이다. 이에 더하여, 2012년 상반기에 이루어진 부유한 선진국에 대한 투자는 전년 동기 대비 9.5퍼센트 감소했다. 미국은 유럽에서 성장하는 것에 대해서도 포기한 지 오래다.

개발도상국의 고성장도시들로 유입되는 외국인직접투자(FDI)는 전체의 절반이 넘는다. 2012년 상반기, 중국은 미국을 제치고 세계에서 가장 큰 외국인직접투자 수령 국가가 되었다. 이는 다른 나라의 사업체에서 지속적으로 이자를 받을 수 있는 국제 투자자가 되었음을 의미한다. 보다 구체적으로 말하면 이런 투자는 외국에서 공장을 매입하거나 건설하는 형태 혹은 자산이나 설비, 장비 등으로 그러한 시설에 개선을 안겨주는 형태를 취한다. 요컨대, 글로벌 투자 자본은 선진국의 도시 지역이 아닌 개발도상국의 도시 지역의 경제 성장에 승부수를 두고 있는 셈이다.

개발도상국의 도시시장에서 성공하기 위한 사업 전략

2012년 매킨지의 보고서 내용이다. "기업이 어디에서 활동할 것이냐는 질문에 대해, 대다수가 도시명이 아닌 국가명으로 대답했다. 설문 대상이 된 기업의 경영자들 중 61퍼센트가 사업 계획을 수립하는 데 있어 도시를 기준으로 삼지 않았다." 이들은 왜 그랬을까? 이들은 도시를 전략적 계획을 수립하는 것과는 무관한 단위로 인식했기 때문이다. 안타깝게도, 기업의 고위 경영진 중 52퍼센트는 업무를 수행하는 데 도시 정보를 활용하지 않는다. 이런 고위 경영진이 고객을 찾아 나선다고 가정하면, 아마도 그들은 고객이 어디에 있는가라는 가장 핵심적인 사실을 간과하고 말 것이다.

다국적기업이 시장 접근성을 향상시키고 현지의 전문 인력을 활용할 목적으로 입지를 선정할 때, 단 30퍼센트만 도시를 기준으로 의사결정을 내리는 것으로 보고된다. 전문 인력은 어느 나라에 살고 있기보다는 도시에 살고 있다고 봐야 한다. 국가 차원의 통계만으로는 실리콘밸리나 방갈로르, 선전, 톈진, 우한, 자카르타 혹은 첸나이 등 도시의 시장 규모를 정확히 파악할 수는 없다. 과거의 관행에 따르다 보면 미니애폴리스, 시카고, 맨체스터,

뮌헨, 프랑크푸르트, 리옹 또는 스톡홀름 등의 도시가 물망에 오를 수도 있겠지만 이들 도시 중 어느 한 곳도 2007년 기준 중간 및 고소득 가구가 많은 상위 23개 도시에 포함되지 않았다. 이들 중 어느 한 도시도 2025년까지 글로벌 상위 23개 도시 목록에 포함되지는 않을 것이다.

고정관념을 버리고 기업 문화도 바꿔야 한다

선진국 다국적기업의 고위 경영진은 지금까지 수십 년간 경영자의 위치에 있었다. 이들이 오랫동안 유지해온 사고방식을 완전히 버리는 것은 쉬운 일은 아니다. 특히 지금까지 그 사고방식으로도 아무런 문제가 없었다면 더욱 어려울 것이다. 미국의 소비재와 서비스 다국적기업들은 아직도 대부분의 기업 활동을 미국 내에서 벌이고 있지만 이런 환경은 빠르게 변하고 있다. 2011년 기준 월마트(Walmart) 사업의 76퍼센트가 여전히 미국 내에서 이루어졌고, 나이키(Nike)는 50퍼센트의 사업을 북미 지역에서 수행했다. 메리어트(Marriott)의 사업 가운데 84퍼센트는 여전히 미국 내에서 이뤄졌고, 미국 최대의 약품 유통기업인 매케슨(McKesson)의 경우 91퍼센트에 해당하는 사업이 미국 내에서 행해졌다.

물론 그렇지 않은 경우도 있다. 맥도날드(McDonald's)는 수익의 66퍼센트를 해외에서 창출한다. 애플(Apple)의 경우 영업 수익의 65퍼센트가 해외 매출이다. 아마존(Amazon)의 해외 매출도 45퍼센트이다. 인텔(Intel)의 해외 매출은 88퍼센트에 이르고, 다우 케미컬(Dow Chemical)의 경우 67퍼센트가 해외에서 창출하는 매출이다. 아이비엠(IBM)은 67퍼센트, GE는 54퍼센트 그리고 포드자동차(Ford)는 51퍼센트의 해외 매출을 기록하고 있다.

진정한 다국적기업의 요건을 '해외 매출액의 비중이 50퍼센트를 차지해야 한다'고 본다면, 향후 십년 내에 미국의 〈포춘〉 지 선정 500대 기업과 〈포춘〉 지 선정 1,000대 기업 중 거의 대부분이 50퍼센트 이상의 해외 매출을 기록하는 기업이 될 공산이 크다. 해외 매출의 극히 일부분을 중앙정부를 상대로 직접 판매하고 있는 인텔, 포드자동차, 아이비엠을 제외하면 미국기업의 해외 매출 대부분은 지방자치단체와 기업을 상대로 한 것이다. 이처럼 기업과 소비자는 해당 도시에 있다. 미국기업의 해외 매출이 가장 크게 발생하는 도시는 유럽과 일본, 한국, 호주 등 선진국에 있다. 개발도상국에 대한 영업 매출 비율을 산출한 수치는 아직 발표된 바 없지만 유럽과 일본의 경기침체와 개발도상국의 도시들이 빠르게 성장하고 있는 점을 고려할 때, 2025년까지 미국기업의 해외 매출 중 상당 부분이 선진국이 아닌 개발도상국의 도시에서 발생할 것이다.

이처럼 변화하는 세상에서 살아남기 위해 기업은 영업 수익의 기반이 되는 도시에 진출하고 그 진출 시기를 결정해야 할 것이다. 기업이 '도시시장 경제'라는 전제를 수용한다면 향후 10년 동안 지속적으로 성장할 수 있는 역량을 갖출 수 있다. 그러기 위해서는 앞서가는 선진국의 다국적기업들이 언제, 어디로, 어떻게 움직일 것인지 내다볼 수 있는 정보가 필요하다. 새로운 신흥시장(emerging markets)에 진출하려는 다국적기업들과 경쟁해 글로벌 도시에서 성장할 수 있는 전략을 마련해야 한다는 의미다.

마지막으로, 본사의 기업 문화도 바꿔야 한다. 기업의 이해당사자들은 두

가지 기본적 변화에 대해 이해할 필요가 있다. 첫째, 선진국의 도시시장에 과도한 자원을 투입하는 것은 금물이다. 선진국의 도시시장은 소비자의 수와 비즈니스의 성장률이 감소하는 데 비해 개발도상국의 도시시장은 성장세에 있기 때문이다. 둘째, 글로벌 지역이나 국가는 잊고 경영 자원을 선진국과 개발도상국을 막론하고 도시시장에 집중해야 한다. 서방 선진국들이 이와 같이 기업 문화를 바꾸지 않으면 개발도상국의 다국적기업들에게 힘을 실어줄 뿐이며, 궁극적으로 기존에 우위를 점해왔던 선진국의 도시시장에서도 참패할 것이다.

도시시장의 특성을 파악하라

개발도상국의 도시시장은 인구와 가구의 수, 가구 소득 및 1인당 소득, 교육 수준 및 인적 자원의 역량, 인구의 연령 분포, 수요를 충족하기 위한 공급 자원 등에 따라 각기 다른 속도로 성장한다. 가구 수가 증가하고 있는 개발도상국의 도시들은 주거 및 상업 자원을 비롯해 중산층의 생활수준에 적합한 모든 조건을 필요로 한다. 출산율이 높은 도시는 신생아 용품을 필요로 하고, 노령 인구가 증가하는 도시라면 보다 향상된 의료 복지가 필요하다.

중형 및 대형 다국적기업은 개발도상국의 도시 지역의 인구통계를 고려해 자사 생산시설을 어디에 설치할지 구상해야 한다. 대기업은 마치 훌륭한 지리학자처럼 개발도상국의 고성장도시 중 자사의 생산시설을 위한 최적의 입지를 갖춘 곳이 어디인지 알고 있어야 한다.

저축률이 높은 개발도상국의 도시인들은 소비를 꺼리는 경향이 있다. 반면, 소비문화가 지배적인 도시인들은 구매력이 높은 편이다. 고등교육 및 연구기관이 많은 도시라면 연구개발과 혁신에 필요한 인재가 상당히 많다. 수입 대체가 아직 진행되지 않은 신규 도시시장에는 오래된 도시에 비해 토착기업의 수가 비교적 적다.

기업가적 소양을 갖춘 정치 지도자가 이끄는 도시는 토착기업을 보호하는 데 급급한 관료적인 도시에 비해 선진국의 다국적기업을 유입하고 도시경제를 성장시키는 데 관심을 기울일 것이다. 어떤 도시는 합작회사를 설립하고 전략적 제휴를 맺는 데 매우 적합하며, 또 어떤 도시는 서구의 파트너에 대해 지나치게 규제를 가하거나 함께 일하길 꺼린다. 모든 기업은 시장을 적절히 구분하고 도시시장의 적합성을 따져볼 필요가 있다.

현지 소비자를 사로잡으려면 구체적인 목표를 설정하라

개발도상국의 430개 도시가 포함된 매킨지 600대 도시는 전략적 투자를 위한 의사결정의 기준으로 삼기에는 너무도 방대하다. 기업은 어느 도시를 어떤 기준에 의해 선정해 투자해야 하는가? 고성장도시에서 성공 기회를 잡으려면 언제, 어떻게, 얼마나 투자해야 하는가?

좀 더 구체적으로 말하자면, 어떤 인구 분포 구역을 목표로 삼을 것인가? 모든 다국적기업들은 수입, 연령, 성별, 교육, 직업 그리고 생활방식에 따라 자사의 생산시설을 다각화해왔다. 빠르게 성장하는 개발도상국의 도시 지역의 변화하는 인구 분포 집단에게 어떤 브랜드가 가장 두드러지게 부각될 수 있을까? 자사의 제품 중 어느 것이 현지 문화에 가장 부합하며 가장 큰 호소력을 지니는가? 그리고 어떻게 하면 그 제품에 대한 소비자의 호응을 극대화하고 효과적으로 현지화할 수 있는가? 디자인, 유통 특성 등과 관련해서는 각기 다른 도시마다 어떻게 제품 판매망을 배치하는 것이 좋은가?

유통 경로는 어떻게 조합해야 하는가? 중국의 도시들에는 상당수의 인터넷 사용자가 있고, 전자상거래시장이 빠르게 성장하고 있다. 반면에 인도의 전자상거래시장 성장률은 비교적 낮은 편이다. 아랍에미리트의 도시들에는 명품과 여행 상품을 소비할 수 있는 부유층이 모여 있어, 품격 있는 소매점 위주의 유통 경로를 원한다. 아프리카의 신흥 도시시장은 기본적인 가정용품과 서비스를 필요로 하며, 대형 할인점 형태의 유통 경로를 선호한다. 중국의 대도시에는 수백만의 부유층 및 중산층 소비자가 있다. 시골 마을과 외각 지역에도 마찬가지다. 따라서 중국에서는 유통 경로를 고도로 다양화해야 한다.

각기 다른 다양한 문화권의 고성장도시들에서 광고는 어떻게 해야 하는가? 문화적 차이와 선호도는 한 국가 내에서도 도시마다 다르다. 중동 지역 사람들은 서구적인 외관에 대해 상당히 민감하며 이질감을 느낀다. 카이로와 같은 거대한 도시 지역에서 서구의 제품이 신뢰를 얻을 수 있는 방법은 무엇인가?

영업 프로그램 또한 다양화해야 한다. 개발도상국의 도시에서 살아가는 소비자들은 가격을 흥정하는 데 익숙하다. 가격 흥정이 일반화된 시장에서는 고가 제품이 통하지 않는다. JC페니는 바로 그런 예에 해당한다. 유명인 브랜드, 고가의 제품 등에 대한 공감대를 형성하기 위해 종종 행하던 할인 행사를 포기한 후 오히려 역효과를 보았던 것이다.

가격 정책과 유통 경로가 다양한 개발도상국의 대도시에서는 어떻게 가격을 책정하는 것이 이로운가? 공급망은 물론이고 유통망의 가격 유연성을 통제하려면 어떤 시스템이 필요한가? 유통망을 보다 세분화하는 것도 한 가지 방법이다.

기업이 국가를 목표로 하는 조직 구성에서 벗어나 도시를 목표로 하는 조직을 구성하려면 어떻게 해야 하는가? 기업의 부가 개발도상국의 도시 지역에서 비롯된다면, 기업의 고위 경영자는 해당 도시에 상주해야 한다. 아무리 유능한 업무 집단을 파견한다고 해서 성공할 수 없기 때문이다. 먼저 고성장 도시 지역군을 목표로 설정한 다음 고위 경영자를 해당 지역군에 상주하게 하는 것이 좋다.

우리는 지금 새로운 마케팅의 시대를 맞이하고 있다. 분명 과거와는 다르고 미래도 불확실하다. 한 가지 확실한 것은 개발도상국의 글로벌도시 지역이 시장 경제를 지배하는 동시에 기업의 성장과 번영을 좌우한다는 점이다. 그럼에도 불구하고 선진국의 도시들을 무시할 수는 없다. 높은 1인당 GDP와 오랫동안 축적된 자본 그리고 지적 자산과 경영 자산 등을 보유한 선진국의 도시 지역 또한 비중 있는 역할을 수행할 것이다. 앞으로 기업의 글로벌 조직 구성은 이와 같이 개발도상국의 도시와 선진국의 도시를 대상으로 달라져야만 한다. 이 책에서는 그와 관련된 현안을 자세히 살펴볼 것이다.

결론

제1장에서 우리가 기억해야 할 몇 가지 내용은 다음과 같다.

- 국가의 부를 창출하는 원동력은 국가가 아니라 대도시권 지역이다.
- 다국적기업은 도시 지역을 성장시키는 주요 투자자이다.
- 개발도상국의 급속한 도시화는 글로벌 비즈니스의 지평을 변화시키고 있다.
- 개발도상국의 도시는 GDP, 인구, 중산층의 소비 등의 측면에서 선진국의 도시보다 훨씬 빠르게 성장하고 있다.
- 개발도상국의 다국적기업은 내수시장은 물론 글로벌시장에서 서방 선진국의 다국적기업과 경쟁한다.
- 선진국의 다국적기업은 갈수록 성장하고 있는 개발도상국의 기술 경쟁력과 고도의 인적 자원을 보유한 도시시장을 제대로 인식해야 한다.
- 선진국 다국적기업의 기업 문화와 리더십은 개발도상국에서 창출되는 수익률의 증가를 반영해야 한다.
- 다국적기업은 수익을 늘리기 위해 고성장도시의 중심 지역을 투자 대상으로 설정해야 한다.
- 기업의 관리, 생산, 마케팅 조직은 국가시장이 아닌 도시시장에 기초해 재편되어야 한다.

미래를 위한 질문

1. (우리 회사의) 향후 수익 창출 및 성장과 관련해 가장 유망한 전망을 안겨주

는 대도시권은 어디인가? 사업을 보다 확장하고자 한다면 어느 지역을 선택해야 하는가?

2. 현재 쇠퇴기를 맞은 대도시권은 어디인가? 투자 규모를 축소해야 할 지역은 어디인가?

3. 향후 가장 강력한 경쟁상대가 될 가능성이 높은 경쟁자는 누구이며, 그 이유는 무엇인가?

2

도시가 지닌 11가지 특징을 살펴라

전 세계의 수많은 도시들이 서로 경쟁을 벌이고 있다. 이제는 국가와 국가가 아니라 도시와 도시의 경제 전쟁이 시작되었다. 수많은 도시들이 더 크게 성장하기 위한 길을 모색하고 있지만 다국적기업을 유치할 수 있는 기회는 도시가 지닌 여러 특징에 따라 좌우된다.

기업이 새로운 도시에서 성장하고자 한다면, 도시가 지닌 다음의 11가지 특징을 살펴봐야 한다. 도시 또는 대도시권의 규모, 인구통계학적 속성, 물류 역량, 인센티브를 제공할 수 있는 잠재적 역량, 산업단지, 공급망을 지원할 수 있는 역량, 중앙정부의 우호적인 정책, 사회적 안정성, 정치 및 시민사회의 리더십, 양질의 교육 및 문화 기관, 상업적 강점 등의 특징을 많이 보유한 도시에서는 그렇지 못한 도시에서보다 더 나은 성과를 기대할 수 있다. 이제부터 기업이 성장하는 데 필요한 도시의 11가지 특징을 하나씩 살펴보도록 하자.

그리고 제2장에 들어가기에 앞서 한 가지 말하고 싶은 것이 있다. 이 장은 기업뿐만 아니라 도시 당국을 위한 내용도 담고 있다. 도시의 성장을 위해 기업을 유치하고자 하는 도시 당국에게 유용한 정보를 제공하기 때문이다.

도시의 시장 규모가 커야 한다

대도시, 다시 말해 일정 수준의 규모를 갖추고 인프라와 인적 자원을 보유한 도시는 다국적기업과 대기업을 유치하는 경쟁에서 소도시보다 우위를 점하고 있다. 소도시는 대기업이 원하는 것들을 제공할 수 있을 능력이 부족하다. 전 세계의 주요 도시들 대부분이 대도시권으로 형성되어 있고, 도시 지역의 인프라를 확충해 유망한 기업이 성장하는 데 필요한 제반 조건을 제공하고, 수요를 창출하기 위한 시장의 규모와 역량을 확장해나가고 있다.

브루스 카츠(Bruce Katz)와 브루킹스연구소(Brookings Institutions)에서 연구한 대도시권 정책 프로그램(Metropolitan Policy Program)에 따르면, 덴버는 도시의 변모를 보여주는 탁월한 사례이다. 1960년대와 1970년대에 많은 문제에 시달리던 덴버는 30년 이상의 오랜 기간에 걸쳐 신중한 행보를 이어온 끝에 2012년에는 미국에서 스물한 번째로 큰 대도시권이자 대도시권 총생산(gross metropolitan product, GMP) 기준 열여덟 번째 도시로 성장했다.

1960년대와 1970년대에 덴버는 백인들이 빠져나가며 경제가 쇠퇴했고, 소수 인종 공동체와 관할구역이 주변 곳곳에 생겨나며 규모를 키워갔다. 시 당국은 주변의 비편입 구역을 합병해 도시의 학군을 확대하고 다양한 인구를 유치하고자 했으나 헛된 노력에 그치고 말았다. 1974년 콜로라도 주

헌법에 대한 파운드스톤 수정안(Poundstone Amendment)에 따라 합병의 대상이 되는 자치구 유권자 다수의 지지를 받지 못하면 특정 관할구역이 주변의 비편입 구역을 합병할 수 없었기 때문이다. 도시의 규모를 키워 경제적, 사회적 문제를 해결하고자 했던 덴버의 노력은 그렇게 한계에 부딪혔다.

덴버의 지도자들은 어쩔 수 없이 성장을 위한 또 다른 방안을 모색할 수밖에 없었다. 1987년 덴버상공회의소(Denver Metro Chamber of Commerce)는 경제 성장을 위해 덴버대도시법인(Greater Denver Corporation)을 창설했다(이 법인은 후일 덴버대도시권경제개발법인(Metro Denver Economic Development Corporation)으로 명칭이 변경된다). 이 법인의 목표는 세 가지였다. (1)국제공항을 건설한다. (2)덴버를 세계적인 경제적 요지로 만들어 일자리를 창출한다. (3)대도시권을 위한 경제개발 프로그램을 개발한다.

주변 비편입 구역을 합병할 수 없었기 때문에 덴버는 관할권을 놓고 거래를 해야만 했다. 페드리코 페나(Federico Pena) 시장을 비롯한 덴버의 비즈니스 리더들은 인접 지역인 애덤스 카운티의 주민들과 대화를 시도했고, 그 결과 덴버와 애덤스 카운티는 국제공항 건설에 따르는 비용과 혜택 모두를 공유하는 협력 방안을 도출할 수 있었다.

애덤스 카운티에서 공항 부지로 사용할 땅을 양도해준다면 공항 건설을 위한 비용은 덴버에서 부담한다는 합의가 이루어졌고, 1988년 덴버와 애덤스 카운티의 유권자 대다수가 이에 찬성했다. 이로써 덴버는 애덤스 카운티에 속해 있던 땅의 일부에 대한 관할권을 손에 쥐게 되었고, 애덤스 카운티는 공항 인접 지역이 누릴 수 있는 상업적 이점을 취하게 되었다. 이처럼 대도시권 개발사업에 성공하자 도시 지역의 성장을 한 단계 끌어올리는 결과로 이어졌다.

도시 당국과 자치구들은 대도시라면 그에 어울리는 흥미진진한 문화 지구를 갖추어야 한다는 데 인식을 같이했다. 덴버에는 동물원, 미술관, 식물원, 자연사박물관, 행위예술센터 외에도 다수의 문화 및 과학 분야 단체들이 있었지만 제대로 된 지원이 이루어지지 않고 있었다. 기업과 인적 자원을 끌어들이는 데 이들 문화 및 과학 분야 자원의 가치는 실로 크다. 다행히 지역정부와 기업가들, 심지어 유권자들은 그 점을 잘 알고 있었다. 1988년에 지역 내에 문화 및 과학 분야 단체를 지원하기 위해 4천만 달러의 자금을 조성할 목적으로, 0.1퍼센트의 추가부담금을 지속적으로 징수하기로 결정되었다.

오늘날 덴버동물원은 미국에서 방문객 수가 네 번째로 많은 동물원이고, 덴버자연사박물관은 미국의 모든 박물관 중 유료회원을 가장 많이 보유한 박물관이다. 덴버행위예술복합단지는 국내 2위의 규모를 자랑한다. 1989년에는 덴버 시내에 야구장을 건설하기 위해 판매세의 0.1퍼센트를 추가 징수하는 안에 대한 합의가 이루어졌다. 이 추가 징수는 1991년에 모든 미불 채무가 소멸되면서 종료되었다.

덴버는 대도시권으로 통합하기 위한 마지막 단계로 2004년에 덴버 시장과 기업가들 그리고 유권자들은 고속 운송 시스템을 건설했다. 대도시권에 거주하는 사람들을 이어줄 대도시권 고속 운송 시스템을 건설하기 위해 판매세의 인상을 승인하며, 2013년까지 78억 달러의 자금을 조성해 집행할 계획을 세웠다. 이 금액은 추후에 늘어났다. 고속 운송 프로젝트를 완성하는 데 더 많은 자금이 필요했기 때문이다.

현재의 덴버는 항공우주, 생명과학, 방송 및 통신, 재생 에너지, 금융 서비스, 의료, 정보기술 등과 같은 분야에서 역동적인 허브도시다. 2,500만 명의 인구가 살고 있는 덴버는 미국에서 스물한 번째로 큰 대도시통계지구(metropolitan statistical area, MSA)이며, 외국인직접투자(FDI) 규모도 미국에서 5위인 도시다. 브루킹스연구소가 선정한 2011년 경제적 성과 순위에 의하면, 덴버는 전 세계 대도시권 가운데 102위였다. 중산층 소득 수준은 미국에서 11위를 차지했는데, 시카고나 뉴욕, 시애틀, 필라델피아, 오스틴, 댈러스, 로스앤젤레스 등과 같은 표준대도시지구(standard metropolitan area, SMA)의 중산층 소득 수준보다 높다. 1960년대와 1970년대만 해도 내세울 것이 없었던 도시였는데, 결코 나쁘지 않은 변신이다. 〈포브스〉 지에 따르면, 덴버는 미국 내에서 기업이 비즈니스를 하는 데 적합한 5위의 도시이며 휴대전화의 보급률에 있어서는 7위의 도시다. 덴버에서 비즈니스를 하는 세계적인 기업들로는 록히드 마틴(Lockheed Martin), 헬스 원(Health One), 프론티어 에어라인(Frontier Airlines), 센추리링크(CenturyLink), 카이저 퍼머넌트(Kaiser Permanente), 웰스 파고 은행(Wells Fargo Bank), 센추라 헬스(Centura Health), 다이렉티브이(DirecTV), 컴캐스트(Comcast) 등이 있다.

덴버의 사례에서 가장 흥미로운 것은 대도시권으로 성장하기 위해 인근 지역과 공동협력을 택했다는 점이다. 덴버는 파운드스톤 수정안 때문에 19세기와 20세기에 뉴욕과 시카고, 필라델피아, 피츠버그, 보스턴을 비롯한 다수의 미국도시들이 공격적으로 진행한 도시합병을 저지당한 바 있다. 이들 도시가 합병대상 자치구와 도시들이 갖고 있었던 독립적인 장점들을 묵살하고 중앙도시로 집중시킨 데 반해, 덴버는 주변도시 및 카운티와 상생을 통해 번영을 이룩했다.

이러한 사실로 미루어볼 때 기업은 다음과 같은 사실을 고려해야 한다. 전 세계의 대도시 중 어느 하나도 단일도시 조직체인 곳은 없다. 덴버의 경우와 마찬가지로 모든 대도시는 대도시권의 정부 조직이 편성한 도시권역이다. 일본의 수도권(Greater Tokyo)은 세계 최대의 인구 조밀 지역으로 1만 3,500제곱킬로미터의 땅덩어리에 3,500만 명 이상의 인구가 모여 산다. 도쿄 대도시권의 정치와 행정은 23개의 특별 지구로 나누어지고, 각각의 특별 지구는 개별적인 자치정부를 갖춘 개별 도시들이다. 대도시 행정구역의 서쪽에 위치한 39개 지방자치단체와 외곽 지대에 있는 두 군데의 열도 또한 도쿄 대도시권의 관할 하에 있다. 일본의 수도권은 세계 최대의 도시 복합 경제권으로 2012년 연간 GDP가 1조 9,000억 달러로 뉴욕 대도시권의 연간 GDP 1조 2,000억 달러를 능가한다. 〈포춘〉 지 선정 500대 기업 중 51개 기업이 이곳에 본사를 두고 있으며, 이는 전 세계의 도시들 중 단연 1위다.

4,355제곱킬로미터 면적의 땅에 1,300만 명의 인구가 모여 있는 인도 뭄바이는 7개 지방자치단체와 15개의 소규모 자치의회로 구성된 뭄바이대도시지역개발국(Mumbai Metropolitan Region Development Authority)이 다스린다. 인구 2,000만 명, 면적 8,000제곱킬로미터인 브라질의 상파울루 대도시권역에는 상파울루 자치단체를 포함한 39개의 지방자치단체로 구성된 지역 정부가 있다.

다시 덴버의 사례로 돌아가자. 12개 카운티로 구성된 덴버-오로라 대도시통계지구(MSA)는 외국의 대도시들과 벌이는 투자 유치 경쟁에서 규모상의 난제를 안고 있다. 인도 뭄바이에 비해 면적이 10분의 1에 불과하고, 인구수 또한 4분의 1이 채 안 되기 때문이다.

미국과 유럽 도시의 지도자들과 도시계획설계자 그리고 투자 유치를 홍보하는 사람들이 다국적기업의 투자를 유치하는 데 가장 큰 문제점은 주눅이 들 정도로 차이가 나는 개발도상국 대도시권의 시장 규모이다.

이처럼 차이 나는 시장 규모는 당연한 결과로 이어졌다. 미국의 대도시는 주변의 소규모 도시들로부터 기업 투자를 흡수하면서 규모를 키웠는데, 이는 한계에 부딪힐 수밖에 없다. 동양의 개발도상국이 신흥도시의 부상과 함께 눈부시게 발전하는 동안 서방 선진국은 오래된 도시들만 즐비한 쓸모없는 땅이 되고 있는 것이다. 이 문제에 대한 바람직한 해결 방안에 대해서는 나중에 다시 살펴보기로 하자.

고소득 가구와 고급 인재가 많아야 한다

각각의 대도시권은 뚜렷이 구별되는 인구통계학적 특징이 나타난다. 핵심 요소는 인구, 소득, 연령, 교육, 직업, 인종, 언어 등이다. 각기 다른 산업 분야의 기업들은 효율적인 업무 수행을 위해 특별한 인구통계학적 조건을 필요로 한다. 다음과 같은 상황을 고려해보자.

- 고소득 가구의 수가 많은 대도시권 지역은 고급 소매업을 성장시킨다.
- 노령 인구가 많고 의료복지 제도를 갖춘 대도시권 지역은 의료 서비스 제공자에게 매력적인 시장이다.

■ 지역의 대학과 연구기관들을 통합하고 과학기술 분야의 시설과 인재들을 갖춘 대도시권 지역은 연구개발 분야의 투자 규모가 큰 기업에게 최적지이다.

기업뿐만 아니라 도시에게 매력적인 신산업으로 각광받는 것 중 하나는 정보통신기술(ICT)이다. 뉴욕은 금융과 미디어, 패션 업계를 주도하고 있음에도 미국 내에서 첨단기술 분야의 일자리가 가장 많은 도시이며, 첨단기술의 강점을 확장시킬 수 있는 방법을 여전히 모색 중이다. 뉴욕은 ICT 분야의 기업을 끌어들일 수 있는 환경을 구축하고 있다. 최근 뉴욕은 코넬대학, 이스라엘공과대학과 함께 과학기술 캠퍼스를 조성하기로 합의했다. 루즈벨트 아일랜드에 20억 달러 규모의 코넬대학 캠퍼스와 업무 단지를 건설할 계획이다.

이와 같은 공동사업을 통해 뉴욕은 ICT 분야에서 맹렬히 추격하며 주도권을 위협하는 전 세계 22개 도시와의 경쟁에서 한 걸음 앞서 나갈 수 있을 것이다. ICT 분야에서 뉴욕과 경쟁을 벌이는 스톡홀름, 런던, 싱가포르, 서울, 파리, 도쿄 등 상위 6개 도시의 추격은 결코 만만치 않지만 말이다. 이외에도 ICT 분야에서 두각을 나타내고 있는 도시로는 로스앤젤레스, 시드니, 베이징, 상하이, 모스크바, 상파울루, 이스탄불, 멕시코시티, 델리, 카이로, 부에노스아이레스, 뭄바이, 요하네스버그, 자카르타, 마닐라, 다카, 라고스, 카라치 등을 꼽을 수 있다. 전 뉴욕 시장 마이클 블룸버그를 비롯한 뉴욕의 지도자들은 루즈벨트 아일랜드에서 실현될 기술 협력사업이 뉴욕이 가진 ICT 분야의 주도권을 유지하고, 나아가 글로벌 경쟁에서 선두를 유지하는 데 반드시 필요하다고 판단했다. 따라서 ICT기업들에게 뉴욕은 앞으로도 좋은 비즈니스 환경을 제공할 것이다.

상호 유기적으로 연결된 물류 역량을 갖춰야 한다

도시들은 물류 역량을 확대하기 위해 대도시권 지휘 체제를 형성하고 있다. 대다수의 기업들은 효율적인 생산과 교역 업무를 수행하기 위해 상호 연결된 도시센터를 필요로 한다. ICT, 관광, 식품, 자동차 등 다양한 산업이 발전하기 위해서는 편리한 철도, 도로, 전기통신, 항만, 공항 등의 시설을 갖춘 도시가 필요하다.

뉴욕과 뉴저지는 두 도시를 연결하는 도로, 철도, 항만 등의 시설을 놓고 한 세기 동안 논쟁을 벌인 끝에, 1921년 항만 구역의 관리를 담당하는 관청을 공동으로 개설했다. 뉴욕 주와 뉴저지 주 외에 다수의 카운티와 도시들이 참여한 주간(州間) 협약은 교량, 터널, 철도, 버스, 공항, 항만 등을 포함한 이 지역 운송 인프라의 대부분을 관리 및 감독하는 뉴욕뉴저지항만공사(Port Authority of New York and New Jersey, PANYNJ)를 낳았다. 이 항만공사는 홀랜드 터널, 링컨 터널, 조지 워싱턴 다리를 포함한 뉴욕과 뉴저지를 연결하는 교량에 대한 관리 및 감독도 수행한다. 또한 동부 해안에서 가장 큰 항구이자 미국에서 세 번째로 큰 항구인 포트 뉴어크-엘리자베스 해양 터미널의 운영을 담당하며, 라구아디아, 존에프케네디, 뉴어크리버티 국제공항도 관할 하에 두고 있다. 뉴욕뉴저지항만공사가 뉴욕 도시 지역에 기여하는 경제적 가치는 측정할 수 없을 정도다.

현재 미국의 여러 주들은 주요 물류센터와 고속도로를 건설할 계획이다. 예를 들면, 로스앤젤레스와 라스베이거스는 고속철도 연결망을 건설하기 위해 주정부 및 지방자치단체가 협력하고 있다. 이들 도시에서는 카지노, 정보, 관광, 국제회의 등의 산업이 크게 성장할 것이다. 로스앤젤레스와 라스베이거스를 연결하는 고속철도는 두 도시의 글로벌 경쟁력을 더욱 키우는 회랑이 될 것이다.

물류의 발전은 미국의 항만에도 상당한 영향을 끼쳤다. 머지않아 파나마 운하 확장사업이 완공될 예정인데, 운하를 통과하는 물류량이 두 배 이상 늘어나고 세계에서 가장 큰 선박도 운행될 수 있을 것이다. 파나마의 수도인 파나마시티는 350억 달러에 달하는 약 55퍼센트의 국가 GDP를 책임지고 있으며, 2012년 기준 10.7퍼센트인 파나마의 성장률에 비해 도시 성장률이 훨씬 높다. 〈월스트리트저널〉에는 이런 기사가 실리기도 했다. "지속적으로 경제 성장을 주도하고 있는, 파나마 운하의 확장사업과 연관된 건설 및 운송산업의 호황기를 맞아 파나마의 경제는 2년 연속 두 자릿수 성장률을 보였으며, 2013년에도 꾸준히 번창할 예정이다."

미국의 항만들은 파나마 운하 확장사업에 보조를 맞추기 위해 고군분투 중이다. 멕시코 만과 동부 해안의 주정부와 항만공사들은 운하를 통과하게 될 거대한 선박들을 수용하기 위해 보다 큰 항구를 건설하는 데 수십억 달러를 쏟아 붓고 있다. 하지만 이는 위험부담이 큰 투자이며, 어떤 의미에서는 집안싸움을 벌이고 있는 것과 다름없다. 거대 선박들의 1순위 목적지가 되기만 한다면 다른 항만들에 비해 엄청난 경쟁우위를 점하게 될 것이지만,

그 경쟁에서 지게 되면 파국이 기다리고 있기에 하는 말이다.

지구 반대편에서도 항만 개발로 인해 국가들끼리 논쟁을 벌이고 있다. 파키스탄의 과다르 항만 건설사업은 중국이 인도양으로 나갈 수 있는 통로를 확보하기 위해 진행하고 있는 중요한 금융 및 건설 투자사업이다. 과다르는 파키스탄 남부의 자유무역항이다. 이곳은 원유 수송의 주요 거점으로 전 세계에서 거래되는 원유의 3분의 1이 이곳을 거쳐 가며, 페르시아 만에서 중국으로 이동하는 원유의 중계 지점이기도 하다. 중국과 파키스탄은 2013년 과다르 항구와 중국을 연결하는 철도 건설에 합의한 바 있다. 두 나라의 철도 건설 계획은 항만시설이 중국 해군기지로 사용될 수도 있는 위험 때문에 인접 국가인 인도를 경악하게 만들었고, 미국의 우려를 불러일으켰다. 중국은 이미 과다르 항구를 운영하고 있다. 과다르 항구는 중국의 투자가 늘어남에 따라 2012년 8만 5,000명이었던 인구가 급성장할 것으로 예상되기 때문에, 파키스탄의 경제를 성장시킬 것이다. 과다르 항구는 파키스탄이 물류 개발 투자를 유치하는 데 지극히 중요한 역할을 담당한다.

기업에게 다양한 인센티브를 제공해야 한다

기업은 다양한 인센티브를 제공하는 도시에 진출해야 한다. 도시가 기업에 제공하는 인센티브로는 산업별 수익사업채, 인프라 구축에 대한 조세담보금융, 기업 직접 대출 또는 보조금, 부지 혜택, 세금 혜택, 공공요금(수도 및 전기 요금 등) 감면, 관급 공사의 발주 등이 있다.

대도시들은 교육기관이 기업과 협력하도록 해 신입사원을 훈련하기도 한다. 젊은 세대에게 매력적으로 보일 수 있는 일과 생활, 여가활동 등이 모두 가능한 새로운 도시지구를 형성하기도 한다. 또한 다양한 사회복지를 제공해 외국인 인력이 지역사회에 통합되도록 돕는다.

라스베이거스는 새로운 산업을 유치하고 기존 산업을 확장하기 위해 다수의 인센티브 프로그램을 제공한다. 퀵스타트 프로그램(Quick Start Program)은 기존 구조물을 현행 건물 및 소방 규정에 맞도록 개조할 경우 최고 5만 달러까지 지원해주는 정책이다. 비주얼 임프로브먼트 프로그램(Visual Improvement Program)은 사옥의 외관을 보기 좋게 향상시킨 기업에게 보상금을 지급한다. 패스트 트랙 프로그램(Fast Track Program)은 공무원들이 소유주와 협력해 부동산 소유권과 인허가 관련 업무를 신속히 진행할 수 있도록 돕는다. 라스베이거스 재개발국에서는 주거, 소매, 호텔, 다목적 고층 건물 프로젝트에 대해 금융지원을 제공한다. 리테일 다운타운 라스베이거스 프로그램은 부동산 개발업자와 중개인들이 적절한 세입자를 찾도록 돕는다.

미국 동부 지역의 버지니아 주 알링턴은 포토맥 강을 사이에 두고 워싱턴과 마주 보고 있는 도시로, 워싱턴 대도시권에 진출하고자 하는 기업과 협회를 성공적으로 유치해왔다. 보잉(Boeing) 사의 지역 본사를 유치했으며, 기업 중역 이사회도 이곳으로 이전하도록 했다. 뿐만 아니라 네덜란드의 기업 쿠스터스 엔지니어링(Kusters Engineering), 국무국(Bureau of National Affairs), 미국입학사정관협회(National Association for College Admission Counseling), 미국방송인협회(National Association of Broadcasters), 전국범죄예방협회(National Crime Prevention Association), 해군전략연구소(Center for Naval Analyses), 국방첨단과학기술연구소(Defense Advanced Research Projects Agency) 등 다수의 정부 기관과 협회가 알링턴에 위치한다.

기업은 당연히 인센티브 제도와 기업 친화적 프로그램을 갖춘 도시에 진출하는 것이 바람직하다. 〈포브스〉 지가 선정한 2013년 미국 내 기업 친화적인 상위 5개 도시는 유타 주의 솔트레이크시티(어도비 시스템즈와 트위터, 이베이의 본사가 여기에 있다)와 프로보, 노스캐롤라이나 주의 롤리, 텍사스 주의 샌안토니오와 오스틴이다.

다른 국가의 도시들도 기업 친화적인 프로그램을 펼치고 있다. 토론토의 제조, 혁신, 기술, 상상력 프로그램은 코카콜라에 다량의 인센티브를 제공했고, 그에 따라 코카콜라는 토론토 시내에 약 9,300제곱미터의 부지를 임대해 캐나다 본사를 옮기기로 결정했다.

싱가포르 또한 기업 친화적인 도시이다. 도시국가인 싱가포르는 지금까지 다수의 산업 분야에서 우수한 성과를 거두었다. 특히 글로벌 금융기업들에게 매력적인 도시다. 2013년 세계 300대 은행을 상대로 한 영국의 설문조사에 의하면, 27퍼센트의 은행이 싱가포르를 선택한 반면 영국을 선택한 은행은 22퍼센트에 그쳤다. 20퍼센트는 홍콩 그리고 19퍼센트는 뉴욕을 선택했고, 두바이를 선택한 은행은 전체의 12퍼센트였다. 이와 같은 결과는 월가의 금융 업계에서는 이미 예견했지만 미국의 금융 서비스가 당연히 세계 최고라고 생각하는 수많은 미국 국민과 정치인들은 당혹스럽게 만들었다.

산업단지를 갖춰야 한다

기업에게는 산업단지를 갖춘 도시가 최적지이다. 예를 들어, 자동차 제조기업은 관련 공급업체와 유통업체, 금융업 등이 동일 지역에 있어야 사업하는 데 용이하다. 그러므로 여러 산업이 하나의 지역에 있는 산업단지가 필요하다. 하버드대학의 마이클 포터(Michael Porter) 교수는 자신의 저서《경쟁우위(Competitive Advantage)》에서 산업단지의 중요성을 강조했다.

기업에게는 자신의 산업 분야와 관련된 협력 및 제휴업체들이 하나의 지역에 위치하고, 지식 및 정보도 교환할 수 있는 산업단지가 필요하다. 또한 산업단지 인근에 과학기술 분야의 인재를 제공하는 지역 대학이 있는 것이 좋다. 이들 대학과 산학협력을 맺으면 혜택을 누릴 수도 있기 때문이다. 또한 기업은 새로운 벤처 투자를 제공하는 민간 자본과 여타 금융 투자기관도 필요하다.

중국 쑤저우에 위치한 쑤저우산업단지는 산업단지의 중요성을 보여주는 탁월한 사례다. 쑤저우산업단지의 생명공학구역에서는 주요 글로벌 제약기업과 생명공학기업이 활동하고 있다. 쑤저우산업단지는 생명공학구역 외에도 ICT, 신소재, 화학, 미디어, 기계 등 다양한 구역을 두고 있다. 하버드대학과 메사추세츠공대를 중심으로 형성된 미국의 보스턴 대도시 지역은 ICT, 의료서비스, 정보과학 분야의 기업들이 즐비한 128번 도로(Route 128)로 유명하다. 128번 도로는 캘리포니아의 실리콘밸리에 필적할 만한 산업단지이다.

미국의 산업단지 중 눈여겨볼 만한 곳은 아마도 텍사스 주 휴스턴일 것이다. 이곳에는 에너지 분야의 산업이 발전하고 있다. 오일 및 가스기업들은 중심 구역의 남쪽과 시내로부터 27마일 북쪽에 위치한 계획도시인 우드랜즈에 산업단지를 이루고 있다. 에너지산업은 휴스턴 고용률의 3.4퍼센트를 담당하고 있는데, 국가 전체 기준 평균 수치인 0.6퍼센트보다 다섯 배나 높다. 정제시설과 유통센터는 항만 주변에서 단지를 형성하고, 에너지기업을 비롯해 직원 수가 많은 주요 대기업들은 시내 혹은 우드랜즈와 같은 하위 시장에 위치하는 경향이 있다.

보스턴의 자산 및 포트폴리오 연구소(Property and Portfolio Research)의 리서치 담당 이사인 월터 페이지(Walter Page)는 〈뉴욕타임스〉와의 인터뷰에서 이렇게 말했다. "휴스턴이 성장을 주도하고 있다는 것은 명백한 사실입니다. 휴스턴은 미국 내 주요 경제구역 가운데 불황기에 상실한 것보다 더 많은 일자리를 창출한 것으로 기록된 첫 번째 도시입니다. 2008년 8월에 정점을 찍고 이후 불황기 내내 줄어들었던 휴스턴의 고용률이 현재는 정점 대비 3.7퍼센트 상승한 상태입니다. 2008년 4월에 정점을 기록했던 뉴욕의 고용률이 현재 정점 대비 0.7퍼센트 상승한 것과 비교해볼 수 있습니다."

생산, 판매, 서비스 등으로 이어지는 공급망을 갖춰야 한다

모든 제품과 서비스는 생산, 판매, 서비스 등으로 이어지는 광범위한 공급망을 갖는다. 이런 공급망들은 각 산업 분야마다 그리고 산업 분야에 속하는 개별 기업마다 특성이 다르다. 기업에게 생산과 판매 공급망은 비용과 품질이 직결된 문제다. 서비스 공급망은 고객 만족과 소비자 충성도를 좌우하며, 추가적인 수익을 창출하는 데 기여한다.

생산 공급망에는 부품이나 구성품, 시장에 출시될 최종 브랜드 제품의 조립에 필요한 시스템을 공급하는 여러 업체들이 참여하기 때문에 매우 복잡하다. 미국의 전통적인 자동차 생산 공급망은 디트로이트였다. 미국의 3대 자동차기업은 모두 주요 부품과 구성품 공급업체들과 함께 디트로이트 도시 지역에 위치했다. 그런데 노동조합이 없고 저렴한 가격으로 승부하는 외국 자동차 생산기업들이 미국 남부 지방으로 들어오면서 디트로이트의 패권에 도전장을 내밀었다. 미국의 소비자들은 자국의 모델에 비해 상대적으로 품질이 좋고 가격이 저렴한 일본과 한국, 유럽의 자동차에 열광했다. 외국 자동차기업들이 공급업체들을 켄터키, 테네시, 앨라배마 등 남부 지방으로 들여왔기 때문에, 노동조합 중심의 공급망을 갖추고 있던 미국의 기업은 고전을 면치 못했다.

제너럴모터스(GM)를 부도 사태로 몰고 간 2008년의 글로벌 금융위기 이전부터 미국의 자동차 제조기업은 노동조합 비용을 줄이고 텍사스와 켄터키, 기업 친화적인 인디애나 등지에 공장을 열기 시작했다. GM과 포드자동차(Ford Motors)는 국내 시장 점유율이 점점 감소하는 것을 고려해 해외 사업을 확장했다. GM은 중국의 국영기업인 SAIC자동차와 협력관계를 맺고 중국 내에서 번영을 누렸다. 2013년 GM의 중국 내 자동차와 트럭 판매 대수는 미국 내의 판매량보다 훨씬 많았고, 102년의 역사상 최초로 해외시장 판매고가 내수시장을 앞질렀다. GM은 현재 꽤 잘나가는 중이다. 결국 패자는 디트로이트인 것이다.

생산 공급망과 마찬가지로, 판매 공급망 역시 홍보와 유통, 판매, 무역 등과 관련된 여러 업체가 참여하므로 매우 복잡하다. 외국에서 만들어진 미국 의류 브랜드 제품을 미국 내에서 판매하기 위해서는 일련의 생산 및 유통 과정을 거쳐야 한다. 우선 방글라데시에서의 원단 제작, 홍콩에서의 디자인 그리고 중국에서의 재단과 봉제 단계를 거쳐 의류가 완성된다. 완성된 의류는 수입업자에 의해 미국으로 들어오고 물류창고, 도매업자, 유통업자 등에게 퍼져나간 다음 최종적으로 소매업자에게 넘겨진다. 월마트 정도의 규모를 갖춘 기업이라면 해외 생산지로부터 직접 제품을 자체의 수입 물류 터미널로 들여와 미국 내 월마트 매장을 통해 제품을 공급할 것이다. 자체적인 유통망과 판매망을 보유하고 있기 때문에 월마트는 비용을 크게 절감할 수 있고, 결과적으로 소비자에게 가장 저렴한 가격으로 제품을 공급할 수 있다.

생산 공급망과 판매 공급망과 마찬가지로, 판매 후 서비스를 제공하기 위한 공급망 또한 유지 관리, 보수, 구매 브랜드 제품에 대한 서비스 등을 제공하는 여러 기업을 필요로 한다. 이는 높은 수준의 고객 만족과 브랜드 유지를 위해 매우 중요하다. 이와 같은 모든 공급망 단위를 서로 연결한 것이 이른바 '가치 사슬(value chain)'이며, 품질과 비용, 고객 만족을 우선하는 브랜드기업에게는 가장 중요한 문제이다.

다행히 세계 도처에서 여러 도시들이 지역이 육성하려는 핵심산업과 관련된 공급망을 구성하기 위해 노력 중이다. 미국 내에서 규모 면에서 상위 10위의 유통 허브를 꼽자면 멤피스, 시카고, 휴스턴, 로스앤젤레스, 뉴올리언스, 뉴욕뉴저지항만청(PANYNJ), 필라델피아, 모빌, 찰스턴, 사바나 등이다.

유통 허브는 제품의 재포장과 상표부착, 운송, 정보 통제 등을 포함해 소매업체에게 전달될 최종 제품의 조립 부문에서 그 역할이 점점 커지고 있다.

그런데 도시의 공급망을 확장하는 데 있어 한 가지 중요한 걸림돌이 있다. 그것은 바로 각각의 도시 지역이 이전부터 보유하고 있던 기존의 산업단지이다. 다시 말해 새롭게 육성하고자 하는 핵심산업에 속하지 않고, 그에 적합하지 않을 수도 있는 기존의 산업단지이다. 예를 들어, 뉴욕의 경우 의류, 패션, 미디어 분야에 필요한 공급망을 갖춰야 하는 문제가 있다. 앞서 설명한 바와 같이 뉴욕은 기술산업 분야의 일자리 공급에서 선두를 달리는 도시다. 이는 도시 지역 내에서 공급망을 분배하는 데 따르는 공동의 합의점을 찾는 일이 쉽지 않다는 것을 의미한다. 도시의 특정한 핵심산업이 쇠퇴하면 공급망을 늘려 해당 산업을 되살려야 한다는 압력이 거세질 수밖에 없다. 기존 산업의 공급자들은 자신들의 기득권을 유지하기 위해 새로운 핵심산업의 공급자들을 방해할 것이다.

미시건과 북부 오하이오의 전통적인 자동차 공급업체들은 차세대 자동차를 생산하는 변화에 적응하기 위해 노력 중이다. 그들은 자신들이 보유하고 있는 기술을 새롭게 활용하기 위한 혁신에 중점을 두고 있다. 디트로이트에는 이제 막 날갯짓을 시작하는 정보기술과 미디어 신생기업들이 있다. 그럼에도 불구하고 자동차 생산이 감소하고 있는 이 대도시를 지탱할 수 있는 새로운 핵심산업을 찾을 것인지 혹은 찾을 수 있을지에 대해서는 여전히 불확실하다.

왜 그럴까? 미국의 도시 당국들 중 상당수가 경제개발계획을 실천에 옮기고 기업이 원하는 공급망을 계획하는 능력이 부족하기 때문이다. 다행히 몇몇 도시개발계획 당국은 제조와 마케팅 전문가를 확충해 적절한 공급망을 조직하고 있으니, 그리 낙담할 필요는 없다.

개발도상국의 도시 지역의 경우 기존 산업의 반감이 크지 않기 때문에 공급망을 형성하는 데 있어 상대적으로 유리하다. 중국은 경제특구 정책과 네트워크를 통해 국내 공급자와 외국 공급자를 의도적으로 결합해 국내기업은 물론 글로벌 다국적기업과 대기업을 지원한다. 선전경제특구에는 핵심 ICT산업 분야의 공급자들로 구성된 네트워크가 있다. 전기통신 업계의 거인 화웨이와 ZTE는 선전경제특구 당국이 적합한 중소기업(SME)들을 한데 모아 공급망을 형성한 덕분에 글로벌 다국적기업의 위상을 갖추게 되었다. 마찬가지로 독일을 대표하는 자동차 브랜드들을 위해 수천 개의 전문 중소기업들이 부품과 구성품, 시스템을 공급하고 있다. 이들 독일 자동차기업과 관련된 중소기업은 국가 GDP의 50퍼센트를 생산하고 있으며, 노동인구의 70퍼센트를 보유하고 있다.

결론적으로 기업이 풀어야 할 과제는 다음과 같다. 해당 도시가 보유한 공급망의 이점을 이해하고, 자신의 기업이 그 이점을 가장 잘 활용할 수 있는지 파악해야 한다.

중앙정부의 규제완화 정책이 필요하다

중앙정부의 정책은 기업이 성장하는 데 매우 중요한 역할을 한다. 시장 규모나 가구 소득, 인적 자원의 측면에서 아무리 매력적인 도시라 할지라도 통화의 변동성은 투자를 위축시키는 주요 요인이다. 글로벌기업이 현지 화폐로 거래를 하는 경우 화폐 가치가 급속히 하락한다면 완성품을 생산하는 데 필요한 부품과 구성품의 수입 비용이 증가하게 된다. 예를 들면, 2013년에 인도 루피(rupee)화의 가치가 급속히 떨어지자 최종 제품을 생산하는 데 필요한 구성품을 수입하던 뉴델리와 첸나이, 콜카타, 뭄바이 등지의 국내 및 외국기업들이 모두 어려움을 겪은 바 있다.

중국은 수입 판매 물량에 쿼터제를 적용한다. 중국은 25퍼센트의 세금을 부과하는 방법으로 외국 자동차의 수입량을 제한한다. 베이징, 상하이, 선전을 비롯한 중국의 부유한 도시들은 고급 외제 자동차를 구매하는 중국인들에게 높은 세금을 부과하고 있다. 그럼에도 불구하고 외국의 고급 자동차 제조기업들은 부유한 중국인들이 늘어나면서 중국시장에서 승승장구하고 있다. 이처럼 외국기업에게 불리한 정책은 인도, 인도네시아 그리고 여러 개발도상국에서 쉽게 찾아볼 수 있다.

각종 규제 역시 글로벌기업의 성장을 저해하는 주요 요인이다. 특히 인도는 관료주의와 제조 및 상업 규제에 따르는 높은 비용 부담으로 악명이 높다.

미국 정부는 첨단기술의 수출을 제한하는 정책을 펴고 있는데, 그로 인해 첨단기술기업의 본사들이 위치했는데도 불구하고 시애틀, 샌프란시스코, 실리콘밸리, 오스틴, 롤리-더햄, 로스앤젤레스, 워싱턴과 같은 도시들이 성장하지 못하고 있다. 실례로, 하니웰과 같은 첨단기술기업이 위치하고 있는 뉴저지 주 뉴어크-유니온 MSA와 모리스타운의 관료들은 미국의 기술을 중국 내에서 판매하도록 하기 위해 정부의 해외투자위원회를 상대로 정기적인 로비를 벌인다. 로스앤젤레스의 시장과 기업가들은 더 많은 할리우드 영화가 중국으로 수출되도록 하기 위해 중국 정부에 미디어 수입 규제를 완화해달라고 끊임없이 요구하고 있다.

런던의 경우는 금융 규제 완화 정책을 펼치고 있어 글로벌 금융기업들이 몰려들고 있다. 다수의 유럽, 아시아, 미국계 은행과 금융 서비스기업이 런던에 진출해 있다. 런던은 중국 위안화를 결제 통화로 사용하는 무역 거래의 중심지가 되기 위해 상하이, 홍콩, 싱가포르 등의 도시와 팽팽히 맞서고 있는 중이다.

기업은 해당 지역의 재정 정책 또한 면밀히 살펴야 할 필요가 있다. 미국의 법인소득세율은 세계 최고 수준이다. 이는 많은 외국기업들이 미국 내에서 제품 생산을 하지 못하도록 방해하는 요인이다. 이런 높은 세금 때문에 자국기업조차 해외에서 벌어들인 수익을 모국으로 송금해 미국의 도시 지역에 투자하려 들지 않는다. 아일랜드와 동부 유럽과 같이 법인세율이 낮은 국가가 미국의 제조기업과 소프트웨어기업에게 더 매력적인 투자처인 것이다.

중국의 기업이 미국에 외국인직접투자(FDI)를 하는 데 있어 가장 큰 어려움은 미국 정부의 규제 정책이다. 미국외국인투자위원회(Committee on Foreign Investment in the United States, CFIUS)는 중국해양석유총공사(Chiana National Offshore Oil Cooperation, CNOOC), 화웨이, 싼이(Sany), ZTE 등과 같은 중국의 기업들을 유치하기 위한 미국도시들의 다양한 노력을 원천적으로 봉쇄했다. 미국 정부는 국가안보에 위협을 초래하는 중국의 투자, 특히 에너지, 항공, 전기통신산업 분야에 대한 투자에 정치적 적대감을 드러낸다.

이런 규제 정책으로 중국의 기업들은 미국 대신 아시아, 아프리카, 남미, 유럽 등을 향해 날아가고 있으며, 미국의 도시들은 결과적으로 투자 기회를 상실하고 있다.

안전한 사회 환경이 필요하다

기업이 안정적으로 성장하기 위해서는 안전한 사회 환경이 필요하다. 카이로, 알렉산드리아, 다마스쿠스, 이스탄불, 앙카라, 아테네, 다카 등처럼 대도시 중심에서 폭력과 시위 등이 벌어지는 곳에서는 기업 활동을 하는 데 어려움을 겪을 수밖에 없다. 이들 도시를 비롯해 여타 정치적으로 불안정한 도시들은 인구가 많고 경제성장률 또한 높더라도 위험이 따른다.

방글라데시의 수도 다카에서 100명 이상의 사망자가 발생한 라나 플라자(Rana Plaza) 건물 붕괴 사건 이전부터 월마트, 리바이 스트라우스 앤 컴퍼니(Levi Strauss & Co.), 시어스(Sears) 등의 미국 의류기업들은 입주자 수가 많고 입주자 대부분이 현지인이며 작업자의 안전에 세심한 주의를 기울이지 않는 다카의 공장에서 제품을 생산하는 관행에 대해 재고하고 있었다. 그런 그들에게 라나 플라자 붕괴 사건은 커다란 충격이 아닐 수 없었다. 이후 미국의 브랜드들은 자체 생산 공장을 보유하고, 작업 환경과 안전 문제를 직접 통제하기 시작했다.

심지어 몇몇 미국의 기업들은 다카의 공장들에서 생산량을 줄였다. 월트 디즈니(Walt Disney Co.)는 더 이상 방글라데시에서의 생산을 허가하지 않을 것이라고 발표했다. 타깃(Target)과 나이키(Nike) 등의 기업들은 방글라데시에서 생산량을 감축했다. 방글라데시 의류 제조 및 수출 협회(Bangladesh Garment Manufacturers and Exporters Association)는 의류산업에서 200억 달러의 실질적인 손실을 기록했다고 밝혔다. 방글라데시 정부는 수출의 80퍼센트를 차지하는 의류산업을 보호하기 위해 건축물에 대한 안전 규제를 강화하고 있다.

캄보디아의 경우도 마찬가지다. "최근의 사고들로 인해 외부의 압력이 거세져 대부분 생산지 이전을 검토하지 않을 수 없게 됐습니다." 캄보디아 의류제조자협회의 사무총장인 켄 루가 〈월스트리트저널〉에 밝힌 내용이다.

기업 친화적인 정치 지도자가 필요하다

투자자와 기업에게는 새로운 산업에 대한 지원을 아끼지 않는 정치 지도자가 필요하다. 루돌프 줄리아니(Rudolph Giuliani) 전 시장은 범죄가 난무하고 퇴락해가는 뉴욕을 세계적인 도시로 바꾸었는데, 세계 10대 도시 중 하나로 성장할 수 있는 규모의 국내외 투자를 유치한 바 있다.

리처드 달리(Richard J. Daley) 시장은 21년간 시카고 시장으로 재직했으며 쿡카운티민주당중앙위원회(Cook County Democratic Central Committee)의 회장을 역임했다. 재직 기간 중 그는 시카고에 대한 기업 투자를 적극적으로 홍보했고, 다른 상업도시로 주요 산업이 빠져나가면서 휘청거리던 도시 경제를 다양한 소규모 제조기업들이 번창하는 도시로 변모시켰다. 2001년 그의

아들인 리처드 달리(Richard M. Daley) 시장은 시애틀에 있던 보잉의 기업 본사를 시카고로 이전시켰다.

8,000개 이상의 소기업을 대상으로 한 2013 썸택 설문조사(Thumbtack survey)에 의하면, 미국의 도시들 중 기업 친화적인 1위 도시를 차지한 곳은 오스틴이었다. 이러한 결과가 나타난 것은 도시가 보유한 네트워크 기능, 낮은 세율, 새로운 아이디어를 수용하는 지역사회의 문화 덕분이었다. 다음 순위는 노퍽의 세계 최대 해군 기지에서 불과 30분 거리에 있는 버지니아 비치였다. 이곳은 휴양도시로도 알려져 있기 때문에 관광산업을 유치하는 데 강한 면모를 보였다. 휴스턴이 3위를 차지했는데, 휴스턴은 미국에서 네 번째로 큰 도시지만 부동산 비용은 상대적으로 낮다. 따라서 기업에게는 낮은 비용으로 탁월한 입지를 확보할 수 있는 도시인 셈이다. 당신이 만약 휴스턴이 아니라 뉴욕에서 기업을 경영한다면 두 배의 비용이 들어갈 것이다.

그다음은 개인주의 문화가 강한 콜로라도 스프링스다. 이 도시는 기업 친화적 법규와 지역 내 주요 대학에서 배출하는 고도로 숙련된 인력을 보유하고 있다. 숙련된 소프트웨어 엔지니어들을 보유한 샌안토니오가 다음 순위다. 이곳의 근로자가 받는 임금은 캘리포니아 새너제이의 근무자가 받는 급여의 60퍼센트 수준에 불과하지만 생활물가는 훨씬 낮다. 실리콘밸리에서 아파트를 구입할 수 있을 정도의 비용으로 샌안토니오에서는 저택을 소유할 수 있다.

네슈빌은 그 다음 순위에 이름을 올렸는데, 이곳의 생계비와 세금은 낮은 편이다. 음악의 고장으로 유명한 네슈빌은 엔터테인먼트시설에 대한 기업의 투자가 활발하다. 인구 6,700만의 댈러스-포트워스-알링턴 복합 대도시권은 낮은 세율과 기업 친화적인 정부 그리고 높은 경제성장률로 다음 순위에 올랐다. 상위 8위 도시에 이름을 올린 마지막 도시는 듀크대학과 노스캐롤라이나대학이 배출하는 풍부한 인적 자원이 있고, 첨단 연구개발센터들이 들어선 리서치 트라이앵글(The Research Triangle)의 장점을 내세운 롤리-더햄-채플힐이다.

콜로라도 스프링스를 제외하면 이 설문조사의 상위권에 있는 기업 친화적인 도시들은 모두 남부에 있다. 미국 내에서는 뉴잉글랜드의 구도시들, 중부 및 중서부 지역 도시들, 그리고 보다 기업 친화적이며 노동조합의 영향을 덜 받는 남부 및 남서부 지역의 도시들이 기업을 유치하기 위해 치열한 줄다리기를 벌이고 있다. 이는 새로운 것을 얻는 것은 고사하고라도 기존의 것을 지켜내려는 북부 지역의 정치 지도자들에게 본보기가 될 만하다. 게다가 노동조합과 시민사회 단체의 영향력은 남부에 비해 북부 지역에 보다 깊숙이 뿌리내리고 있다.

부패 정치도 기업 활동을 방해하는 요인으로 작용한다. 마이애미, 시카고 등 몇몇 도시의 정치 체계는 부패한 것으로 악명이 높다. 일리노이 주의 전 주지사 몇몇과 많은 입법의원들이 감옥신세를 진 바 있다. 전 세계적으로는 러시아가 부패 정치로 가장 악명이 높은데, 그 때문에 글로벌기업들 대다수는 러시아에 투자하지 않는다. 상당수의 다국적기업들이 모스크바, 상트페테르부르크, 니즈닌노브고로트, 예카테린부르크, 노보시비리스크 등에 진출하는 것을 기피한다.

우수한 인재를 양성하는 교육 인프라를 갖춰야 한다

기업이 성장하기 위해서는 재능 있는 인재를 영입해야 한다. 재능 있는 인재는 안락한 생활, 질 높은 교육, 건강한 삶, 지속적이며 창의적인 정보 교환이 가능한 도시에서 많이 탄생한다. 매사추세츠 128번 도로를 따라 늘어선 도시와 자치구들은 의료서비스와 ICT 분야에서 급성장하는 신기술로 번영을 누린다. 하버드대학과 MIT는 이들 산업을 비롯한 여타 분야에 필요한 인재들을 제공하고 있다. 매사추세츠 주 정부는 이 지역에 국내 최고의 공교육 체계를 확립해 재능 있는 인재들이 보스턴 첨단 대도시 지역으로 모여들게 한다. 뿐만 아니라 이 지역의 문화기관의 수준 또한 매우 높다.

방대한 규모로 번성하고 있는 베이징의 중관춘과학기술단지(Zhongguancun Science Park)는 칭화대학교, 베이다대학교, 런민대학교 등 세 개의 일류 대학과 정부 산하의 수많은 과학기술 연구소를 근간으로 형성되었다. 수백 개에 달하는 국내외 첨단기업들이 이곳에 투자를 아끼지 않았고, 이곳에서 양성한 인재들이 국내 및 글로벌시장을 위한 신제품과 서비스를 생산하고 있다.

서북공업대학과 시안항공대학은 중국의 항공산업을 선도하는 시안 대도시권역의 성장을 뒷받침하고 있다. 마찬가지로, 공학과 경영학을 중시하는 인도공과대학교는 첸나이, 뭄바이, 델리 등 16개 도시에 캠퍼스를 두고 있다. 이곳에서 인도의 주요 산업 분야의 기업은 물론 인도에 진출한 외국기업이 필요로 하는 인재를 양성하고 배출한다.

21세기형 기업에는 강한 탐구심과 창의력을 갖춘 인재가 필요하다. 이러한 인재를 양성하기 위해서는 감각적인 취향에 맞는 풍요로운 문화생활도 제공해야 한다. 뉴욕의 링컨센터는 퇴락해가는 공연예술 장소를 소생시켜 교육 수준이 높고 문화적 소양이 깊은 청중과 뉴욕의 자선단체들을 위한 대표적인 문화시설로 거듭난 사례다. 전 세계의 공연예술 지망생을 끌어 모으는 줄리아드음대(Juilliard School)가 바로 여기에 있다. 줄리아드음대는 중국 톈진에 음악원을 건립하는 중이다. 중국의 새로운 금융 중심지인 톈진은 맨해튼의 문화적 풍요로움을 모방하고, 교육 수준이 높고 문화적 열정이 강한 지역 주민들에게 세계적 수준의 서구식 음악 교육을 제공할 심산이다. 2011년 기준 중국에서는 3,000만 명의 학생이 피아노를, 1,000만 명의 학생이 바이올린을 배우고 있다.

상업적 강점을 지닌 랜드마크가 필요하다

소매업체와 부동산 개발업자는 상권의 핵으로 기능할 수 있는 랜드마크가 될 만한 상업적 건축물을 지어 올릴 수 있는 대도시의 상업 중심지를 찾게 마련이다. 1980년대에 쇠퇴해가던 시카고의 상업은 미국 중서부 지역 쇼핑객의 메카라고 불리는 미시건거리(Michigan Avenue)를 재개발하면서 되살아났다. 사우스비치 재개발사업은 마이애미비치를 세계적인 관광 명소로 변모시켰다. 해안길에 새로운 생명력을 불어넣은 상하이는 해안 지역에 직영 매장을 두고자 하는 명품 소매기업들을 끌어 모아 중국의 패션 중심가로 변모했다.

잘만 찾아보면 기업과 투자자들을 끌어들이기 위해 경제 발전 계획을 수

럽하고 여러 노력을 기울이는 도시를 발견할 수 있다. 이런 도시에 상업적 강점을 지닌 랜드마크까지 있다면 투자처로 매우 좋을 것이다. 그런데 여기서 한 가지 유념해야 할 것이 있다. 기업과 투자자는 사업의 성장과 투자금의 회수를 위해 신중하게 입지를 선정해야 한다.

결론

새로운 도시에서 성장하려는 기업은 도시가 지닌 강점과 약점에 대해 먼저 검토해야 한다. 해당 산업이 그 도시에서 현실적으로 성공할 수 있는지 판단해야 한다. 도시가 새로운 산업을 유치하기 위해서는 엄청난 자금이 필요하다. 새로운 기업을 유치하는 데 소요되는 비용은 차치하더라도 말이다. 그러므로 도시 당국의 재정 능력도 살펴야 한다. 기업은 도시의 11가지 특성, 즉 도시 또는 대도시권의 규모, 인구통계학적 속성, 물류 역량, 인센티브를 제공할 수 있는 잠재적 역량, 산업단지, 공급망을 지원할 수 있는 역량, 중앙정부의 우호적인 정책, 사회적 안정성, 정치 및 시민사회의 리더십, 양질의 교육 및 문화기관, 상업적 강점 등을 검토할 필요가 있다.

미래를 위한 질문

1. 당신이 진출하고자 하는 도시의 특성을 자세히 살펴보았는가? 앞서 제시한 11가지 특성들에 대해 평가하도록 하자. 등급은 1부터 5까지 숫자를 사용하고 가장 높은 등급을 5로 정한다. 11가지 특성들의 등급은 얼마나 높은가?

2. 11가지 특성 중 가장 취약한 점은 무엇인가? 그리고 어떤 해결 방안이 있는가?

3. 몇몇 등급이 낮더라도, 진출 계획을 포기하지 않을 만큼 그 도시가 매력적인가? 그렇다면 그 이유는 무엇인가?

4. 11가지 특성에 대한 강점 및 약점을 분석한 결과, 사업 계획을 변경해야 한다면 어떤 것을 우선적으로 해야 하는가?

3

기업은 도시와 함께 성장해야 한다

민영화 열풍, 중앙정부보다 막대한 다국적기업의 투자

많은 국가에서 국가보다 도시의 역할이 중요해지고 있다. 과거에는 국부를 확립하는 데 중점을 두고, 국가에 속하는 도시의 경제적 힘은 부수적인 것으로 여겨왔다. 국가를 최우선에 두고 주 또는 지방 그리고 최종적으로 도시를 고려하는 수직적인 사고방식을 갖고 있던 것이다. 이와 같은 사고방식은 국가가 거대한 경제적 힘과 부를 보유하던 시절에나 적합할 수 있었다. 오늘날 전 세계 주요 국가들은 경기침체로 국고가 점점 줄어들고 있다. 이러한 상황에서 국가가 책임지고 도시들의 인프라를 개발해주지도, 지역의 기업을 위한 대출 프로그램과 고용 및 직업훈련을 지원해주지도 않고 있다.

도시들은 점차 다국적기업의 본사와 지역사업본부, 연구개발센터, 생산 및 유통시설을 자신의 도시에 직접 유치하도록 유도하는 방향으로 나아가고 있다. 또한 다국적기업을 공공-민간 파트너십(public-private partnerships,

P3)에 참여하게 해 새로운 인프라를 구축하는 사업을 추진하는 경우도 점차 늘어가는 추세다. 도시들은 지역 경제를 성장시키기 위해 민간 부문에, 그것도 주로 미국계 및 외국계 다국적기업에 손을 내밀고 있다.

우선 인프라 구축이 지역 경제에 미치는 영향력에 대해 살펴보도록 하자. 미국의 경우 공공 자금을 재원으로 한 인프라 개발사업에서 나름의 긴 역사를 자랑한다. 1956년 연방법에 의해 승인된 드와이트 D. 아이젠하워 전미주계간방위고속도로망(Dwight D. Eisenhower National System of Interstate and Defense Highways)은 미국 전역을 연결하는 자동차 전용도로망이다. 2010년 기준 총연장 4만 7,182마일(7만 5,932킬로미터)로 중국에 이어 세계에서 두 번째로 긴 고속도로를 자랑한다. 2010년 기준 미국 내 모든 차량의 전체 운행거리 중 4분의 1이 이 고속도로를 운행한 것으로 집계됐다. 이 고속도로 시스템을 건설하는 데 든 최초의 금액은 260억 달러였으며, 이것은 2014년 화폐가치 기준으로 2,250억 달러에 달한다. 미국 전역을 연결하는 이 고속도로 시스템은 도로를 따라 위치한 수천 개 도시들의 경제 성장에 엄청난 기여를 했다. 하지만 이제는 국가가 나서서 인프라를 구축하는 경우를 찾아보기 힘들게 되었다.

반면에 중앙정부가 여전히 고속도로, 항만, 댐, 발전소, 공항 등 주변의 도시 지역에 중대한 경제적 영향을 끼치는 인프라 개발사업에 직접 투자하는 국가들도 있다. 중국 정부는 싼샤댐(Three Gorges Dam)을 건설하기 위해 2008년까지 총 1,480억 달러를 투입했다. 이처럼 어마어마한 모든 비용을 국책은행인 중국개발은행이 부담했다. 비록 이보다는 초라한 규모이기는 하지만, 미국 정부는 후버댐(Hoover Dam)을 건설하기 위해 1931년에 5,000

만 달러의 비용을 부담했는데, 이는 2008년 기준 9억 6,000만 달러에 상당하는 금액이다.

그러나 지난 20년 사이에 선진국이든 개발도상국이든 대규모 인프라 개발사업을 단일 공공기관이 감당하기에는 막대한 소요 비용 때문에 부담되는 것이 사실이다. 그래서 최근에는 인프라 개발사업이 공공-민간 파트너십(P3) 방식으로 진행되는 경우가 늘고 있으며, 공공 재원보다는 기업이나 투자자의 민간 자본이 보다 큰 역할을 담당한다.

1990년 이래로 OECD 국가에서는 5,670억 달러에 달하는 국가 소유 인프라 자산을 민간 자본에 매각했다. 2011년 기준 영국에서 인프라를 관리하는 데 드는 재원의 5분의 1은 민간에 의해 충당되고 있다. 캐나다의 경우, 공공-민간 파트너십(P3) 방식의 재원이 전체의 10~20퍼센트 정도이며, 호주의 경우는 그 비율이 훨씬 더 높다. 미국은 현재 호주와 유럽에 비해 도로, 교량, 터널 등 인프라의 민영화가 뒤처져 있는 나라다. 하지만 세계적으로 불고 있는 '민영화 열풍'을 미국 역시 피하기 힘들 것이다.

미국 내 몇몇 주에서는 민영화 열풍과 같은 방향으로 움직이고 있다. 버지니아 주에서는 세계적인 유료 고속도로 개발기업인 호주의 트랜스어번(Transurban)이 미국의 다국적기업인 플루어(Fluor Corporation)와 협력해 총연장 14마일의 수도권순환도로(Capital Beltway)를 건설한 바 있다. 피그 브리지 개발사(Figg Bridge Developers)와 브리튼 힐 파트너스(Britton Hill Partners)는 공동으로 재원을 마련해 엘리자베스 강 위를 가로질러 체서피크와 포츠마우스를 연결하는 조단 브리지(Jordan Bridge)를 건설했다. 1995년 개통된 덜레스 고속도로(Dulles Greenway)는 민간이 소유한 연장 14마일의 도로로, 워싱턴 덜레스 국제공항과 버지니아 주의 리스버그를 연결한다. 이 고속도로는 버지니아 최초의 민간 유료 도로인데, 기존의 운송 인프라를 보완하기 위해 공공과 민간 부문이 어떻게 협력해야 하는지를 보여주는 사례이다.

중앙정부가 이제 재원을 조성하는 역할보다는 홍보와 규제 역할을 담당하면서 한 걸음 물러서는 가운데, 대기업과 그들의 금융 파트너들이 도시 지역에서 성장하기 위해 지역의 인프라 개발사업에 뛰어들고 있다. 예를 들면, 2009년에 시작된 가봉의 벨링가(Belinga) 철광석 광산은 30억 달러 규모로 건설되는 인프라 개발사업으로, 중국이 아프리카에서 진행한 최대 규모의 광산 개발사업이다. 〈포춘〉 지 선정 글로벌 500대 기업에 포함되어 있는 중국철도건축총공사(China Railway Construction)가 앙골라의 벵겔라와 탄자니아와 모잠비크에 있는 두 개의 항구도시를 연결하는 철도를 건설하고 있다. 이 철도는 대서양 해안과 인도양 해안을 서로 연결하는 노선으로 아프리카 최초의 동서 횡단 철도이며, 노선을 따라 위치한 도시들의 경제에 활력을 불어넣을 것으로 기대된다. 그 외에도 중국철도건축총공사는 미얀마의 수도권 신공항을 건설하는 데 1억 달러를 투자했다.

유럽의 경우, 프랑스에 있는 미요교(Millau Bridge)의 건설 자금을 민간기업인 에파주(Eiffage)가 조성한 바 있다. 7만 명의 직원을 두고 있는 에파주의 기업 가치는 180억 달러에 이른다. 에파주는 향후 78년 동안 미요교의 통행료 수익권을 갖는다. 2013년 영국 재무부 장관은 중국핵공업총공사(China National Nuclear Corporation)와 중국원자력그룹(China General Nuclear Power Group)을 초대해 영국 남부 힝클리 포인트(Hinkley Point)에 신규 원자로를 건설하고 운영하는 사업에 대한 투자와 참여를 권한 바 있다.

대부분의 국가들은 대규모 인프라 개발사업에 투자하기에는 한계가 있고, 세금을 낭비하지 말하는 정치적 압박을 받고 있다. 따라서 이제는 중앙정부가 직접 나서는 대신 국내의 다양한 지역과 도시에게 인프라 개발사업을 떠넘기는 경우가 늘고 있다. 하지만 중앙정부가 제공하는 자본은 인프라 개발사업을 진행하기에는 턱없이 부족하므로, 해당 도시 입장에서는 답답할 수밖에 없다. 전 세계의 많은 도시가 공공-민간 파트너십(P3) 형태의 산업 투자는 물론 민간기업의 인프라 투자를 유치하기 위해 자체적으로 나서는 이유는 바로 여기에 있다. 또한 이제 도시는 더 이상 중앙정부가 도시 내의 산업단지에 필요한 인프라를 제공해줄 것이라고 기대하지도 않는다. 지역정부는 주변의 도시와 기업들의 도움을 받아 인프라를 개발해야만 한다.

광대역 인터넷 서비스 인프라 개발사업을 예로 들어보자. 정보화 시대에는 광대역 인터넷이 필수적으로 필요하고 인구가 많은 도시에는 그것이 꼭 필요한데, 광대역 인터넷 서비스를 개발하기에는 막대한 비용이 소모되므로 중앙정부에 의존할 수는 없다. 그래서 최근에는 민간기업이 이러한 서비스 인프라 개발사업을 주도하는 경우가 많다. 항구도시의 항만을 개발하는 경우도 마찬가지다. 중앙정부의 턱없이 부족한 재원으로는 도시 지역 항구의 현대화사업을 추진할 수는 없다. 공항이나 도시 운송 인프라 개발사업의 경우도 다르지 않다.

다시금 강조하지만 이러한 인프라가 도시 경제를 뒷받침하는 데 지극히 중요한데도 중앙정부는 속수무책이다. 각각의 도시가 스스로 해결해야 할 상황에 처한 것이다. 국가가 발전해야 도시도 발전한다는 논리는 더 이상 통하지 않게 되었다. 먼저 도시를 발전시킨 다음 도시가 속해 있는 지방을 발전시켜야 한다. 국가의 번영은 그 이후에나 희망을 걸어볼 수 있다.

자, 이제 국가가 무언가를 해줄 것이라는 기대를 하지 말고 도시 스스로 발전해나갈 수 있는가를 생각해보자. 도시는 계속 발전해나가기 위해 개발사업을 창출할 역량을 갖출 수 있는가? 그 대답은 '그렇다'이다. 하지만 이것은 도시가 부의 진정한 원동력이 무엇인지 인식하고, 그에 부응할 수 있을 때에만 해당하는 얘기다. 도시의 부를 창출하는 진정한 원동력은 중형 및 대형 다국적기업들이다. 소기업의 경영자들에게는 서운한 소리로 들리겠지만, 이제 막 시작하는 소기업들이 도시를 살릴 만큼 충분한 경제력을 창출하는 것은 불가능하다. 갈수록 거대 자본이 지배하는 세상 아닌가.

도시가 부를 창출하려면 대기업의 글로벌 및 지역 본사와 연구개발센터, 생산 및 유통시설 등을 유치해야 한다. 그래야 황금알을 낳을 수 있다. 라스베이거스의 카지노산업은 마카오와 싱가포르라는 둥지에 새로운 알을 낳았고, 이는 매우 성공적인 것으로 입증되었다. 롤스로이스(Rolls-Royce)는 5억 5,000만 달러를 투자해 싱가포르에 공장을 건립해 에어버스(Airbus) 사의 A380 장거리 비행 기종의 제트 엔진을 조립 생산하기 시작했다. 이 투자 사업 하나가 싱가포르 GDP의 0.5퍼센트를 차지한다. GE는 연안 및 해양 사업 부문의 글로벌 사업본부가 위치할 도시로 한국의 부산을 선택했다. 부산에서 급성장하고 있는 해양산업과 그곳의 해양 플랜트 산업단지를 감안해서다. 존슨앤존슨(Johnson & Johnson)은 글로벌 일반의약품 사업본부를 상하이로 이전했다.

대부분의 도시는 자체적인 역량만으로 다국적기업 혹은 대기업을 양성

할 수 없다. 물론 캘리포니아의 실리콘밸리 또는 엠브라에르(Embraer)의 본사와 항공기 생산기지가 있는 브라질의 상주제두스캄포스는 예외이지만 말이다. 역사적으로 볼 때 모든 대기업은 도시에서 태동했지만 도시의 역량으로 신산업과 대기업을 낳은 경우는 드물다. 도시는 고용률을 높이고 수익을 창출하기 위해 새로운 소기업을 지속적으로 양성할 필요가 있다. 그러나 도시 경제가 성장하기 위해서는 이미 존재하는 대기업과 글로벌기업들을 끌어들여야 한다. 도시 당국자들은 어떻게 하면 다국적기업의 사업본부를 유치할 수 있을지를 생각해봐야 한다.

기업이 살아나야 도시가 살아난다

대부분의 기업은 지방 또는 도시에서 시민들을 상대로 음식이나 의류와 주택 등을 공급하거나 그 밖의 수요에 부응하는 소규모 지역회사에서부터 출발한다. 고객의 요구를 만족시키는 일을 훌륭히 해낸 기업은 수익을 얻고, 그렇게 얻은 수익을 더 큰 성장을 위한 재원으로 사용한다. 성공한 소기업은 같은 도시에, 혹은 자사의 제품을 생산하고 판매하는 장소로 활용할 수 있는 다른 도시에 공장을 짓거나 또 다른 매장을 열 수도 있다. 이 정도 규모가 되면 이미 중소기업이다. 중소기업 사업의 대부분은 국내시장에서 이루어진다. 일자리와 세금을 가장 많이 창출하는 것도 중소기업들이다. 이런 중소기업들이 혁신적이고 가치가 높은 제품이나 서비스를 제공하며 국제적으로 교역과 생산을 수행하는 단계에 들어서면, 다국적기업으로 성장할 수 있는 길이 열린다.

미국의 경우 소기업의 공식적 정의는, 제조업은 직원 수 250명 이하, 비제조업은 연매출 700만 달러 이하인 기업이다. 중형 기업은 직원 수 250명 이상, 연매출은 1,000만 달러에서 10억 달러 범위 내에 있는 기업이다. 연매출이 10억 달러를 넘으면 대기업인데, 이들은 예외 없이 무역과 생산, 투자, 구매에서 다국적기업의 행보를 보인다. 2010년 기준 전 세계 8,000개의 기업이 다국적기업이 되었다.

기업의 규모가 커짐에 따라, 사업 확장에 따르는 장점을 극대화하고 효율성을 취하기 위해 본사와 생산시설을 자국 내 다른 도시 또는 해외시장으로 이전하는 것을 흔히 볼 수 있다. 예를 들면, 보잉은 시애틀에 있던 기업 본사를 시카고로 옮겼다. ADM(Archer Daniels Midland Company) 또한 일리노이 주 디케이터에 있던 본사를 시카고로 이전했다. 도시들이 기업의 본사를 지역 내에 유치하기 위해 경쟁하는 데는 여러 가지 이유가 있지만 그 결과가 언제나 좋은 것만은 아니다. 시카고는 보잉의 본사를 유치하면서 6,000만 달러 상당의 인센티브를 제공했는데, 그에 상응하는 이득을 얻을 것인가에 대해서는 의구심이 든다. 이와 대조적으로 싱가포르는 다국적기업의 자회사를 유치하는 것을 핵심 경제개발계획으로 삼았고, 지금까지 그 성과는 나쁘지 않다. GM은 2014년 상하이에 있던 국제사업부 본부를 싱가포르로 이전할 것이라고 발표한 바 있다.

수입업자들은 평판이 우수한 외국 제품을 국내시장에 들여와 팔고 싶어 한다. 그런 수입업자들을 통해 해외도시의 시장을 점유하는 데 성공한 연후에 대기업은 해당 도시로 사업본부를 이전하는 것이 훨씬 수월해진다. 메르세데스-벤츠(Mercedes-Benz)는 앨라배마 주 터스컬루사에 생산시설을 건립하기 훨씬 이전부터 수입업자를 통해 미국에 고급 자동차를 수출했다. 프랑스의 기업 미쉐린(Michelin)은 유니로얄(Uniroyal)과 굿리치(Goodrich)로부터 미국 내 타이어 생산시설을 인수하고 뉴욕에 있던 북미 지역 본부와 확장된 생산시설을 그린빌 지역으로 옮기기 훨씬 전부터 래디얼 타이어(radial tire)를 미국에 수출했다.

대기업은 대규모 생산과 시장 점유율 지배를 통해 성장한다. 해외시장에서 자사 브랜드의 힘을 키워나가는 수출기업이라면 해외 생산의 이점을 깨닫기까지 그리 많은 시간이 소요되지 않는다. 기존 시설이 있는 장소에서 멀지 않으면서 동일한 수준의 경제 발전 지역 혹은 동일한 언어권으로 옮겨가는 것에 호의적이기 때문이다. 대기업은 두 개 이상의 국가에서 자사의 제품과 서비스를 공급하고, 소위 다국적기업으로 성장해나간다.

기업이 한 개 이상의 대륙에서 기업 활동을 하게 되면 다국적기업이라는 명칭을 얻게 된다. 맥도날드(McDonald's)나 스타벅스(Starbucks), 나이키(Nike), 코카콜라(Coca-Cola), GE, GM 등의 미국기업들이 대표적인 경우다. 지역사회의 작은 기업에서 출발해 내수시장을 지배하고 이제는 전 세계로 뻗어나가 해외시장에서 막대한 수익을 얻고 있는 것이다.

GM이 성장해온 과정을 들여다보면, 1908년 자동차 제조사에서 시작해 해외에 진출하기 전까지 오랜 기간 미국 내수시장에서 브랜드들을 인수하면서 성장했다. 1925년 GM은 영국의 복스홀(Vauxhall Motors)을 인수했으며, 1929년에는 독일 자동차 제조기업인 아담 오펠(Adam Opel)의 지분 80퍼센트를 인수했다. 그 이후로도 GM은 다수의 외국 브랜드를 추가적으로 인수했고, 내수시장에서 판매하는 브랜드를 해외시장에서 생산했다. 현재 GM 자동차의 70퍼센트는 미국이 아닌 해외 생산지에서 만들어지고 있다. 2013년 기준 미국 자동차시장에서 GM의 점유율은 약 17.9퍼센트이다.

이와 유사한 사례로, 일본의 토요타자동차와 파나소닉(Panasonic), 한국의 삼성자동차와 현대자동차를 들 수 있으며, 프랑스와 이탈리아의 명품 패션 브랜드들 역시 마찬가지에 속한다. 다른 나라에서 활동하려면 기업은 먼저 사업 확장의 교두보로 삼을 근거지를 선택해야 한다. 이는 유럽이나 아시아, 남미 혹은 다른 지역에 사업본부를 설치하는 것을 의미한다. 유럽에서는 런던이나 더블린, 파리 또는 프랑크푸르트가 지역 사업본부의 입지로 적합하다. 아시아 지역에서는 아마도 싱가포르나 홍콩이 가장 유력한 후보가 될 것이다.

또한 다국적기업은 전략적 사업 단위(SBU)인 글로벌 사업본부를 글로벌 네트워크의 중심이 되는 핵심도시에 설립할 수도 있다. 필립스(Philips)는 글로벌 가전제품 사업본부를 암스테르담에서 상하이로 이전했다. 2011년 롤스로이스(Rolls-Royce Ltd.)는 런던에 있던 글로벌 해양산업 사업본부를 싱가포르로 이전했고, 바이엘(Bayer)은 일반의약품 사업본부를 중국에 재배치했다. GE는 2011년에 X선 장치 사업본부를 위스콘신에서 베이징으로 옮겼고, 2013년에는 글로벌 해양산업의 근거지를 한국의 부산으로 옮겼다. 2012년 프록터앤갬블(P&G)은 글로벌 미용제품 사업본부를 오하이오에서 싱가포르로 이전했다.

이미 2007년에 델(Dell)은 글로벌 물류 및 공급망센터를 싱가포르에 세웠고, 2010년에는 인도의 방갈로르를 글로벌 서비스 허브로 만들었다. 2006

년 IBM은 중국 선전에 글로벌 조달 사업본부를 만들었고, 글로벌 리서치센터를 베이징에 두었다. 마이크로소프트(MS)는 2003년부터 다수의 첨단기술센터들을 베이징에 설립했다.

다국적기업이 성장하면서 그들이 진출한 도시들에 크나큰 경제적 영향을 끼쳤다. 다국적기업이 하나둘 빠져나가자 선진국의 도시들은 침체된 반면에 다국적기업을 유치한 개발도상국의 도시들은 나날이 성장해가고 있다. 이런 움직임은 싱가포르나 베이징, 방갈로르, 상하이, 뭄바이, 두바이, 이스탄불, 쿠알라룸푸르, 라고스, 상파울루, 멕시코시티 등 개발도상국의 도시경제에 엄청난 활력을 불어넣는 한편, 전통적으로 상업과 산업의 중심지였던 북미와 유럽의 도시들에는 불황의 그늘을 드리우고 있다.

지금 이 순간 개발도상국의 여러 도시들이 새로운 다국적기업들을 유치하고 있다. 중국 선전의 화웨이는 이미 세계 최대의 전기통신 장비 생산기업이며, 수많은 지사와 글로벌 사업본부를 선진국은 물론 개발도상국의 도시들에 진출시켰다. 레노보(Lenovo)의 경우도 마찬가지다. 이미 경쟁사인 휴렛팩커드(HP)를 뛰어넘어 세계 최대의 PC 제조사로 등극한 상태다. 이들 기업들은 개발도상국의 지역 경제에 엄청난 영향을 끼치고 있으며, 선진국의 지역 경제를 퇴락시키고 있다.

다국적기업의 사업본부들이 선진국의 도시에서 개발도상국의 도시로 빠져나가는 추세는 앞으로 더더욱 거세질 것이다. 걱정스러울 정도로 많은 다국적기업들이 근거지를 개발도상국으로 이전하고 있다. 클리블랜드에 기반을 둔 101년 전통의 부품 및 전기장비 제조기업으로 시가총액 325억 달러에 달하는 이튼(Eton)은 2012년 5월에 쿠퍼산업(Cooper Industries)을 인수할 것이라는 계획을 발표했다. 쿠퍼산업 역시 전기장비 제조기업으로 2002년에 버뮤다로 이전했다가 2009년에 아일랜드로 본사를 옮긴 기업이다. 이튼은 미국 내의 공장과 사무실 및 여타 운영본부는 그대로 유지하면서 본사를 아일랜드로 이전할 계획이다. 2016년까지 1억 6,800만 달러의 절세 효과를 얻을 수 있기 때문이다. 클리블랜드와 미국은 법인세 소득에서 그만큼의 손실이 발생할 것이다.

처방전이 필요 없는 의약품의 PL(private-label) 제품을 생산하는 미국 최대의 제조기업으로 시가총액 124억 달러인 페리고(Perrigo)는, 2013년 아일랜드의 기업 엘란(Elan)을 86억 달러에 인수하면서 미시건 주 앨러간에 있던 기업 본사를 아일랜드로 이전했다. 본사를 이전한 이후 페리고는 23.2퍼센트가량 부담하던 법인세를 17퍼센트로 줄이며 1억 5,000만 달러의 절세 효과를 얻었다. 페리고의 경영진은 아직까지 앨러간에 남아 있지만 개인 소득세 절세 효과를 기대할 수 있는 아일랜드로 옮겨갈 공산이 크다. 같은 목적으로 리처드 브랜슨(Richard Branson)은 자신의 거주지를 영국에서 캐리비안 아일랜드로 옮겼다. 버진 그룹(Virgin Group)의 사업본부는 아직 이전하지 않았지만 말이다. 거주지를 이전한 기업 총수와 유명인들은 상당히 많다. 이에 대해서는 뒤에서 좀 더 자세히 살펴볼 예정이다. 이 책을 집필하는 중에, 세계 최대 제약회사인 화이자(Pfizer)가 아스트라 제네카(Astra Zeneca)를 인수하는 조건으로 뉴욕에 있는 기업 본사를 영국으로 이전하겠다는 제안을 내놓았다.

페리고와 마찬가지로 일리노이 주의 의약품 제조기업인 액티비스(Activis)도 뉴저지 주의 워너 칠코트(Warner Chilcott)를 인수할 때 본사를 아일랜드로 이전할 계획이다(워너 칠코트의 전신은 락어웨이(Rockaway)이다). 캘리포니아 주 팰러앨토(Palo Alto)에 있는 제약회사 재즈(Jazz Pharmaceuticals)도 2011년 아일랜드의 특수의약품 제조사인 아주르 파마(Azur Pharma)을 인수한 후 본사를 이전했다. 시가총액 238억 달러 규모의 보험 중계 및 컨설팅기업 에이온(Aon)은 해외 수익에 대한 소득세가 없는 세제 혜택을 누리기 위해 시카고에서 런던으로 옮겼다.

타이코(Tyco)와 잉거솔-란트(Ingersoll-Rnad)가 이전했던 1990년대의 버뮤다처럼 아일랜드는 기업들이 선호하는 곳이다. 이처럼 기업의 본사들이 하나둘 이전하자 의회가 동요하기 시작했고, 미국의 기업이 쉽게 본토를 빠져나가지 못하게 만드는 제도적 장치를 마련하기도 했지만 기업들이 정부의 규제를 피하는 것은 그리 어렵지 않다. 지금은 해외기업을 인수해 본사를 이전하는 것이 일반적인 추세다.

영국과 스위스의 도시들 또한 미국의 기업이 선호하는 적합지이다. 세계 2위의 해양 유전 및 가스전 시추 전문기업으로 7,000명의 직원과 약 23억 달러의 연매출, 시가총액 128억 달러인 엔스코(Ensco)는 2009년에 댈러스에서 영국으로 이전했고, 세계적 해양 시추 전문기업 중 하나이며 시가총액 160억 달러의 트랜스오션(Transocean)도 앨라배마에 있던 본사를 스위스의 제네바로 옮겼다. 시가총액 96억 달러의 노블(Noble)과 시가총액 45억 5,000만 달러의 로완(Rowan)은 각각 휴스턴과 스위스에서 런던으로 이전했다. 이들 기업의 기술자와 경영진은 런던에서 만족스러운 생활을 하고 있고, 해당 산업 분야에서 글로벌 네트워크를 돈돈히 형성하면서 경쟁사들에 비해 상대적으로 낮은 세금 부담이라는 이점까지 얻었다.

그런데 여기서 한 가지 유념해야 할 것이 있다. 다국적기업이 경영본부나 연구개발센터, 생산시설 등을 이전하는 것과 여러 기업이 케이맨 제도, 모리셔스, 버뮤다와 같은 조세도피처로 본사를 이전하는 것은 신중하게 구분해야 한다. 조세도피처로 이전하는 것은 재정적 목적만 있을 뿐 경영이나 생산과는 무관하다. G20 국가들은 그에 대한 규제 정책을 시행하고 있다. 다시 본론으로 돌아와서, 개발도상국의 시장이 소비, 무역, 투자, 인재 등의 측면에서 선진국의 시장과 대등하거나 능가할 정도로 성장해감에 따라 향후 수십 년에 걸쳐 다국적기업의 본사와 자회사들이 서구 선진국에서 동양권과 남미권으로 이전하는 움직임은 증가할 것으로 보인다.

몇몇 대기업들은 이미 단 한 개의 본사를 두는 경영 방식을 포기하고 다수의 글로벌 본사를 설립했다. 예를 들면, BHP 빌리턴(BHP Billiton)의 본사와 두 회사의 연합체인 BHP 빌리턴그룹(Billiton Group)의 본사는 호주 멜버른에 있고, BHP 빌리턴 피엘씨(Billiton Plc)의 본사는 런던에 위치한다.

2010년 기준, 전 세계 8,000개 다국적기업(연간 수익 10억 달러 이상인 기업)의 73퍼센트가 개발도상국에 본사를 두었으며, 선진국에 위치한 기업은 불과 27퍼센트에 지나지 않았다. 대부분 선진국에 위치한 20개의 도시가 모든 대기업의 총수익 가운데 거의 40퍼센트를 차지했다. 대기업의 수익 가운데 47퍼센트는 그들의 본사가 있는 도시들에서 발생했고, 나머지 53퍼센트는 세계 전역의 자회사와 생산 본부, 판매 본부, 연구 본부 등에서 발생했다.

매킨지 글로벌 연구소(McKinsey Global Institute)는 2025년까지 개발도상국에서 태동하는 다국적기업의 수가 7,000여 개일 것이며, 이들 기업들이 전 세계 180개 도시에 산재할 가능성이 높다고 전망했다. 또한 〈포춘〉 지는 글로벌 500대 기업의 45퍼센트가 개발도상국에 본사를 둘 것이며, 여러 선진국의 도시들은 다국적기업에 기인하는 경제적 힘을 상실하게 되는 반면 상당수의 새로운 개발도상국의 도시들이 다국적기업과 함께 성장할 것이라고 예측했다.

다국적기업과 〈포춘〉 지 선정 500대 기업들이 동양권을 비롯한 다른 개발도상국으로 이동하는 추세는 전통적으로 대기업 중심의 경제 성장을 누리던 도시들에 심각한 타격을 안겨줄 것이다. 주로 개발도상국에 있는 신흥도시들은 새롭게 모여드는 거대기업들과 함께 성장할 것이다.

2007년 기준 전 세계 인구의 5분의 1이 거주하고 있는 600개 도시에서 세계총생산의 50퍼센트를 생성했다. 그 가운데 50퍼센트는 선진국의 380개 도시에서 생성되었고, 20퍼센트는 미국의 190개 도시들에서 생성되었다. 2025년에는 세계총생산의 67퍼센트를 600개 도시가 생산할 공산이 크다. 그 역할을 맡을 도시들은 과거와 동일하지 않을 것이지만 말이다. 선진국의 도시 중 3분의 1이 더 이상 600개 도시의 명단에 이름을 올리지 못할 것이다. 대신 136개 도시가 새롭게 명단에 진입할 것이며, 그 도시들은 모두 개발도상국의 도시가 될 것으로 예상된다. 중국에서만 100개의 도시가 명단에 오를 것이다. 뉴욕, 로스앤젤레스, 시카고, 댈러스, 휴스턴, 필라델피아, 샌프란시스코, 워싱턴 정도만 자신들의 도시에 본사를 둔 다국적기업 덕분에 도시 GDP 순위 상위 25위권에 들 것이다.

그리고 GDP 성장률, 인구수, 가구 수 등의 기준에서 상위 25개 도시에 포함될 도시는 뉴욕과 로스앤젤레스뿐일 것이다. 연간 소득 2만 달러 이상인 가구 수를 기준으로 선정되는 상위 25개 도시에는 뉴욕과 로스앤젤레스, 시카고만 포함될 것이다. 이들 도시 중에서 1인당 소득을 기준으로 한 상위 25개 도시에 포함될 수 있는 곳은 하나도 없을 것으로 보인다. 미국의 도시들과 마찬가지로 유럽의 도시들도 몰락할 것이다. 다국적기업이 서양에서 동양으로 옮겨가기 때문에 이러한 변화가 생기는 것이다.

미국은 이미 그러한 조짐을 목도하고 있다. 〈파이낸셜타임스(Financial Times)〉는 다음과 같이 보도한 바 있다.

"2000년에 미국은 외국인 투자에 대해 37퍼센트의 내부 지분을 보유했지만 2012년까지 그 수치가 17퍼센트로 줄어들었다. 2012년 미국이 유치한 1,660억 달러의 외국인직접투자(FDI)는 2011년에 비해 28퍼센트 감소한 규모이며, 2010년 수준을 조금 밑도는 수치다. 2013년 상반기에 미국 내에서 이루어진 외국인직접투자는 660억 달러로 2012년 상반기의 840억 달러에 훨씬 못 미친다."

다국적기업들은 성장을 멈춘 미국 경제에 더 이상 자금을 투입하지 않으려 한다. 미국 경제가 회복될 것이라는 집중적인 홍보에도 불구하고 외국인직접투자(FDI) 또는 국내기업의 투자를 성공적으로 유치하고 있는 미국의 도시는 손에 꼽을 정도다. 미국 경제는 지금 성공과 실패의 교차로에 서 있는 것과 같고, 앞으로 가야 할 길은 암울하기만 하다.

대기업이 기업 활동의 본거지로 삼을 신흥도시의 시장을 선택할 때는 고려해야 할 점들이 있다. 도시시장이 위치한 국가의 중앙정부와 정권이 기업 활동에 적합한 태도를 보이는가? 기업은 높은 세율, 심한 규제, 심각한 부정부패, 상대적으로 높은 임금, 산업단지와 물류 공급망의 부재 등 여러 문제점을 안고 있는 국가 혹은 도시로 가서는 안 된다. 기업은 성장하고 있는 도시뿐만 아니라 기업 활동을 하는 데 유리한 도시로 움직여야 한다.

이제 기업은 다음과 같은 질문들을 놓고 검토해야 한다. 우리가 생산한 제품을 구매할 잠재적 구매 인구의 규모는 어느 정도인가? 평균적인 구매자의 소득 수준은 어느 정도인가? 중산층의 비율이 얼마나 늘고 있는가? 광고를 통해 구매자와 접촉할 수 있는가? 현지에서 어떤 법률과 법규를 준수해야 하는가? 현지에서 통하는 비즈니스 관행은 무엇인가? 현지 경제는 성장하고 있는가, 아니면 적어도 안정적인가? 국가 내의 어느 도시로 가장 먼저 진출해야 하는가?

다국적기업은 도시의 일자리와 중산층을 늘린다

세계 상위 100위권을 이루는 대규모 경제권 중 53개는 국가, 34개는 도시 그리고 13개는 다국적기업이다. 매출 규모 기준 상위 10개 다국적기업은 월마트(Walmart), 엑손 모빌(Exxon Mobil), 로얄 더치 쉘(Royal Dutch Shell), 쉐브론(Chevron), BP, 토요타(Toyota), ING 그룹, 토탈(Total), GE, 알리안츠(Allianz)다. 월마트와 같은 다국적기업은 본사가 위치한 도시보다 더 많은 돈을 벌어들일 뿐만 아니라 월마트가 운영되고 있는 국가 대부분의 정부보다 더 많은 자금을 보유하고 있다. 월마트는 노르웨이 정부보다 규모가 크다. 엑손 모빌의 경제력은 태국보다 강하고 쉐브론은 체코공화국보다 강하다. 그리고 GE의 경제력은 뉴질랜드보다 강하다. 다국적기업의 규모에 대해 얘기하자면 끝도 없다. 도시의 일자리와 공공 수익은 소기업이 번창하면 늘어날 수도 있지만 도시의 경제력은 다국적기업과 그들의 자회사를 얼마나 끌어들이느냐에 따라 비례한다.

2010년 〈포춘〉 지 선정 500대 기업 목록에 의하면, 상위 50개 다국적기업이 2009년 전 세계에서 2,200만 명의 고용을 책임졌다. 연간 10억 달러 이상을 벌어들이는 7,500개 대기업을 놓고 보면, 15억 명에 달하는 전 세계의 도시 인구 중 대기업으로부터 일자리를 제공받는 인구의 비율은 상당히 높게 나타난다.

2010년 〈포춘〉 지 선정 500대 기업 중 상위 50개 미국기업이 직원 수 500명 이상의 기업에서 근무하는 5,500만 명의 미국인 가운데 약 1,200만 명에 달하는 도시 근로자의 일자리를 책임졌다. 최소 500명의 직원 수를 보유한 미국의 기업은 모두 국제적 기업으로 간주한다. 2010년 미국의 노동 가능 인구가 1억 5,700만 명인 것을 감안하면, 미국의 국제적 기업이 적어도 미국 고용률의 3분의 1을 책임지는 셈이다. 2010년 기준 전 세계 다국적기업의 총수익은 57조 달러를 기록했다. 이는 63조 달러인 세계총생산의 90퍼센트에 해당한다.

다국적기업에 대한 일반적인 시선은 시대에 따라 변해왔다. 1960년대에는 다국적기업이 지나치게 큰 힘을 보유하며 다수의 국가를 군림하려 든다고 보는 견해도 있었다. 캐나다 출신 작가이자 시사평론가인 나오미 클라인(Naomi Klein)을 비롯한 반세계화주의자들은 물론 오늘날에도 여전히 이런 견해를 피력하는 지식인들이 꽤 많다. 일각에서는 다국적기업의 대부분은 선진국의 기업이고, 이들이 서구적인 가치와 문화를 자국에 전파하는 데 대해 분노를 표하기도 한다. 그러나 이제는 세계 경제의 중심이 선진국에서 개발도상국으로 이동하고 있고, 개발도상국에서 다수의 다국적기업이 출현하고 있는 것이 현실이다.

결론적으로 말하자면, 불황의 늪에서 벗어나려면 다국적기업을 적대시할 필요는 없다. 글로벌 대기업과 그 자회사들이 시민의 풍요로운 삶을 결정한다. 다국적기업은 도시의 일자리와 중산층을 늘리는 데 지대한 공헌을 해왔다. 국가와 지역정부는 빈곤한 시민의 고충을 어느 정도 완화할 수는 있지만, 다국적기업은 전 세계에서 중산층을 만들어낸다. 국가 경제가 성장하는 데 소기업의 중요성이 강조되는 것만큼 도시가 성장하는 데 있어 다국적기업의 영향력을 무시할 수는 없다.

지금 전 세계 주요 선진국들은 불황의 늪에서 벗어나고자 노력하고 있다. 정부는 고용 창출을 위해 소기업을 육성하고자 노력하고, 도시는 중형 및 대형 다국적기업을 유치하기 위해 경쟁하고 있다.

도시는 다국적기업의 성장 계획을 주시해야 한다

다국적기업은 다음에는 어디로 진출할 것인지를 항상 고민한다. 예를 들어, 한국의 자동차기업인 현대자동차가 아시아, 남미, 아프리카 지역에 공급할 자동차를 생산하기 위해 중국에서 신규 공장을 건설할 계획이 있다고 가정해보자. 현대자동차는 새로운 생산 공장이 들어설 도시를 선택해야 할 것이다. 최근 현대자동차가 선택한 도시는 충칭이다. 생산에 필요한 장비와 자재를 조달하기 위해 어떤 공급업체를 선택할 것인지도 결정해야 한다. 또한 외국의 도시들 중 대리점을 개설할 도시는 어디로 할 것인지, 각 도시에 몇 개의 대리점을 개설할 것인지도 결정해야 한다. 현대자동차의 최종 결정은 선택받은 도시들에게는 엄청난 변화를 안겨줄 것이다. 현대자동차와 같은 다국적기업들은 도시에 새로운 부를 안겨줄 수 있는 힘을 갖고 있다.

분명 많은 도시들이 현대자동차의 사업 확장 계획 소식을 듣게 될 것이고, 많은 도시들이 새로운 생산시설과 지사 또는 대리점이 들어설 선택받은 소수가 되기 위해 줄을 설 것이다. 현대자동차의 기획자들은 후보도시들을 놓고 도시 당국의 성장 계획, 도시가 보유한 근로 가능 인구의 노동력과 숙련도, 도시의 생활수준에 대해 평가할 것이다. 각 도시들은 현대자동차를 끌어들이기 위해 최선을 다해 노력할 것이다. 이때 도시 당국자들은 현대자동차의 선택을 받기 위해 두 가지 사항을 고려해야 한다. (1)현대자동차는 여러 도시가 지닌 장점들 중 어느 점에 가산점을 부여할 것인가. (2)우리는 현대자동차에게 적합한 도시시장이 될 수 있는가.

앞서 살펴본 바와 같이 패권은 도시가 아니라 다국적기업이 갖고 있음을 알 수 있다. 다국적기업의 선택에 따라 어느 도시가 성장과 번영을 누릴 것인지 결정되기 때문이다. 시카고, 마이애미, 런던, 라인루르, 암스테르담, 뭄바이, 상하이를 비롯한 세계의 주요 도시들이 기업 유치에 나서고 있다. 기업은 성장을 만들어내는 원동력이며, 도시는 성장을 담아내는 그릇이다.

결론

제3장에서 우리가 기억해야 할 몇 가지 내용은 다음과 같다.

■ 오늘날의 대다수 국가는 성장과 번영을 위한 도시의 노력을 지원해줄 충분한 자원을 보유하고 있지 않다.

■ 국가의 미래는 성장과 번영을 위한 도시의 혁신과 운명을 같이한다.

■ 다국적기업은 도시의 부를 생산하는 글로벌 원동력이다.

■ 기업은 성장하고 있는 도시뿐만 아니라 기업 활동을 하는 데 유리한 조건을 제공하는 도시를 선택해야 한다.

■ 도시는 다국적기업들을 효율적으로 접대하고 유리한 조건으로 협상하기 위해 자체적인 협상팀을 구성해야 한다.

미래를 위한 질문

1. 여러 도시들 중 어떤 도시가 기업 활동을 하는 데 적합한가? 선택의 기준은 무엇인가?

2. 해당 도시는 기업을 유치하고 도시를 성장시키기 위해 어떤 계획을 세우고 있는가? 도시 당국은 유치 후보 다국적기업을 접대하고 협상하기 위해 협상팀을 꾸릴 정도로 적극적인가?

3. 세금 감면, 보조금 및 토지 제공 등 도시가 기꺼이 제공할 수 있는 인센티브는 어떤 것인가?

4. 도시에 성공적으로 진입한 이후에 기대할 수 있는 잠재적 수익과 혜택은 어

느 정도인가?

5. 생산한 제품을 구매할 잠재적 구매 인구의 규모는 어느 정도인가? 평균적인 구매자의 소득 수준은 어느 정도인가? 중산층의 비율이 얼마나 늘고 있는가?

6. 현지에서 어떤 법률과 법규를 준수해야 하는가? 현지에서 통하는 비즈니스 관행은 무엇인가?

4

기업은 도시에서 어떻게 성장해야 하는가

보다 많은 수익을 창출할 만한 지역을 찾아라

앞에서 우리는 도시가 성장하는 데 가장 큰 영향을 미치는 것은 국가가 아니라 다국적기업이라는 사실을 살펴보았다. 도시는 기업, 더 정확히 말하자면 다국적기업과 함께 성장해야 하는 것이다. 그렇다면 다국적기업이 사업을 확장하기 위해 여러 도시들 중 하나의 도시를 선택하고자 한다면, 어떻게 의사결정을 내려야 할까?

좋은 성과를 기대하는 다국적기업이라면 새로운 성장을 도모할 도시시장을 어디로 결정할 것인가에 대해 보다 장기적인 관점에서 판단해야 한다. GM의 사례를 들어보기로 하자. GM은 미국과 캐나다에서 막강한 사업 기반을 갖추었고 중남미 지역에도 진출했다. 더불어 중국에서도 이미 강력한 기반을 다졌다. 그러나 유럽에서만은 여전히 약세다. 분명 GM은 이렇게 자문할 것이다. 이미 강세를 보이는 지역에 더 많은 자원을 투입해야 하는가, 약세 지역에 자원을 투입해야 하는가? 아니면 아예 새로운 시장으로 진입해 그곳에 자원을 투입해야 하는가?

GM은 보다 많은 수익을 창출해주는 지역을 원할 것이다. GM의 최고경영진은 투자를 통해 만족할 만한 수익을 얻을 수 있는 지역이 어디인지를 선택해야 한다. 이들 경영진은 최종 의사결정을 위해 방대한 양의 정보를 수집할 필요가 있다. 결과적으로 GM은 몇몇 지역에는 보다 많은 자금을 투자하고, 다른 지역에는 상대적으로 적은 금액을 투입하게 될 것이다.

GM이 각기 다른 도시들에서 대리점 수를 늘리기 위해 의사결정을 내려야 하는 상황이라고 가정해보자. 이들 도시에 대해 GM이 파악해야 할 것은 무엇인가? 무엇보다도 다음과 같은 것들을 먼저 알고 싶을 것이다.

- 도시 지역의 경제 성장 전망
- 인구 성장률
- 1인당 차량 소유 비율
- 중산층의 규모
- 도시 당국의 운송 인프라 개발 투자 계획
- 경험 있는 대리점 사업자와 영업사원들의 확보 가능성
- 사회 정책과 환경 정책
- 현지 은행 및 자동차 금융 시스템의 질적 수준

중국의 자동차 수요는 엄청나다. 상하이와 베이징에서는 가구당 차량 보유 대수와 1주일 동안 운행할 수 있는 일수(日數)를 제한하고 있다. 자동차 대리점의 유통 및 판매 활동은 그런 제한이 없는 인근의 도시들로 이동하고

있으며, 결과적으로 새로운 중간 규모의 도시 지역이 성장하고 있다.

인도에서는 정반대의 문제점이 발생하고 있다. 과거 인도 GDP의 7퍼센트를 담당하던 자동차산업은 루피(rupee)화의 폭락, 2013년에 고작 4.4퍼센트에 그친 GDP 성장률의 급속한 하락, 국내 수요의 정체 등으로 상당한 타격을 입고 있다.

자동차 부품의 수입 비용까지 상승한 상황에서 루피화가 폭락하자 엎친 데 덮친 격이었다. 이는 첸나이, 푸네 등 인도의 주요 자동차 제조도시에 심각한 타격을 입혔다. 인도의 자동차 판매량은 2012년 11월부터 2013년 7월까지 매월 하락했다. 글로벌 금융위기 이후 인도 자동차산업이 퇴보한 것은 이때가 처음이다.

입지 선정을 할 때는 '유인 요소'를 고려하라

기업이 최적의 장소를 찾아내고 선택하는 방법은 날로 전문화되고 있다. 새로운 투자시장을 찾고 있는 기업들에게 서비스를 제공하는 컨설팅 기업의 수도 점점 늘어가고 있다. 은행과 부동산 중개업자, 부동산 개발업자들 또한 기업 투자자에게 서비스를 제공한다. 이들은 지역 입지에 대한 정보 서비스를 전문으로 제공하기도 한다. 이들이 제공하는 정보 서비스에는 입지 전략 개발, 노동시장 평가, 운영비용과 조건, 사업 세율, 부동산 조사, 인센티브 평가, 도시 당국 및 시민단체와의 협상 요령 등이 포함된다. 이와 같은 정보 서비스를 기업에게 제공하는 전문가들이 늘어나게 된 것은, 해당 지역에 대한 구체적인 정보가 그만큼 필요하기 때문이다.

기업이 도시에 대해 평가하는 데 영향을 미치는 요인은 여러 가지이며, 대개는 복합적으로 작용한다. 기업은 이들을 유인 요소(attraction factors)라고 부른다. 유인 요소는 경성(hard)과 연성(soft)으로 구분할 수 있다. 경성 유인 요소는 어느 정도 객관적으로 측정할 수 있지만, 연성 유인 요소는 측정하기 까다롭고 도시 지역의 주관적 특징을 대변한다.

경성 유인 요소

- 경제적 안정과 성장
- 생산성
- 비용
- 지적재산권과 관련된 법률
- 현지의 지원 서비스와 네트워크
- 통신 인프라
- 전략적 위치
- 인센티브 제도와 프로그램

연성 유인 요소

- 삶의 질적 수준
- 인력의 전문성과 근로 인구의 경쟁력
- 정치 및 문화
- 개인적 인간관계

- 경영 방식
- 유연성과 역동성
- 시장과 연관된 전문성
- 기업가정신

대다수의 기업은 운영비용과 관련된 경성 유인 요소에 높은 가중치를 부여한다. 그러나 삶의 질을 대변하는 연성 유인 요소에 무게를 두는 기업의 수가 점점 늘어나고 있다. 2014년 세계적 컨설팅기업인 머서(Mercer)가 삶의 질이 높은 도시의 순위를 선정했는데, 212개 도시가 비엔나를 시작으로 취리히, 오클랜드, 뮌헨, 밴쿠버, 뒤셀도르프, 프랑크푸르트, 제네바, 코펜하겐, 베른, 시드니 등의 순서로 순위 목록에 이름을 올렸다. 뒤이어 미국의 글로벌도시들 중 호놀룰루가 28위, 샌프란시스코와 시카고가 42위를 차지했다. 아시아 지역에서는 싱가포르가 미국의 샌프란시스코를 제치고 25위에 올랐고, 도쿄가 44위로 시카고의 뒤를 바짝 쫓았다. 이 설문조사에서는 공항을 포함한 대중교통, 오염되지 않은 환경 등이 삶의 질을 판단하는 주요 고려 대상이었다. 이처럼 삶의 질이 중요해지는 세상에서 기업의 경영자는 경성 유인 요소뿐만 아니라 연성 유인 요소까지 살피는 것이 좋을 것이다.

예를 들어, 이민사회와 같은 연성 유인 요소는 투자를 끌어들이는 강력한 유인 요소다. 인도 제1의 은행 ICICI(The Industrial Credit and Investment Corporation of India)는 중동 지역에 지점을 개설했다. 중동 지역에는 인도인 이주노동자가 상당히 많이 있고, 은행은 이주노동자들이 본국의 가족들에게 쉽고 편하게 송금할 수 있는 방법을 제공해주었다. ICICI의 이런 전략은 영국, 러시아, 캐나다 등 인도인 근로자 수가 많은 여러 해외도시에서도 적용되었다. 코로나 맥주(Corono beer)는 멕시코에서 미국 국경을 넘어와 정착한 엄청난 규모의 멕시코 이민사회를 따라다니며 미국 최대의 맥주 수입업체로 자리매김했다.

기업의 경영진들은 입지 선정에 영향을 미치는 유인 요소들에 대해 나름의 우선순위를 정해야 한다. 그리고 우선순위를 정할 때는 한 사람의 판단이 아니라 여러 사람의 의사결정을 거치는 것이 바람직하다. 보다 객관적으로 판단할 수 있기 때문이다.

이처럼 중형 및 대형 다국적기업은 입지 선정에 영향을 미치는 유인 요소들에 대한 우선순위를 매기는 등 여러 의사결정 과정을 거치고 있는데, 많은 도시들은 그러한 노력을 기울이는 기업에 비해 게으른 편이다. 도시들은 다른 도시들과 벌이는 투자 유치 경쟁에서 이기는 데만 열을 올린다. 투자자들이 운영비용을 줄일 수 있도록 돕기 위해 인센티브를 제공하는 것만 신경 쓰고 있다. 그러나 이런 형태의 퍼주기식 할인 정책은 백해무익하다. 기업과 마찬가지로 도시는 유인 요소들을 먼저 살펴야 한다. 투자자가 찾아오기를 기다리는 수동적인 자세를 버리고 먼저 손을 내미는 능동적인 자세도 필요하다. 예를 들어, 보스턴과 시카고처럼 인도인 인구가 많은 미국 도시들이라면 인도의 콘텐츠기업인 릴라이언스 미디어웍스(Reliance MediaWorks of India)의 상영관을 유치하기 위해 적극적으로 나서는 것이 바람직하다. 볼리우드(Bollywood: 인도 '뭄바이'의 옛이름 '봄베이(Bombay)'와 '할리우드(Hollywood)'의 합성어로 인도 영화산업을 뜻한다) 영화는 미국 내 주요 영화

관 공급망을 통해 배급되는 경우가 드물지 않은가. 릴라이언스 미디어웍스의 상영관은 미디어 쇼핑몰의 기능도 갖추고 있으니, 인도 상품까지 판매할 수 있을 것이다.

자, 그럼 다음의 세 가지 질문과 그에 대한 해답을 계속해서 살펴보도록 하자.

1. 중형 및 대형 다국적기업의 입지 선정 및 사업 확장과 관련된 의사결정에 영향을 미치는 주요 요인은 무엇이며, 의사결정은 어떤 단계를 거쳐 진행해야 하는가?
2. 기업, 투자자, 전문가의 의사결정에 영향을 미칠 수 있는 추가적인 유인 요소는 무엇인가?
3. 기존의 도시들은 새로운 입지를 선정하는 과정에서 어느 정도로 영향을 미치는가?

입지 선정은 체계적인 단계를 거쳐 해야 한다

기업의 경영자는 항상 입지 선정 절차를 거쳐 장소를 결정해야 한다. 사업 확장을 계획 중인 기업이나 기관, 상업 또는 산업 투자를 계획 중인 금융기업, 커리어를 쌓기 위한 전문가 등 어떤 조직이든 개인이든 마찬가지다. 먼저 입지 선정을 위한 지리적 측면에 대해 살펴보기로 하자.

지리적 측면

사업부지를 선정하기 위한 단계를 밟고 있는 기업이 있다고 하자. 이 기업은 중남미(Latin America Region) 어딘가에 공장을 건립할 계획이다. 공장부지를 선택하기 위한 의사결정 단계와 고려 대상은 다음과 같다.

첫 번째 단계는 중남미인가, 중남미가 아닌가를 결정하는 것이다. 중남미 지역이 전 세계적으로 가장 빠른 성장세를 보이는 시장인 점을 고려할 때, 모든 다국적기업이 이 거대한 시장의 성장세에 편승하기를 원할 것이다. 2012년 기준 이 지역의 경제 규모는 약 5조 3,000억 달러이며, 연간 성장률은 5퍼센트 이상이다. 중남미는 다국적기업들이 눈여겨봐야 할 시장임에 틀림없다. 2025년이면 인구 5,000만 명 이상인 198개 도시가 중남미 지역 GDP의 65퍼센트를 창출할 것이다. 이는 금액으로 환산하면 3조 8,000억 달러에 달한다. 또한 1인당 소득은 2만 3,000달러에 이를 것이다. 브라질은 고액 순자산 보유자의 수가 가장 많은 나라가 될 것으로 예상된다. 지난 5년 사이에 빈곤계층에서 소비계층으로 올라선 소비자가 6,000만 명이 넘는데, 그 절반이 브라질 소비자들이다. 브라질은 중남미 지역 최고의 글로벌 국가로, 상파울루는 2025년에 세계 50위의 글로벌도시로 변모할 가능성이 크다.

중남미에서 두 번째로 큰 나라인 멕시코는 북미자유무역협정(NAFTA)의 회원국이자 중앙아메리카와 캐리비언 지역의 시장으로 통하는 관문이다. 멕시코와 브라질은 중남미 전체 경제의 60퍼센트 이상을 차지하고 있으며, 잠재적 내수시장이 가장 큰 국가들이기도 하다. 중남미에서 1인당 GDP가 가장 높은 칠레는 국제경제협정을 통해 글로벌 제조기업, 소매기업, 생활용품 생산기업, 금융서비스기업 등 외국인직접투자(FDI)를 유치한 모범적 사례다. 이들 국가는 채광산업부터 식음료산업에 이르기까지 다양한 산업 분야의 글로벌 대기업을 배출하고 있다. 심지어 콜롬비아는 치안 문제를 극복하고 중남미에서 가장 매력적인 국가로 변모하고 있다. 기업들은 기업 친화적인 성향을 보이는 파나마를 비롯해 콜롬비아와 아르헨티나, 베네수엘라, 페루 등과 같은 중간 규모의 시장에 보다 깊숙이 침투하며 사업 영역을 확장해나가고 있다.

상파울루와 멕시코시티는 메가시티이지만 지속 가능한 성장의 측면에서 본다면 중남미에서 가장 빠르게 성장하는 시장은 아니다. 이 지역에서 경제 전망이 가장 우수한 도시를 꼽자면 칠레의 산티아고이다. 혼잡한 상파울루에서 벗어난 곳에 위치한, 거주 인구 300만 명에 불과한 소도시인 브라질의 캄피나스의 성장세도 전망이 밝다. 대부분의 사람들이 상파울루와 리우데자네이루 도시 지역의 경제 규모에 대해서만 알고 있는데, 정작 브라질의 경제 발전을 좌우하는 것은 벨루오리존치, 살바도르다바이아, 헤시피, 포르탈레자, 쿠리티바, 포르투알레그리 등의 신흥도시들이다. 브라질의 대기업을 비롯한 중남미의 기업들 그리고 볼보(Volvo), HSBC홀딩스(HSBC Holdings), 크라프트 푸드(Kraft Foods), 딜로이트(Deloitte), 언스트앤영(Ernst & Young), 노키아(Nokia), 일렉트로룩스(Electrolux), 토요타자동차(Toyota Motor), 엑손 모빌(Exxon Mobil), IBM, KPMG, 프라이스워터하우스쿠퍼스(PrecewaterhouseCoopers), 지멘스(Siemens), 와이프로 인포테크(Wipro Infotech) 등 다수의 다국적기업들이 모두 쿠리티바에 본부를 두고 있다.

서구인들 대다수는 멕시코를 관광지로만 생각할 뿐, 산업의 동력원인 과달라하라에 대해서는 잘 알지 못한다. 과달라하라는 멕시코 제2의 도시로

서 산업 및 상업의 중심지이다. 멕시코 북부의 도시인 몬테레이 또한 중요한 산업 중심지다. 푸에블라(푸에블라 데 사라고사)는 과거에 주로 섬유 생산지였지만 지금은 자동차와 석유화학제품, 철과 강철 등을 생산한다. 이와 같은 멕시코와 브라질, 칠레, 콜롬비아의 산업 및 상업의 중심도시들이 국가의 성장을 주도하고 있다. 거듭 강조하는 바이지만 국가가 도시를 성장시키지 않는다는 의미다.

기업이 새로운 시장에 진출하고 기존 사업을 확장하기 위해 중남미를 선택했다면, 경영진은 지역 내에서 자사를 위한 최적의 도시가 어디인지 고민해야 한다. 새로운 시장의 위치를 검토하는 자리에서 기업의 경영진들이 "중남미 지역에서 최고" 혹은 "캐리비언 지역에서 최고"라는 기획자나 마케터의 주장에 흥미를 보이는 경우는 드물다. 오히려 도시의 기능적인 측면에 관한 주장에 반응을 보인다. 예를 들면, 중남미의 시장으로 진입할 수 있는 접근성을 제공하는 도시에 보다 큰 관심을 보인다는 말이다. 브라질의 상파울루와 파나마시티 등 중남미의 도시들은 자신들이 중남미의 시장에 진출하기 위한 최적의 관문이라고 주장하지만, 이미 미국의 마이애미가 그 역할을 수행하고 있음으로 미국의 기업은 별다른 관심을 보이지 않을 것이다.

두 번째 단계에서 기업은 모든 중남미 국가의 도시 지역이 제공하는 혜택에 대해 광범위하게 조사해야 한다. 중남미 주요 도시의 대다수는 투자 유치 전담기관을 보유하고 있다. 이들 기관은 기업을 상대로 홍보 활동을 벌이고 있는데, 이들이 홍보하는 도시의 혜택은 실로 많아 보이고 차별성도 있어 보이지만 대개는 별다를 게 없는 것들이다. 기업은 부지 선정을 고려하고 있다는 사실을 중남미의 여러 도시들에 통지하는 것이 좋다. 도시들끼리 경쟁을 부추기고 보다 유리한 혜택을 제공하는 도시를 선택할 수 있기 때문이다. 중남미 국가들이 자국 내 여러 경제단체들과의 이해관계도 고려하고 이웃국가와 경제적 균형을 유지하기 위해 고군분투하는 와중에, 도시 지역이 중형 및 대형 다국적기업의 사업본부, 생산시설, 연구개발, 유통망 등을 유치하기 위해 서로 경쟁을 벌이는 상황은 역설적이라 할 수 있다. 다시금 강조하지만 어느 나라든 중앙정부와 도시 당국의 입장은 서로 다르다. 국가는 자국 내 대도시뿐만 아니라 중소도시까지 개발되기를 원하겠지만 주요 도시들은 외국인 투자 유치 경쟁에서 소도시까지 끼어드는 것을 원하지 않는다.

멕시코는 북미자유무역협정의 회원국인 덕분에, 티후아나, 후아레스, 몬테레이 등 미국 국경과 가까운 곳에 위치한 멕시코의 도시들은 중남미의 다른 국가들, 말하자면 남쪽의 콜롬비아, 브라질, 아르헨티나는 물론이고 심지어 미국의 도시들과 달리 북미 지역의 기업 투자자들에게 특유의 장점을 제공한다. 해외 생산을 염두에 두고 있는 미국의 제조기업들은 인접 지역 중에서, 마약전쟁이 벌어지고 있는데도 멕시코를 가장 매력적인 후보지로 생각한다. 자사 제품을 해외에서 생산하고 있는 기업의 43퍼센트가 멕시코를 선호하며, 중국이 30퍼센트로 두 번째 선호 국가인 것으로 나타났다.

심지어 멕시코 내에서도 몬테레이와 과달라하라는 각기 다른 무역 인센티브를 제공하며 기업 투자와 외국인 투자를 유치하고 있다. 멕시코가 화려한 투자 유치 실적을 거두자, 중남미의 여러 국가들은 외국인직접투자를 유치하기 위해 자유무역지구를 조성했다. 예를 들면, 베네수엘라는 볼리비아, 쿠바 등과 연합해 볼리바르 무역 지역(Bolivarian trade region)을 만들어 북미자유무역협정과 맞서고 있다. 1991년에는 아르헨티나, 브라질, 파라과이, 우루과이 등 4개국이 모여 메르코수르(Mercosur), 즉 남미공동시장을 출범시켰고, 이후 칠레, 에콰도르, 콜롬비아, 페루 등이 준회원국으로 가입했다. 중남미에서는 여전히 많은 국가와 도시들이 메르코수르의 울타리 밖에서 글로벌도시들과 독립적으로 경쟁하고 있다. 브라질은 현재 EU와 쌍무적 관계를 맺기 위한 절차를 밟고 있다.

중남미에는 이들 외에도 여러 무역기구가 있다. 예를 들면, 라틴아메리카통합연합(Latin America Integration Association, 과거에는 라틴아메리카자유무역연합(Latin America Free Trade Association), 중앙아메리카자유무역연합(Central America Free Trade Agreement), 남미국가연합(South American Community of Nations) 등이다. 하지만 이들 무역기구는 여전히 외국인직접투자를 유치하기 위한 효율적인 도구로 작용하지는 못하고 있다. 멕시코, 브라질, 칠레 등의 경우만 봐도 경쟁 국가와 연합하는 것보다 독립적으로 활동할 때 이로운 성과를 얻고 있다.

투자자 입장에서는 멕시코, 브라질, 칠레, 콜롬비아가 매력적인 투자처인데, 그 이유는 리우데자네이루, 상파울루, 몬테레이, 보고타, 멕시코시티, 리마, 산티아고 등의 주요 도시를 비롯한 산업 및 상업의 중심지들이 제공하는 투자 유인 요소 때문이다. 2025년에 중남미의 198개 도시에 거주하는 인구는 3억 1,500만 명이 될 것인데, 이 인구가 1인당 소득 2만 3,000달러, 3조 8,000억 달러의 GDP(중남미 전체 GDP의 65퍼센트)를 창출할 것으로 전망된다. 단언컨대, 중남미는 전 세계 글로벌기업이 가장 매력적으로 느끼는 시장이다.

그런데 10년 전까지만 해도 대다수의 기업은 해외도시에서 입지를 선정하기 위해 다음과 같은 단계를 밟았다. 우선 전 세계 여섯 개 대륙 중 하나를 선정한 다음 국가를 선택하고, 국가 내의 지방 및 지방 내의 도시, 최종적으로 도시 내에서 실제 시설이 들어설 부지를 결정하는 순서로 진행되었다. 그러나 오늘날에는 이러한 순서를 지키는 것이 무색해졌다. 글로벌 지역권은 이미 정해진 사항이고, 국가는 산업 및 상업도시 지역에 비해 그 중요성이 현저히 떨어진다. 기업은 중앙정부와 도시 당국이 투자 유치를 위해 얼마나 노력하고 있는지를 우선적으로 고려해야 한다. 다음의 그래프를 보면, 기업이 입지 선정을 할 때 필요한 의사결정 단계를 한눈에 살펴볼 수 있다.

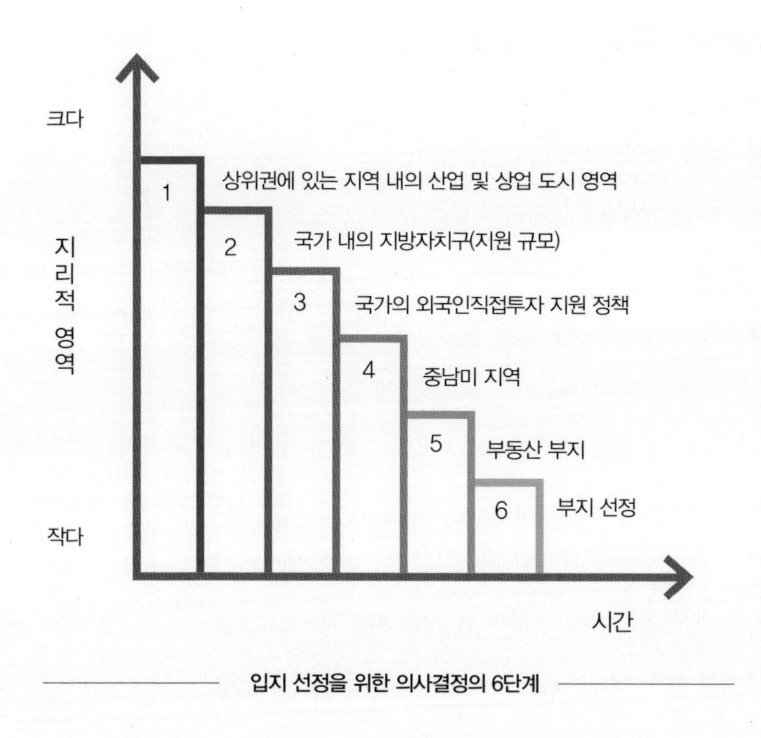

입지 선정을 위한 의사결정의 6단계

기업이 중남미의 198개 고성장도시 시장 중에서 시장을 선정할 때 활용해야 할 자료량은 실로 엄청나다. 그럼에도 불구하고 지금까지 다국적기업들은 중남미 지역의 급속한 도시 성장을 수박 겉핥기식으로 파악해왔다. 중남미 지역이 다국적기업보다 더 빠른 속도로 성장하고 있는데도, 몇몇 다국적기업은 도시시장에 공격적이고도 광범위하게 접근하지 않고 우유부단하고 느릿느릿하게 접근해 낭패를 당했다. 10년 전에는 흔히 해외 진출을 할 때 그저 해당 국가의 수도에 지사를 설립하는 것이 전부인 줄로만 알았다.

그러나 오늘날의 기업 해외 진출은 사뭇 다르다. 중간 규모의 도시와 대도시들이 수도보다 훨씬 빠른 속도로 성장하고 있으며, 고성장도시의 GDP 성장률은 국가 GDP의 성장률을 넘어서고 있다. 멕시코 몬테레이의 GDP 성장률은 수도인 멕시코시티는 물론 국가 전체 성장률을 능가한다. 몬테레이에는 소니와 도시바, 캐리어(Carrier), 월풀(Whirpool), 삼성, 토요타, 대우, 에릭슨(Ericsson), 노키아(Nokia), 델(Dell), 보잉(Boeing), HTC, GE, 가메사(Gamesa), LG, SAS인스티튜트, 그런포스(Grundfos), 댄포스(Danfoss), 텔레퍼포먼스(Teleperformance) 등 많은 다국적기업의 사업본부가 자리 잡고 있으며, 더 많은 기업들이 이 도시로 몰려들고 있다.

도시를 선정하는 단계에서 다국적기업은 지역의 경제적 실세들과 접촉해 성장 가능성 등에 대한 평가를 거친 후 입지 선정 여부를 결정한다. 이 단계에서는 앞서 설명한 바 있는 경성 유인 요소와 연성 유인 요소에 대해서도 자세히 평가해야 하며, 도시가 지닌 유인 요소들이 다국적기업의 사업 분야와 어느 정도 연관성을 갖는지도 검토해야 한다.

기업이 의사결정을 하는 데 도시의 정치적 영향력이 결정적인 요인으로 작용하지는 않지만, 그렇다고 간과해서도 안 된다. 예를 들어, 중국의 기업들은 대체로 미국의 시장으로 진출할 때 정치적 영향력을 지나치게 과소평가하는 경향이 있다. 세계 최대의 전기통신장비 제조기업 화웨이가 미국의 시장에서 확고한 발판을 마련하지 못하는 이유도 바로 정치적 영향력 때문이다. 자산 취득 또는 계약 체결을 위한 화웨이의 모든 노력이 워싱턴의 정치인들과 규제기관에 의해 무산되고 있다.

소프트뱅크(Softbank)가 정보통신기업인 스프린트(Sprint)를 인수할 때 미국외국인투자위원회(Committee on Foreign Investment in the United States, CIFIUS)가 내세운 조건은 화웨이 제품을 사용하지 않아야 한다는 것이었다. 미국외국인투자위원회는 중국 국방성과 결탁한 것으로 의심되는 화웨이가 미국의 안보에 위협을 가할 수 있다고 간주했다. 소프트뱅크는 일본 내에서만 화웨이 제품을 사용하고 있다. 워싱턴과의 관계를 호전시켜야 할 화웨이가 미국 지사의 본거지로 텍사스 주의 플라노를 선택한 이유는 무엇일까? 화웨이는 정치라는 연성 유인 요소보다는 기술이라는 경성 유인 요소를 중시하고는 텍사스 주를 택했다.

기업이 특정 도시시장으로 진입하기로 결정한 이후에는 사업의 본거지가 될 구체적인 장소도 선택해야 한다. 시카고를 예로 들어보자. 시카고의 도심은 부동산 가격이 높고 복잡하다. 제조, 엔지니어링, 건설, 물류, 전기통신, 에너지 등의 산업이 아닌 금융서비스나 미디어기업들의 사업본부가 위치할 만한 장소이다. 외국계기업인 다케다 약품공업(Takeda Pharmaceuticals), 엔지니어링기업인 지멘스(Siemens), 식료품 슈퍼마켓 체인인 알디(Aldi) 등과 같은 국내외 대기업들은 시카고 주변에, 즉 시카고 도심이 아니라 대도시 권역에 위치하고 있다. 다케다는 디어필드에, 지멘스는 웨스트시카고(시카고 도심이 아니라 뒤파제 카운티에 있는 세인트찰스와 제네바 인근)에 그리고 알디는 네이퍼빌에 있다. 미국 대기업들조차 시카고를 벗어나 보다 적합한 교외 지역에 사업본부를 설치하고 있다. 미국 최대의 유통기업인 그레인저 인더스트리얼 서플라이(Grainger Industrial Supply)의 본사는 레이크 포레스터에 있다. 세계적으로 유명한 버번위스키 짐빔(Jim Beam)을 비롯한 증류주 제조기업인 빔(Beam)은 디어필드, 소매 유통기업인 앱트 일렉트로닉스(Abt Electronics)는 글렌뷰에 위치하고 있다.

시카고의 북서쪽 끝에 위치한 오헤어국제공항은 국내외 기업들이 시카고 서쪽 교외지역에 자리 잡도록 했다. 혼잡 시간대에 공항에서 시카고 도심까지는 차로 1시간 30분이 족히 걸린다. 기업과 근로자들은 이미 수십 년 전부터 출퇴근이 용이한 교외 지역의 소도시 및 도시에 터를 잡기 시작했다. 대다수의 국제적 도시들이 그렇듯이 시카고의 도심 지역은 금융과 의료서비스, 문화기관, 관광산업의 중심지와 부유층의 주거 지역으로 변모했고, 대규모 생산시설과 중산층 인구는 대도시권의 중심도시를 둘러싼 교외 지역의 소도시에 자리를 잡았다. 시카고의 GDP 성장률을 측정하는 기준은 주 경계선이 아니라 표준 대도시권역을 기준으로 한다. 시카고 도시 당국은 기업의 사업본부와 사업 확장 프로젝트를 놓고 대도시권역 내 소도시들과 경쟁하는 데 열중하고 있다.

미국을 벗어나 해외로 눈을 돌려보면, 예상치 못한 지역에 자리를 잡는 대기업과 기관을 발견할 수 있다. 세계적인 음악학교인 줄리아드음대가 베이징이나 상하이가 아니라 중국 톈진에 공연 예술 캠퍼스를 열기로 한 결정은 모두를 놀라게 했다. 톈진의 신흥 금융지구는 이 세계적 수준의 문화를 도시로 끌어들이는 데 주도적 역할을 했다. 줄리아드음대는 자신들이 최고라 여기며 안일함에 있던 베이징과 상하이 도시 당국의 부주의로 인해 톈진에 자리 잡게 된 셈이다.

이 책의 지은이인 우리는 기업뿐만 아니라 도시 당국이 귀 기울여야 할 조언까지 담고자 했다. 자, 이제 도시 당국은 다음과 같은 점을 명심해야 한다. 금전적 인센티브는 기업을 유치하는 충분한 수단이 되지 않는다. 도시 지역은 기업에게 좋은 파트너라는 평판을 쌓아야 한다. 현명한 도시 당국이라면 기업들이 도시에서 제대로 정착할 수 있도록 지속적인 도움을 제공하는 모습을 보여줌으로써 좋은 평판을 쌓아야 할 것이다.

관리적 측면

앞서 살펴본 지리적 측면과 관련된 여러 문제점을 발견했을 때, 관리적인 측면에서 기업은 현명한 판단을 내리기 위해 정보 수집 메커니즘을 가동해야 한다. 기업의 최고경영자는 해당 지역이 지리적 측면에서 매력적이지 않다는 판단을 내릴 수도 있는데, 바람직한 의사결정을 하기 위해서는 최고경영자 한 사람의 의견만 중시해서는 안 된다. 기업의 여러 구성원들이 입지를 선정하는 단계에서 각자 다양한 역할을 맡아야 한다. 21세기형 기업은 최고경영자 한 사람의 생각보다는 기업 구성원들의 아이디어를 융합해 의사결정을 내려야 한다. 바람직한 의사결정을 내리기 위해서는, 다음과 같이 기업 구성원들끼리 역할을 분담해 논의하는 과정을 거쳐야 한다.

기업 관계자의 여섯 가지 역할

새로운 입지를 선정하기 위한 의사결정 과정에 참여하는 기업 구성원의 역할은 다음과 같이 여섯 가지로 구분할 수 있다.

- **발기자:** 발기자는 새로운 입지를 선정하기 위한 기획안을 발기하는 사람이다. 기업 구성원을 사로잡을 수 있는 제안을 예로 들어보자면 이런 것이다. "멕시코시티는 급속히 성장하고 있는 시장으로 아직 그 누구도 손대지 않은 기회가 넘쳐나는 도시입니다. 도시의 잠재력이 완전히 발현되기까지는 다소 시간이 걸리겠지만, 시기를 놓쳐 우리 회사가 뒤처질 수는 없습니다. 명백한 장애물이 있음에도 불구하고 멕시코시티의 시장에 반드시 진입해야 한다는 판단입니다." 월마트는 장기적 관점에서 멕시코시티의 글로벌 성장 잠재력을 내다봤고, 1991년 이 도시에 글로벌 직영매장 1호점인 샘스 클럽(Sam's Club)을 개장했다. 2012년 기준 월마트는 멕시코 내에서 2,037개의 소매 직영매장을 운영 중이며, 직원 수 20만 명으로 멕시코의 민간 부문 최대 고용주이다.
- **영향력 행사자:** 영향력 행사자는 최종 의사결정자에게 영향력을 행사할 수 있는 사람이다. 영향력 행사자는 대개 기업에서 중요한 직책을 맡고 있다. 도시 당국은 대규모 투자 유치를 할 때 영향력 행사자가 누구인지 파악하고, 그 사람을 움직일 수 있는 방법을 찾는 데 주력하는 것이 현명한 전략이다. 영향력 행사자는 기업 외부에서도 찾을 수 있다. 자수성가한 억만장자 워렌 버핏(Warren Buffet) 정도라면 미국 내는 물론 해외에서 진행하는 기업 인수나 사업 확장 계획에 막대한 영향력을 행사할 수 있다. 콜버그 크래비스 로버츠(Kohlberg Kravis Roberts, KKR)와 골드만삭스(Goldman Sachs)도 유사한 역할을 수행한다.

■ **의사결정자:** 의사결정자는 의사결정의 공식적 권한을 가진 대표자이다. 만약 도시 당국이 기업의 의사결정자의 진정한 의도를 알아낼 수만 있다면 다른 도시와의 경쟁에서 승리할 것이다. 마이크로소프트의 창업자인 빌 게이츠(Bill Gates)는 1992년 소프트웨어 사업 부문을 중국으로 이전했다. 이전 후, 마침내 기반을 다지기까지 수 년간 갈피를 잡지 못했다. 결국 중국에서 사업하는 방법을 배우는 데 마이크로소프트는 15년이라는 시간과 수십억 달러의 비용을 투자한 셈이었다. 그러나 향후 마이크로소프트의 최대 시장은 중국이 될 것이다. 베이징에 핵심 연구센터를 두겠다는 의사결정자의 확신에는 변함이 없기 때문이다.

■ **승인자:** 승인자는 의사결정 사항을 승인하거나 거부할 수 있는 개인 또는 집단을 말한다. 예를 들면, 기업의 이사회나 다수의 주주들이 승인자의 역할을 담당할 수 있다. 실례로, 화상회의 솔루션 전문기업 탄버그(Tanberg)의 여러 주주, 즉 기업 지분 중 거의 4분의 1을 보유한 주주 집단은 2009년 30억 달러 규모의 시스코시스템즈(Cisco Systems)를 인수하자는 제안을 거부한 바 있다.

승인자의 의사결정은 명확한 근거에 기반해야 절차가 진행되는 과정 중에 발생할 수 있는 반발을 피할 수 있다. 도시 당국이 재정적 인센티브를 보장하기로 한 프로젝트일지라도 인센티브 제공에서 의심스러운 점이 발견된다면 나중에 문제가 될 수 있다.

기업의 합병은 언제나 사업본부와 직원을 재배치하는 데 영향을 미친다. 메트로 PCS(Metro PCS Communications)의 최대 주주인 폴슨앤컴퍼니(Paulson & Co.)는 처음에는 부채 비율이 지나치게 높아진다는 이유로 도이치 텔레콤(Deutsche Telekom) 산하 T-모바일 USA(T-Mobile USA)와의 합병을 반대했다. 결국 두 기업은 합병되었고, 기존의 본사 위치를 이전해 경영진과 서비스 자원을 이동할 계획이다. 메트로 PCS의 본사는 텍사스 주 댈러스 카운티 외곽 지역인 리처드슨에 있고 T-모바일은 워싱턴의 벨뷰에 위치하고 있다. 이들 도시는 두 기업의 합병으로 인한 혜택을 취하거나 혹은 손실을 줄이려고 경쟁한다.

- **실무자:** 실무자는 최종 의사결정 사항을 실행에 옮기는 사람이나 팀을 의미한다. 실무자는 실행 과정에서 얻은 경험을 기업 내 다른 사람과 공유한다는 측면에서 그 역할이 중요하다. 만약 실무자가 만족스럽지 못하다고 느낀다면 도시는 기업의 선택을 받지 못하게 될 위험성이 높다. 부정적 의견이 보고되면 도시의 평판은 그만큼 나빠진다. 정치적으로 혼란스러웠던 2011년의 이집트에서 네슬레(Nestle)는 이집트 내 3개 생산시설의 운영을 잠정 중단시켰다. 코카콜라, 다임러(Daimler), 닛산자동차(Nissan Motor) 등의 생산시설도 멈춰 섰고, 결국 이집트에서 외국인직접투자는 전반적으로 급격한 하락세를 보였다. 그러다 2013년에 이르러서야 충분한 주문량이 확보되었고, 다국적기업들은 이집트의 주요 도시에 대한 투자를 재개하게 되었다. 네슬레는 사업 확장의 일환으로 카이로에서 30킬로미터 떨어진 곳에 아이스크림 공장을 건립했다.

이집트 주요 도시에서는 국내 투자도 증가하고 있다. 이집트의 억만장자인 나기브 사위리스는 무함마드 무르시 대통령을 권좌에서 축출한 7월 쿠데타 이후 국내 투자 확대 계획을 발표했다. 사위리스는 이집트 최대 기업 오라스콤그룹(Orascom Group)을 포함해 다수의 계열사를 거느리고 있으며, 건설, 전기통신, 호텔, 기술 등의 분야에서도 상당한 지분을 보유하고 있다. 사위리스는 10만 명 이상의 고용을 창출한 장본인이기도 하다. 또 다른 사례로, 포드자동차는 1920년 중국에 진출해 있었다. 1949년 공산당 집권 이후 중국 현지 생산을 중단했고, 생산을 재개하기까지 50년이라는 시간이 소요되었다.

- **사용자:** 사용자에는 기업의 임직원, 공급업자, 유통업자, 소비자 그리고 투자자들이 포함된다. 도시의 입장에서 본다면 이들 사용자가 최고의 마케팅 대상이라는 점에 의심의 여지가 없다.

캘리포니아 실리콘밸리에 본부를 둔 가상의 기업을 예로 들어, 위의 여섯 가지 역할을 좀 더 구체적으로 살펴보도록 하자. 이 기업의 주력사업은 인터넷 회선연동(internet exchange)과 소프트웨어 개발이며, 코스타리카의 산호세에 지사를 설립하고자 한다. 코스타리카는 작은 나라이지만 중남미의 강자가 되기 위해 칠레, 브라질과 경쟁하고 있다. 산호세는 이미 인텔, IBM, 오라클(Oracle)의 본부가 위치하고 있는 도시다.

이 기업이 새로운 입지에 관심을 보이기 시작한 것은 텍사스 주 댈러스에서 개최된 미국 정보시스템 컨퍼런스(Americas Conference on Information Systems, AMCIS)에 참여하면서다. 회의에 참석한 이 기업의 직원은 중남미 지역의 정보통신기술(ICT)이 발전해 창출되는 기회를 언급한 발표를 인상 깊게 들었고, 그중에서도 특히 산호세와 칠레의 산티아고에 진출한 연구센터와 기업들에 주목했다. 중남미의 도시 지역 시장의 잠재력과 유력한 경제 전망에 고무되어, 집으로 돌아오는 길에 간단한 메모를 작성해 동료들에게 전달했다(발기자). 이 직원이 전달한 정보는 시장 관리 담당자의 관심을 끌었고, 담당자는 중남미 및 캐리비안의 시장 개발과 관련된 정보들을 수집하는 동시에 지사 설립 후보지로 떠오른 산호세와 산티아고 도시 지역에 대한 정보도 수집했다. 또한 멕시코시티, 부에노스아이레스, 상파울루 등 여타 후보지의 목록을 작성해 최고경영자에게 제출할 보고 자료를 준비했다(영향력 행사자).

이 기업의 최고경영자와 마케팅 관리자는 사실 조사를 하기로 결정하고, 직접 산호세와 산티아고로 향했다(의사결정자). 실리콘밸리로 돌아오는 길에 최고경영자는 중남미에서 첫 번째 지사를 산호세에 설립하기 위한 계획을 이사회에 상정했고, 이사회는 지사 설립 계획을 승인했다(승인자).

산호세 지사 설립 계획을 실행으로 옮기기 위해 최고경영자는 지명도가 높은 현지인을 고용했고, 산호세 지사 설립 관련 업무의 전권을 위임했다(실무자). 6개월 후, 맨 처음 자신의 의견을 동료와 공유했던 발기자는 지사 관리자가 되어 산호세로 근무지를 옮겼고 6명의 직원을 추가로 고용했다(사용자).

입지 선정을 위한 의사결정의 4단계

기업이 입지를 선정하기 위해서는 4단계의 의사결정을 거쳐야 한다. (1)정보검색 단계, (2)대안평가 단계, (3)진입결정 단계, (4)진입 후 행동 단계, 이렇게 4단계를 거쳐야 좋은 결과를 낳을 수 있다. 지금부터 하나씩 순서대로 설명하고자 한다.

1. 정보검색 단계

입지를 선정하기 위한 정보검색은 상황에 따라 그 수준이 달라진다. 해당 도시에 버금갈 만한 후보도시가 한두 개인 상황이라면, 입지를 선정하는 데 그리 많은 에너지를 쏟지 않아도 것이다. 하지만 후보지에 이름을 올린 도시가 몇 개 더 있다면 그만큼 정보검색을 많이 해야 한다.

그런데 후보도시가 한두 개인 상황이더라도 정보검색을 되도록 많이 하는 것이 좋다. 최고 수준의 정보검색을 위해서는 후보지에 대한 전반적인 분석이 필요하다. 대형 프로젝트의 경우 외부 컨설턴트가 정보검색 작업을 수행하는 경우가 많다. 예를 들어, 최근 중남미의 도시들은 국내외의 투자를 유치하기 위해 치열한 경쟁을 벌이고 있다. 이들 도시들은 각종 인센티브로 기업들을 유혹하고 있는데, 이들 도시들이 제시하는 인센티브들에 각각 어떤 장단점이 있는지를 파악하기 위해서는 전문가의 도움이 필요하다.

최고 수준의 정보검색이 필요한 것은 지구 반대편에서도 마찬가지다. 선전, 광저우, 포산, 후이저우, 산토우 등 중국 광둥 지방의 산업도시에서는 인건비가 점점 오르고 있다. 이러한 부담을 해소하기 위해 의류, 장난감, 가전제품 제조기업들 다수가 이웃국가인 베트남이나 캄보디아로 생산시설을 이전하고 있다. 이들 국가는 각각 장단점이 있다. 베트남과 중국 사이에는 역사적으로 적대감이 존재하기 때문에 중국기업이 오히려 역효과를 볼 수 있다. 캄보디아는 중국과 우호적인 관계를 유지하는 나라지만 현지 노동력의 질적 수준이 베트남에 비해 전반적으로 뒤떨어진다.

미국에서는 텍사스 주 오스틴이 ICT산업의 선두에 있다. 텍사스 주는 캘리포니아의 실리콘밸리와 비교해 비용을 절감할 수 있다는 장점을 내세워 신규 ICT기업을 유치하고 있다. 그럼에도 불구하고 실리콘밸리만큼 벤처자금을 보유하지는 못해서 향후 전망이 밝지만은 않다. 따라서 의사결정을 하기 전에 보다 신중하게 정보검색을 해야 한다.

기업은 입지 선정에 필요한 정보를 얻기 위해 다음과 같은 정보원들을 활용하는 것이 좋다.

- 상업적 정보원: 후보도시 관련 마케팅 자료, 도시 당국의 경제 계획 수립자, 현지 기업가, 산업 분야별 전문가
- 공공 정보원: 대중매체, 무역 관련 간행물, 도시 등급 목록, 학계와 연구기관 등의 보고서
- 개인 정보원: 해당 도시에 살고 있거나 살아본 적이 있는 가족, 친구, 이웃, 지인, 직장동료
- 경험적 정보원: 정보검색자가 후보도시를 직접 방문해 얻게 되는 정보

이들 정보원은 각각의 의사결정 단계에 영향을 미친다. 다음의 도표는 이들 정보원이 기업의 의사결정 단계에 어떤 영향을 미치는지를 나타낸 것이다.

맨 처음 단계(전체 집합)에서 기업은 사업을 확장하는 데 적합한 도시가 아주 많다는 사실을 인식한다. 여기에는 경영진이 미처 몰랐던 도시들도 상당수 포함된다. 두 번째 단계(인지 집합)에서 정보검색자는 상업적 정보원이나 공공 정보원을 검색하고, 기업의 요구에 부합한 잠재적인 세부사항을 발견하게 된다. 세 번째 단계는 더 많은 정보 검색을 통해 '고려 대상 집합'으로 후보지를 좁혀 나간다. 고려 대상을 설정할 때에는 개인 정보원과 경험적 정보원의 영향을 받는다. 네 번째 단계(선택 대상 집합)에 이르면 주요 경쟁 도시만 남아 있게 된다. 이 단계에서는 경험적 정보원이 의사결정을 좌우할 정도로 중요성을 갖는다. 이러한 과정을 거쳐 최종 의사결정이 이루어진다.

1단계: 전체 집합

IT기업과 연관성이 있는 전 세계의 많은 도시(수백 개의 도시가 후보지로 거론될 수 있다.)

2단계: 인지 집합

아순시온, 벨루오리존치, 보고타, 부에노스아이레스, 카라카스, 과달라하라, 과테말라시티, 킹스턴, 라파스, 리마, 마나구아, 멕시코시티, 몬테레이, 파나마시티, 키토, 산호세, 산티아고, 몬테비데오, 상파울루, 리우데자네이루, 산토도밍고, 테구시갈파, 발파라이소

3단계: 고려 대상 집합

부에노스아이레스, 몬테레이, 산호세, 산티아고, 상파울루

4단계: 선택 대상 집합

몬테레이, 산티아고, 상파울루

5단계: 최종 의사결정

상파울루

IT기업의 의사결정 단계

자, 이제 기업을 위한 조언은 할 만큼 했으니, 도시 당국자들을 위한 조언도 덧붙이고 싶다. 도시 당국자들은 기업이 도시에 관한 정보를 어떻게 수집하는지를 알면, 기업 유치 활동을 하는 데 큰 도움이 될 것이다. 기업이 도시에 관한 정보를 어떻게 수집하는지도 알아보기로 하자.

기업은 도시에 관한 정보를 어떻게 수집하는가?

기업을 유치하고 싶은 도시 입장에서는, 전통적으로 기업이 입지를 선정하기 위해 의사결정을 내리는 과정은 온갖 추측과 짐작이 난무할 정도로 오리무중이었다. 마치 교황 선출 과정이나 차기 올림픽 개최도시 선정 과정과 흡사할 정도였다. DCI(Development Counselors International)의 앤드류 레빈(Andrew Levine)은 의사결정 과정에서 실무자의 의도를 파악하고자 미국 내 1,000개 기업을 대상으로 설문조사를 진행한 바 있다. 조사 결과, 놀랍게도 대다수의 도시가 기업이 그리 중요하다고 생각하지 않는 부분에 자원을 투입하고 있었다.

- 기업의 최우선 정보원은 기업 내부의 비공식적 의사소통 네트워크이며, 그 다음은 뉴스와 출장 등이다.
- 기업은 다이렉트 메일(DM), 경제개발 관련기관과의 회의, 인쇄 광고 등이 제공하는 정보를 상대적으로 낮게 평가한다.
- 기업은 도시가 제공하는 지원 정책이 상당히 구체적이어야 관심을 갖는다. 예를 들어, 인허가 취득을 위한 지원, 인재 채용에 대한 중앙정부와 도시 당국의 보상 등은 상당히 구체적인 사항을 포함해야 한다. 기업이 요구하는 추가 사항에 대해서도 신속히 대응해야 한다.

- 기업 입장에서 일반적인 현지 정보, 요청하지 않은 서신, 부담감을 안기는 전화 통화, 호화로운 연회 등은 반갑지 않다.

앤드류 레빈이 실시한 설문조사의 결과는 중요하다. 도시는 기업의 원하는 것이 무엇인지 주의 깊게 경청해야 하고, 기업의 요청에 대해 정확한 답변을 제공해야 한다는 조언을 건네기 때문이다. 도시는 투자자의 요구에 부합할 수 있는 다양한 정책을 개발해야 하며, 기업과의 의사소통은 명확하고 효율적으로 이뤄져야 한다. 기업을 혼란스럽게 하거나 현혹시키는 것도 자제해야 한다.

레빈의 설문조사는 미국의 기업만을 대상으로 했지만 남미뿐만 아니라 아시아와 아프리카의 도시들에서 이루어지는 투자 관행과 관련해서도 시사하는 바가 크다.

2. 대안평가 단계

기업은 입지를 선정할 때 주관적 요소와 객관적 요소를 결합하여 평가해야 한다. 객관적인 요소만 중시하고 주관적 요소를 과소평가해서는 안 된다. 브라질의 주이즈데포라에 메르세데스-벤츠(Mercedes-Benz)가 조립 라인을 건설하기 위해 입지 선정을 한 경우를 예로 들어보겠다.

다임러-벤츠(Daimler-Benz)의 입지 선정

다임러-벤츠가 브라질의 미나스제라이스 주에 있는 주이즈데포라에 신규 조립 라인을 건설하기로 결정한 것은, 후보도시들의 객관적인 특성(경성 유인 요소)

뿐만 아니라 도시들이 보유한 연성 유인 요소를 고려했기 때문이다. 그들은 이들 유인 요소 중 몇 가지가 '삶의 질'과 같이 무형적인 속성을 지녔기 때문에 수치로 나타낸 지표를 만들어냈다. 이처럼 수치로 나타낸 지표를 만들자 보다 객관적이고 냉정한 평가를 내릴 수 있었다.

입지 선정을 위한 의사결정 과정에서 다임러-벤츠의 경영진은 공식 및 비공식적으로 도시를 방문해 얻은 인상도 선정 기준으로 삼았다. 이와 같은 기업 경영진의 현장 방문은 보다 현명한 판단을 하는 데 유리하다. 예를 들면, 공식적인 방문을 통해 기업의 경영진은 도시가 보유한 장점, 도시 당국의 성공에 대한 열망, 공무원의 대응 속도 등에 대해 모종의 평가를 내릴 수 있었다. 한편, 비공식적인 방문을 통해 경영진은 도시에서 살아가는 시민들의 모습을 보다 구체적으로 관찰했다. 그들은 시민들의 삶의 질이 브라질의 다른 도시들에 비해 높아 보여서 매력을 느꼈다.

다임러-벤츠의 경영진은 비공식적인 방문을 한 이후, 초기에 가장 강력한 후보지로 거론되었던 에스피리투산투를 후보도시 명단에서 삭제했다. 상파울루는 삶의 질, 노동조합 및 노사 관계, 치안 문제 등 때문에 부적합해서 초기부터 후보지로 거론되지 않았다. 리우데자네이루는 안전성에 문제가 있고, 공무원의 역량이 부족해서 부정적으로 평가되었다.

결국, 다임러-벤츠의 경영진들은 공식 및 비공식적인 방문을 통해 최종적인 의사결정을 내렸다. 이러한 사례를 통해 알 수 있듯이, 도시의 지도자들은 도시의 대외적 이미지를 개선하는 데 노력을 아끼지 말아야 한다. 기업 관계자가 도시를 실제로 방문했을 때 그들에게 좋은 이미지를 심어줄 수 있도록 애써야 한다.

기업이 신흥시장에 대해 평가할 때는 네 가지 사항을 염두에 둬야 한다. 첫째, 아래에서 거론하는 해당 도시의 생활환경과 인프라들도 꼼꼼이 따져야 한다.

- 임직원이 거주하게 될 도시: 임직원의 가족 구성원을 위한 생활 여건, 교육 체계, 소비자 물가, 삶의 질
- 생산시설이 들어서게 될 도시: 노동 기술의 숙련도, 노사 관계, 세금, 부동산 비용, 에너지
- 공급업체: 자원, 부품, 구성품 등을 효율적으로 제공하는 공급업체
- 서비스를 제공할 도시: 도시시장의 구매력과 소매 유통망, 관련 노동 기술의 숙련도, 정보기술(IT)의 수준, 활용 가능한 인재의 네트워크
- 물류: 내수 판매 및 수출을 위한 창고 및 운송 물량

둘째, 위에서 거론한 도시의 생활환경과 인프라들 중 어느 것을 우선으로 할지에 대해서는 기업마다 입장이 다를 수밖에 없다. 각각의 기업은 자사의 입장에서 가장 중요한 요소가 무엇인지 판단하는 것이 바람직하다.

셋째, 기업은 각각의 유인 요소와 관련해 각 후보도시들이 어느 정도 수준에 도달했는지 나름의 결과를 도출해야 한다. 특정 도시에 대해 기업이 도출한 나름의 결과는 그 도시 지역에 대한 이미지를 형성한다. 물론 나름의 결과에 기인한 이미지와 도시의 실제 모습이 일치하지 않을 수도 있다. 콜롬비아는 마약 거래가 벌어지는 곳으로 유명한데, 이러한 부정적 이미지에 사로잡힌다면 콜롬비아의 투자, 무역, 소비와 관련된 현실을 제대

로 바라볼 수는 없다. 예를 들어, 2003년 칠레와 멕시코가 성공적으로 글로벌 채권 발행을 개시한 기사를 다룰 때 〈유로위크(Euro Week)〉 지는 콜롬비아를 "올해 중남미 채권시장에서 선전한 국가 중 하나"로 평가한 바 있다. 그러자 콜롬비아의 이미지는 상당히 개선되었다. 마약 거래 국가라는 부정적인 이미지가 완전히 사라질 정도로 말이다. 이처럼 기사 하나로 인해 이미지가 달라질 수도 있으니, 일반적인 평가에 현혹되어서는 안 된다. "백 번 듣는 것보다 한 번 보는 게 낫다"는 말이 있듯이 현지에 가서 직접 느껴보는 것이 좋다.

넷째, 기업의 경영자는 다양한 평가 절차를 통해 입지 선택에 관한 판단 기준을 세워야 한다.

3. 진입결정 단계

진입결정 단계에서 기업은 선택의 대상이 되는 도시들 중 특정 도시로 관심을 쏟기 시작한다. 그런데 진입결정을 내리는 이 단계에서는 적어도 네 가지 요소의 영향을 받곤 한다.

첫 번째 요소는 최고경영자가 결정을 내리기 직전에 보이는 타인의 태도이다. 실리콘밸리에 본사를 둔 기업의 최고경영자가 동료에게 브라질의 불규칙한 전력 공급을 주의하라는 경고를 들었다고 가정해보자. 2013년 8월, 브라질은 전력 부족 현상과 송전 문제로 타격을 입은 적이 있다. 정전으로 인한 피해는 시민의 생활뿐만 아니라 수많은 제조기업에게도 엄청난 피해를 입힌다. 최근 전력 인프라를 개선해 전력 공급 문제는 감소되었지만 언제 또다시 문제가 벌어질지는 그 누구도 예측하기 힘들다. 최고경영자는 최종 결정을 내리기 전에도 주위 사람들의 조언을 들을 수 있는데, 이러한 조언들을 어떻게 받아들일지는 전적으로 최고영영자의 몫이다.

두 번째 요소는 협상 과정에 참여한 도시 당국자들에 대한 신뢰도이다. 만약 기업의 경영진이 협상 테이블에서 만난 도시 공무원에게 호감을 느낀다면, 그 도시에 대한 기업의 선호도까지 상승할 것이다. 또 협상 테이블에 앉는 도중에도 도시 당국이 기업에게 잘 보이기 위해 주요 인쇄매체를 통해 기고문을 노출시켜 지역 특색에 대한 이미지를 홍보할 수도 있다. 따라서 기업의 경영진은 도시 공무원에 대한 주관적인 감정과 도시와 관련된 이미지 기사 등에 현혹되어서는 안 될 것이다.

그런데 도시 입장에서는 이러한 점을 이용해 기업을 유혹할 수도 있다. 마이클 블룸버그 전 뉴욕 시장은 시장으로 당선되기 전에 사업과 금융 분야에서 막대한 부를 얻었다. 그 때문에 외국기업과 투자자들은 블룸버그 시장의 전문성을 신뢰했다. 블룸버그 시장은 재임 기간 동안 상당한 외국인직접투자를 뉴욕에 유치할 수 있었다.

세 번째 요소는 비용 및 혜택과 관련된 변수이다. 예를 들어, 최고경영자가 멕시코 몬테레이에 기반을 둔 IT기업들이 전문직 근로자를 구하는 데 어려움을 겪고 있다는 뉴스 보도를 접할 수도 있다. 이러한 상황에서 미국 정부가 갑자기 기술 이민 확대 정책을 발표한다면 어떤 생각이 들겠는가? 그러한 정보는 당연히 몬테레이에 대한 최고경영자의 평가에 부정적인 영향을 미치게 마련이다.

네 번째 요소는 위험을 인지하는 것이다. 비용이 많이 드는 신규 투자는 위험 요소를 포함하기 마련이다. 허리케인 카트리나 등의 자연 재해는 지금까지도 뉴올리언스에 어둠을 드리우고 있다. 태풍 하이옌은 필리핀에 큰 타격을 주었고, 태국의 정치적 혼란 상황은 방콕에 찬물을 끼얹는 결과로 이어졌다. 중남미에 투자할 때도 많은 위험 요소에 맞닥뜨릴 수 있다. 아르헨티나의 새로운 세금 규제, 볼리비아의 강제 수용 위험, 콜롬비아의 납치 문제, 베네수엘라의 화폐 평가절하 등 갑작스럽게 발생할 수 있는 위험 요소들이 많다. 따라서 기업은 이러한 위험을 감소시키기 위해 나름의 대응방안을 갖고 있어야 한다. 도시 당국과 협의해 계약 체결을 연기하거나 그동안 안전장치를 마련하는 것도 좋은 방법이다.

4. 진입 후 행동 단계

선택한 도시 내에 부지를 매입하고 사업을 시작한 이후에 기업은 일정 수준의 만족 혹은 불만족을 경험한다. 어떤 도시는 투자 유치를 한 뒤에도 지속적으로 도움을 주는 반면 어떤 도시는 태도를 바꾸고 다른 기업을 유치하는 데만 몰두하기 때문이다. 따라서 기업은 도시 당국이 이제까지 다른 다국적기업을 어떻게 대해왔는지 알아볼 필요가 있다. 중남미의 몇몇 도시 당국은 투자 유치를 한 뒤에도 기업에게 지속적으로 도움을 주고 있다. 이와는 반대의 태도를 보이는 몇몇 도시에서는 투자자들이 눈물을 삼키며 다른 도시로 빠져나가고 있다.

도시에 진입한 이후에도 좋은 결과를 얻기 위해

기업은 목표치를 초과하는 실적을 거둘 때 가장 큰 만족을 느낀다. 기업의 만족도는 실제로 도시에 진입해 거둔 성과가 이전의 기대치보다 얼마나 좋으냐에 따라 달라진다.

칠레의 주요 도시들은 10년 이상 투자자의 기대치를 충족시키고 있다. 칠레는 현재 최다 외국인직접투자 유치 기록을 경신하고 있는 중이다. 2012년 칠레로 유입된 투자금은 3,030만 달러에 이르며, 이것은 2011년보다 32.2퍼센트 상승한 규모다. 이와 같은 화려한 성장세로 말미암아 칠레는 국제연합무역개발협의회(UNCTAD)의 세계투자보고서(World Investment Report)에서 외국인직접투자 유치를 주도하는 국가 중 11위에 이름을 올리게 되었다. 칠레는 중남미 국가들 중 가장 기업 친화적인 국가로 간주되고 있다.

1992년 이후부터 칠레외국인투자위원회(Chile's Foreign Investment Committee)는 외국인 투자 만족도를 조사하고 있다. 설문조사의 대상이 되는 각 기업의 임원급 간부가 다른 기업에게 칠레에서 사업을 하도록 권유하는 추천사를 써줄 정도로, 다국적기업의 만족도가 높다. 다음은 다국적기업의 경영자들이 남긴 추천사들이다.

- 메타넥스(Methanex, 캐나다의 기업): "숙련된 기술 인력이 풍부하고 윤리적인 측면에서도 매우 합리적인 도시입니다."
- BHP 빌리튼(호주의 기업): "칠레 정부는 친숙하게 접근할 수 있고 기업에 대한 지원을 아끼지 않습니다."

- 시티그룹(미국의 기업): "칠레가 보유한 경쟁우위를 활용하세요."
- 에릭슨(스웨덴의 기업): "칠레의 통신산업은 중남미 지역에서 가장 발달했고, 규제가 심하지 않으며, 투명한 것으로 인정받고 있습니다."
- 에이비엔 암로(네덜란드의 기업): "칠레의 금융산업은 효율성이 매우 높습니다."
- GM(미국의 기업): "수출 기반으로 칠레를 활용하세요.

OECD는 전 세계 189개 도시를 대상으로 기업이 활동하기 좋은 도시의 순위를 매겼다. 2013년과 2014년, 기업들은 동아시아 및 태평양 연안 지역에서 기업 활동의 편이성이 가장 좋은 국가로 싱가포르를 꼽았다. OECD와 같은 국제기구와 세계은행(World Bank)이 발표하는 기업 활동 편이성 순위는 기업이 해당 도시에 사업본부를 설치하는 데 영향을 미쳤다. 로이터 통신은 이렇게 보도한 바 있다. "싱가포르는 향후 2년 내에 스위스를 제치고 세계 최고의 국제 금융센터가 될 것이다. 스위스 정부의 세금에 대한 엄중 단속과 엄격한 규제로 인해 투자자들이 느끼는 스위스의 매력은 점점 약화되고 있는 상황이다." 이것은 51개국의 금융 전문가를 대상으로 진행한 설문조사 결과에 기초한 예측이다.

모잠비크의 경우, KPMG의 연간 기업환경지수(Business Environment Index)에서 다수의 기업들이 현지의 공공 서비스에 대한 불만족을 표시한 바 있다. 모잠비크의 공공 서비스에 대해 "매우 만족"이라고 표시한 기업은 불과 2퍼센트에 그쳤고, 37퍼센트는 "만족", 26퍼센트는 "불만족"이라고 평가했다. 부정부패는 모잠비크의 기업 환경을 개선하는 데 가장 큰 걸림돌이다.

부정부패는 경제 성장을 둔화시킨다.

객관적인 도시 정보를 제공하는 지표들

일반적으로 도시의 경제력은 구매력평가지수(PPP), 물가상승률, 이자율, 실업률, 1인당 GDP 등으로 평가된다. 지난 10년 동안 비교 자료로 활용될 만한 수많은 새로운 지표가 설정되었다. 국가나 지역 또는 도시에 관한 거의 모든 것이 자료로 만들어졌다고 봐도 좋을 것이다.

미국에서 오랫동안 가장 많이 활용된 비교 자료 중 하나인 도시 등급은 상위 등급 도시들 간에 치열한 경쟁을 벌이고 있는 중남미 국가들을 비교하는 일반적인 도구가 되었다.

KPMG가 발행한 글로벌도시 투자 모니터(Global Cities Investment Monitor)에서는 다양한 기준을 적용해 글로벌도시들의 순위를 선정했으며, 정치·경제적 관계(정치적 안정성, 시장에 대한 접근성과 시장의 규모, 경제 성장률 등), 노동력과 비용 기준(숙련된 인적 자원, 인프라, 물가, 교육의 질, 부동산의 활용 가능성 등), 그리고 삶의 질적 수준과 연구개발 측면(혁신, 연구개발, 삶의 질적 수준) 등 세 가지 측면에서 주요 도시를 구분했다. 2013년 상파울루는 경제 성장률, 시장에 대한 접근성과 시장의 규모, 부동산의 활용 가능성 등의 측면에서 세계 6대 글로벌도시에 처음으로 이름을 올린 중남미의 도시가 되었다. 이러한 지표가 발표되자 상파울루에 더 많은 다국적기업이 몰려들게 되었고, 상파울루가 위치한 국가인 브라질에도, 더 나아가 중남미 전체에 대한 투자를 늘렸다.

여기서 도시 당국을 위해 한 가지 충고를 건네고 싶다. 이 도시 등급이 발표된 직후부터 상파울루는 자신이 순위 목록의 상위에 있다는 점을 마케팅 홍보자료에 십분 활용했다. 더 나아가 상파울루를 소개하는 프레젠테이션이나 웹사이트, 브로슈어 등 각종 마케팅 자료에 '세계 6대 글로벌도시'라는 점을 광범위하게 부각시켰다. 이와 같은 도시 등급은 상파울루를 매력적인 투자처로 보이게 만들었고, 더 나아가 브라질이라는 국가의 이미지도 좋게 만들었다.

외국인직접투자를 비롯한 다양한 형태의 투자를 유치하기 위해 중남미의 도시들은 서로 극심한 경쟁을 벌이고 있다. 그렇기 때문에 세계적인 연구기관이나 단체가 발표한 도시 등급은 도시의 경쟁력을 높이는 데 유용하게 활용할 수도 있다. 일례로, 아시아 지역 최고의 도시를 선정하는 설문조사의 서문은 이렇게 시작한다. "점점 더 복잡해지는 세계에서 도시들은 경쟁력을 알리는 데 중점을 둘 필요가 있다."

오늘날 기업의 관리자와 경영자는 인터넷을 통해 도시 지역을 소개하는 자료를 접할 수 있다. 구글(Google)이나 바이두(Baidu), 빙(Bing), 야후(Yahoo) 등과 같은 검색엔진을 통해 도시의 지리적 위치, 인구분포, 경제, 통신, 운송, 군사 정보 등을 제공하는 도시 관련 인터넷 웹사이트들에 접근할 수 있다. 몇몇 웹사이트들은 전 세계의 수백 혹은 수천 개의 도시들을 한눈에 비교할 수 있는 기능도 제공한다. 이런 기능들은 기업의 관리자가 도시 지역을 비교하는 데 매우 유용한 수단이 된다. 미국 CIA의 국가별 통계 데이터인 월드팩트북(World Factbook), 세계은행, IMF, 유엔중남미카리브경제위원회(Economic Commission for Latin America and the Caribbean), 미주개발은행(Inter-America Development Bank) 등은 도시 관련 통계자료들을 제공하고 있다.

도시 등급은 얼마나 신뢰할 수 있는가

그런데 여러 기관과 단체들이 발표한 도시 등급들을 살펴보면 의구심이 들곤 한다. 첫째, 같은 도시더라도 발표기관에 따라 순위가 달라지는 문제점이 있다. 어떤 설문조사에서 1위에 선정된 도시가 한 달 후 유사한 기준을 적용한 또 다른 설문조사에서는 3위로 순위가 떨어졌다면 정보 이용자는 혼란스러울 수밖에 없다.

두 번째 문제점은 동일한 서비스기관에서 작성한 자료이더라도, 새로운 정의와 데이터 추출 방법에 따라 특정 도시의 순위가 달라질 수 있다는 점이다. 이는 이용자의 불만을 야기할 수 있고, 만약 데이터 추출 방법에 상당한 변경이 가해진 경우라면 등급 자체에 대한 신뢰도를 떨어뜨릴 수도 있다.

세 번째 문제점은 수백 개에 달하는 글로벌도시 지역의 순위를 정하는 일이 쉽지만은 않다는 점이다. 제공되는 데이터가 너무나 많기 때문에 기업들은 의미 있는 정보를 추출하는 데 어려움을 겪고 있다.

네 번째 문제점은 대부분의 도시 등급 설문조사가 영어로 진행되기 때문에 조사 결과가 서구의 다국적기업들에게 유리한 쪽으로 나타날 가능성이 있다. 새롭게 부상하는 경제권에 속한 중간 규모 도시의 경제적 성장과 중간 규모 기업들의 성장률에 대한 자료를 구하기는 쉽지 않다. 예를 들어, 중국과 인도의 수많은 2급, 3급 도시들의 강력한 성장률을 파악할 수 있는 자료는 극히 드물다. 도시 등급 설문조사는 강한 성장세를 보이는 모든 도시들을 포함시킬 정도로 심도 있게 진행되지 못하고, 오히려 새롭게 부상하는 도시들보다 성장률이 낮을지도 모르는 1급 도시들에만 집중하는 경향이 있다. 따라서 기업 투자의 진정한 핫스팟(hot spot)을 찾을 수 있는 전문적인 분석이 필요한 것이다. 그렇게 하려면 중국과 인도의 1급 도시들을 넘어서서 중국의 우한이나 인도의 푸네가 제공하는 기회를 발견할 수 있을 정도의 집중적인 조사가 선행되어야 한다.

마지막 문제점은 특히 골치 아픈 문제다. 많은 도시들이 투자 등급을 높이기 위해 도시 지역 인근에 위치한 신흥 소도시를 흡수하고 끊임없이 대도시권을 확장해나간 결과, 중심 도시가 쇠퇴하고 있다는 사실이 드러나지 않고 있다. 예를 들어, 여러 기관과 단체들은 시카고가 성장하고 있는 도시라고 말하지만 정작 이 도시 지역은 외곽 지역에 있는 졸리엣, 제네바, 네이프빌, 샴버그 등 대도시권역에 속한 자치구역의 경제가 성장하기 때문에 그럴듯해 보이는 것이다. 물류와 산업의 허브도시 시카고는 시카고의 경계를 한참이나 넘어선 곳까지 뻗어나가 있다는 얘기다. 시카고는 과연 성장하고 있다고 볼 수 있는가, 아니면 도시 외곽의 중소도시들이 성장하고 있다고 봐야 하는가? 기업의 새로운 사업본부가 들어설 도시는 시카고이어야 하는가, 아니면 네이퍼빌이어야 하는가?

새로운 시장을 찾고 있는 기업은 KPMG와 월드팩트북(World Factbook), 세계은행, IMF 등 여러 기관과 단체들이 제공하는 도시 등급과 순위를 절대적인 기준으로 삼는 대신 참고자료 정도로 받아들여야 한다. 오로지 도시 등급에만 전적으로 의존하는 것은 어리석은 짓이다. 기업은 추가적인 자료 조사와 현장조사 등을 통해 도시의 특성을 보다 면밀히 살펴야 할 것이다.

결론

기업이 도시에 대해 평가하는 데 영향을 미치는 유인 요소(attraction factors)는 여러 가지이며, 대개는 복합적으로 작용한다. 유인 요소는 경성(hard)과 연성(soft)으로 구분할 수 있다. 경성 유인 요소는 어느 정도 객관적으로 측정할 수 있지만, 연성 유인 요소는 측정하기 까다롭고 도시 지역의 주관적인 특징을 대변한다. 대다수의 기업은 운영비용과 관련된 경성 유인 요소에 높은 가중치를 부여한다. 그러나 삶의 질이 중요해지는 세상에서 기업의 경영자는 경성 유인 요소뿐만 아니라 연성 유인 요소까지 살피는 것이 좋을 것이다.

기업의 경영진들은 입지 선정에 영향을 미치는 유인 요소들에 대해 나름의 우선순위를 정해야 한다. 그리고 우선순위를 정할 때는 한 사람의 판단이 아니라 여러 사람의 의사결정을 거치는 것이 바람직하다. 보다 객관적인 판단을 할 수 있기 때문이다. 그리고 입지 선정을 할 때는 체계적인 단계를 거쳐야 하고, 바람직한 의사결정을 내리기 위해 기업 구성원들끼리 역할을 분담해 논의하는 과정을 거쳐야 한다. 기업 구성원은 발기자, 영향력 행사자, 의사결정자, 승인자, 실무자, 사용자 등으로 역할을 분담할 수 있다.

기업이 입지를 선정하기 위해서는 정보검색 단계, 대안평가 단계, 진입결정 단계, 진입 후 행동 단계 등의 4단계를 거쳐야 좋은 결과를 낳을 수 있다.

새로운 시장을 찾고 있는 기업은 여러 기관과 단체들이 제공하는 도시 등급과 순위를 절대적인 기준으로 삼는 대신 참고자료 정도로 받아들여야 한다. 오로지 도시 등급에만 전적으로 의존하는 것은 어리석은 짓이다. 기업은 추가적인 자료조사와 현장조사 등을 통해 도시의 특성을 보다 면밀히 살펴야 할 것이다.

다음 장에서는 도시 당국이 기업의 투자를 유치하기 위한 전략 계획을 어떻게 수립해야 하는지, 그 방법을 집중적으로 살펴볼 것이다.

미래를 위한 질문

1. 새로운 시장을 찾고 있는 기업의 경영자라면, 투자 대상이 될 도시 지역을 선택하기 위해 어떤 절차를 밟을 것인가? 도시를 선택하기 위한 의사결정 과정에서 주요 개선 사항이 있다면 어떤 것인가?
2. 도시를 선택하는 과정에서 과거에 실수를 범했다면 어떤 것인가? 또 과거의 실수로부터 어떤 교훈을 얻었는가?
3. 대륙별 도시시장에 대한 장기적 전망은 어떻게 내다보고 있는가? 신규 투자를 위한 최적의 도시는 어디인가?
4. 투자 후보로 삼은 다수의 도시들에 신규 투자 의사를 알린 후, 도시들이 보다 신중하게 경쟁하고 보다 후한 조건을 제시하도록 만들고 있는가?
5. 도시의 시민들이 실제로 느끼는 삶의 만족도는 어느 정도인가?

5

기업이 원하는 도시는 어떻게 만들어야 하는가

도시 당국은 갑의 태도를 버려야 한다

앞장에서는 다국적기업을 위해 투자 대상 도시를 선택하는 방법을 살펴보았다. 그런데 5장에서는 다국적기업을 유치하고자 하는 도시를 위한 내용을 소개할까 한다. 도시 당국은 다국적기업에 대한 정보를 바탕으로 그들의 선택을 받는 도시가 되기 위해 여러 활동을 벌여야 한다.

도시 당국은 기업과 인재를 끌어들이기 위해 투자 유치 전담팀을 꾸릴 필요가 있다. 도시의 투자 유치 전담팀은 지역사회 리더들의 도움을 받아 도시의 바람직한 미래상을 설계하고, 도시의 시민에게 성장과 번영 그리고 풍요로운 삶을 안겨줄 수 있는 것이 무엇인지 결정해야 한다.

도시 당국은 자신의 주요 강점과 약점, 기회와 위협에 대해 검토해야 한다. 그런데 많은 도시 당국자들이 공무원 특유의 권위주의에 빠져 있다. 자신들이 시민과 지역사회를 위해 봉사하는 사람이라고 여기는 도시 당국자들도 있지만 개발도상국의 도시 당국자들 중 상당수는 자신들이 '갑'이고 시민이 '을'이라고 생각하고 있다. 더 나아가 이들은 기업들을 '을'로 여기곤 한다. 하지만 이러한 태도를 버리고 도시를 위해 일해야 한다. 그래야만 도시의 성장에 기인하는 기업을 유치할 수 있다.

또한 도시 당국은 기업의 선택을 받기 위해 허무맹랑해 보이는 것보다는 실현 가능한 사업을 계획해야 한다. 그렇게 하지 않으면 기업을 유치하기 힘들 뿐더러, 운 좋게 기업을 유치하더라도 그 사업은 시간과 자원만 낭비하는 결과를 낳을 수 있다.

시카고의 사례를 살펴보기로 하자. 시카고는 2016년 올림픽 개최도시가 되기 위해 노력했지만 결국 엄청난 시간과 자금만 낭비하며 평판만 나빠지고 말았다. 2008년 월스트리트에서 시작된 금융위기 사태 이후, 미국은 대형 국제행사가 자주 열리는 글로벌 핫스팟이라는 명성을 잃고 말았다. 버락 오바마 대통령이 시카고 출신이었음에도 그다지 도움이 되지 못했다. 전 세계에는 시카고보다 경쟁력 있는 도시들이 많아졌고, 시카고는 수십억 달러가 소요되는 건설 프로젝트에 적합하지 않은 도시이기도 했다. 시카고의 밀레니엄 파크(Millennium Park)는 계획보다 3년이나 더 걸려 완공되었고, 그 과정에서 세 차례나 예산이 초과되었다. 댄 라이언 고속도로(Dan Ryan Expressway) 건설 공사 역시 두 차례나 예산이 초과되었다. 시카고는 이러한 일들이 자주 벌어지는 곳으로 악명이 높다. 무역 분야를 비롯한 각종 국제행사의 개최지로 시카고가 기피 대상이 되는 이유는 도시의 모든 직종에 강력한 노동조합이 결성되어 있기 때문이다. 강력한 노동조합은 작업 진행을 더디게 하고 인건비를 높인다.

시카고의 도시 당국자들은 올림픽 행사에 쏟아 부을 막대한 재정을 놓고

도 혼란에 빠져 있었다. 당시 시카고 시장 리처드 데일리(Richard M. Daley)는 처음에는 올림픽 개최도시 신청안에 서명하길 거부했다. 결국 서명을 하기는 했지만, IOC 위원들이 그의 주저하는 태도를 눈치 챘을 가능성이 높았다. 그렇다면 시카고 시민은 이 행사를 유치하길 원했을까?

"〈시카고 트리뷴(Chicago Tribune)〉의 설문조사에 의하면, 올림픽 개최에 대해 시카고 시민의 47퍼센트는 찬성, 45퍼센트는 반대하는 것으로 나타났다." NBC 시카고(NBC Chicago)의 웹사이트에 올라온 기사의 일부이다. 이러한 상황에서 미국의 도시 당국자들이 벌인 스캔들 때문에 상황은 더 악화되었다. 예전에 동계올림픽 개최지로 선정되기 위해 솔트레이크시티 당국자들이 IOC의 수뢰와 연루된 스캔들, 일리노이 주지사와 시장, 정책입안자 등이 저지른 일련의 범죄사건 등으로 인해 시카고는 올림픽 개최지로서 좋은 평판을 받기가 쉽지 않았다.

그렇지만 상하이와 베이징, 멕시코시티, 상파울루, 런던, 홍콩, 이스탄불, 서울, 밀라노, 뉴욕, 로스앤젤레스, 시애틀, 도쿄, 파리 등과 같이 기업과 인재, 행사 등을 성공적으로 유치한 도시들도 많다. 그런 도시들의 성공 스토리를 살펴보는 것도 도움이 될 것이다.

가장 멋진 기업 유치 성공 스토리를 들자면 쑤저우산업단지의 사례일 것이다. 쑤저우는 풍부한 문화유산을 보유한 전통적인 도시이다. 1980년대에 산업화의 필요성이 대두되었고, 쑤저우 도시 당국자들은 아시아의 호랑이 중 하나인 싱가포르에 도움을 청했다. 문화도시 쑤저우에 엄청난 규모의 현대적인 글로벌 산업센터를 건설하는 데 싱가포르의 명성과 경험을 빌리기로 한 것이다. 선진국 다국적기업들이 기업 활동을 위한 최적의 입지로 선택하는 도시가 바로 싱가포르이기 때문이었다. 1994년 쑤저우는 80제곱킬로미터에 달하는 부지를 산업단지로 개발하기 위해 싱가포르에 임대했고, 오늘날의 싱가포르를 창건한 전설적인 지도자 리콴유는 200억 달러 규모의 투자 협정에 서명했다. 수년간 우여곡절을 겪으며 진행된 프로젝트의 결과물이 바로 현재의 쑤저우산업단지이다.

싱가포르의 다국적기업들은 성공에 대한 확신을 가지고 기꺼이 쑤저우로 이전했고, 덕분에 도시는 초기 장애물을 극복할 수 있었다. 20년 후, 쑤저우산업단지는 288제곱킬로미터로 확장되었으며, 2010년 기준 1만 5,000개의 외국기업이 상주하고 있다. 쑤저우 도시 당국은 단지 내에 고등교육지구를 별도로 개발해 지멘스(Siemens), 에머슨(Emerson), 보쉬(Bosch), 파나소닉(Panasonic), GE, 바이엘(Bayer), 존슨앤존슨(Johnson & Johnson), 노키아(Nokia), 하이드로(Hydro) 등과 같은 외국기업을 비롯해 중국 굴지의 기업들을 유치했다. 현재 이들 기업은 교육지구에 자리 잡은 40여 개의 중국 및 외국 대학들로부터 엄청난 수의 인재를 공급받고 있다. 말 그대로 "똑똑한" 기업 유치 활동이라 할 수 있다.

세계 언론의 동향을 파악하다 보면 확연히 눈에 띄는 것이 있다. 바로 기업과 투자를 유치하기 위한 도시들 사이의 경쟁이 점점 더 극심해지고 있다는 점이다. 뉴욕은 2007년에 전 세계적으로 도시를 홍보하기 위해 500만 달러의 광고비를 쏟아 부었다. 오늘날 신문, 잡지, 인터넷의 광고 중 5~10퍼센트는 도시 및 국가의 마케팅이 차지하는 것으로 추정된다. 그리고 도시 지역에 대한 세부적인 설문 조사 결과도 정기적으로 공표되고 있다.

이 장에서는 다음의 네 가지 질문에 초점을 맞춘다.

1. 기업과 투자를 성공적으로 유치하기 위해 도시는 무엇을 해야 하는가?
2. 중형 및 대형 다국적기업을 대상으로 한 도시 마케팅의 주역은 누구인가?
3. 도시가 집중해야 할 목표시장은 무엇인가?
4. 도시의 마케팅 담당자들은 지역사회를 어떻게 마케팅해야 하는가?

도시는 투자 유치를 위해 무엇을 해야 하는가

도시는 기업 유치 활동을 벌이기 전에 도시가 보유한 강점과 약점에 대한 엄격한 평가부터 해야 한다. 새롭게 유입될 중형 및 대형 다국적기업들의 시설과 운영활동을 흡수할 수 있을 만한 물리적, 사회적 인프라를 갖추고 있는가? 이 질문에 '그렇다'고 대답할 수 있어야 한다. 여기에서 말하는 인프라는 용수 공급, 폐기물 관리, 전력, 경찰과 소방 인력, 의료시설, 학교 등 도시의 기본적인 기능을 의미한다. 이들 기본적인 인프라 중 어느 한 가지라도 충분히 갖추어지지 않았다면, 중형 및 대형 다국적기업을 유치하는 사업은 요원할 수밖에 없다.

인도의 산업 발전을 저해하는 주요 요인은 불안정한 전력 공급 문제이다. 2012년 7월 인도에서는 유례없는 대규모 정전 사태가 여러 날 지속되었고, 그로 인해 6억 2,000만 명 이상이 피해를 입었다. 이것은 인도 인구의 50퍼센트, 전 세계 인구의 9퍼센트가 정전 피해를 입은 것과 같다. 이렇게 엄청난 정전 사태 외에도 전력 공급이 일시적으로 중단되는 일은 델리, 뭄바이,

첸나이, 푸네 등 다수의 인도 대도시권의 산업단지에서 흔하게 벌어진다.

인도는 규모 면에서 세계 5위의 전력 시스템을 보유하며, 1990년대 이후 전력 정책 개혁도 단행하고 있지만 지속적인 사후 관리가 미흡하다는 문제점이 있다. 인도의 전력망은 노후했고, 인도 전력 공급의 70퍼센트를 담당하는 가스나 석탄도 전량 수입에 의존한다. 인도의 거의 모든 산업 및 상업 도시들이 필요로 하는 전력 수요량과 공급량 간의 격차는 갈수록 벌어지고 있다. 이와 같은 전력 문제가 해결되지 않는다면 인도의 주요 도시들이 글로벌기업이나 국내 투자를 유치하는 데 심각한 문제를 겪게 될 것이다. 비록 인도의 노동력은 상대적으로 저렴하지만 에너지는 정반대로 상대적인 가격이 매우 높은데, 이것은 수출산업의 전망을 어둡게 한다.

인도의 도시들에는 인프라 말고도 노동력에도 문제가 있다. 보스턴, 몬테레이, 멕시코, 오스틴, 텍사스, 샌프란시스코, 상하이 등은 첨단산업을 발전시키기 위해 필요한 인재들을 보유한 도시들이다. 그러나 그런 인재들이 없는 도시들도 있다. 예를 들어, 동켄터키 지역은 토지 및 건설과 관련된 노동력에 소요되는 비용은 낮은 반면, 점점 퇴락하고 있는 석탄 광산 및 제철산업 중심의 경제를 첨단산업 유치도시로 탈바꿈시키는 데 필요한 기술자와 전문가, 능력 있는 경영자는 한심할 정도로 부족하다.

도시는 기업의 관심을 끌기 위해 다음과 같은 질문에도 답할 수 있어야 한다. 새로운 도시 지역으로 이전하게 될 기업의 관리자와 첨단 기술자들의 관심을 끌 수 있는 매력적인 특성을 보유하고 있는가? 기업의 인재들이 이 도시에서 살고 싶어 하겠는가? 그들과 함께 이주하게 될 가족 구성원에게 좋은 환경과 교육 시스템을 제공할 수 있는가? 공원이나 체육시설, 고급 식당, 축제, 박물관, 공연 예술 등 다양한 문화 및 생활의 편의를 제공하는가?

1950년 월드컵을 위해 건설된 브라질 리우데자네이루의 마라카낭은 최대 12만 5,000명을 수용할 수 있는 대형 경기장으로, 스포츠를 매개로 사람이 모여드는 사례라 할 수 있다. 리우데자네이루, 시드니, 부에노스아이레스, 중국의 샤먼 등은 중산층과 고소득층 가족들이 좋아할 만한 환경과 편의시설을 갖추고 있는 도시들이다. 이와 반대로, 중국의 정저우는 역사적인 도시이며 물류에 유리한 지리적 입지를 갖추고 있지만 저임금 노동자 인구가 주를 이루는 까닭에 첨단산업 분야의 인재들이 원하는 현대적인 편의시설이 부족하다. 그러나 우한은 여름철이면 폭염이 기승을 부리는 조건에도 불구하고 중국 최고의 대학들이 다수 위치하고 있어, 이 도시로 들어온 기업들에게 우수한 인재들을 제공하고 있다.

시드니의 오페라하우스는 특징적인 조형물로서 현대적이고 패기 넘치며 창의적인 기업가정신이 깃든 글로벌도시의 상징이 되었다. 미국이 성장을 위해 이민자를 유입해야 하던 당시에 수백만 이민자들의 눈에 가장 먼저 들어온 것은, 뉴욕의 대표적 조형물인 자유의 여신상이었다. 이와는 대조적으로, 한 세기가 지난 지금까지 텍사스와 애리조나는 국경 장벽과 삼엄한 보안 태세를 허물지 않아서 중남미 국가 사람들이 발길을 끊고 있다.

투자 유치를 위해서는 접근성도 좋아야 한다. 도시 당국은 접근성과 관련된 질문들도 스스로에게 해야 한다. 자동차 도로 또는 대중교통을 이용해 도시의 어느 한 지점에서 또 다른 한 지점으로 쉽게 이동할 수 있는가? 토지 구매나 사업을 시작하는 데 필요한 인허가 취득이 용이한가? 투자 유치에 성공한 대다수의 도시들은 창업에 필요한 규제를 간소화했다. 비즈투

크레딧(Biz2Credit)에 의하면, 2013년 기업 설립연도 기준 미국 내 소기업 성장률 상위 5개 도시 지역은 휴스턴, 탬파-세인트피터스버그, 덴버, 시애틀, 댈러스-포트워스 등이다. 소기업 성장률 상위 10위권까지를 놓고 보더라도 그 목록에서 북동부 지역의 도시는 찾아볼 수 없고, 그나마 중서부 지역의 세인트루이스가 포함될 뿐이다. 뉴욕, 필라델피아, 보스턴, 시카고 등의 도시들은 새로운 기업을 성장시킬 수 있는 기회를 놓친 것이다. 이들 북동부의 도시들은 극심한 규제, 강력한 노동조합, 높은 물가, 무거운 세금 부담 등의 문제를 안고 있다.

이처럼 기업이 도시를 선택할 때 고려하는 요인들은 인프라와 노동력, 생활 편의시설, 접근성 등이다. 도시의 기본적인 요인들 중 부족한 점이 있다면 목표기업을 상대로 도시 마케팅에 뛰어들기 전에 반드시 그 부족한 부분을 채우는 작업이 선행되어야 한다.

도시 마케팅의 주역은 누구인가

투자 유치를 위해 벌이는 도시 마케팅은 특정 담당자뿐만 아니라 시민 전체의 참여가 필요하다. 그럼에도 불구하고 도시 마케팅의 주역으로 활동하는 마케팅 담당자를 나열해보면 다음과 같다.

〈지역 담당자: 공공 부문〉

- 도시 및 지역의 정치 지도자

- 도시 내의 경제개발기관
- 도시 정부의 당국자

〈지역 담당자: 민간 부문〉

- 시민 지도자
- 도시 및 대도시권의 기업 협회
- 주도적 기업
- 부동산 개발업자와 에이전트, 법률 대리인
- 금융기관(은행, 보험사 등)
- 상공회의소 및 지역의 여타 비즈니스 기구
- 노동조합
- 대학 및 교육기관
- 대중매체(신문, 라디오, 텔레비전)

〈지방 담당자〉

- 경제개발 기구
- 지방 정부

〈국가 담당자〉

- 의회 지도자
- 규제기관
- 다국적기업과 중소기업

■ 법률 및 로비 지원

■ 대중매체 관련 단체

■ 국내 투자사업 위원회 및 조직

〈해외 담당자〉

■ 대사관 및 영사관

■ 경제개발에 중점을 둔 국제기구 및 협정(예를 들면, UN, OECD, ASEAN, NAFTA 등)

■ 글로벌 투자를 촉진하고 추적하는 글로벌 컨설팅기업(매킨지, 골드만삭스, 프라이스워터하우스쿠퍼스, 베인앤컴퍼니 등)

공공 부문 마케팅 담당자의 역할

지금 이 순간에도 많은 도시의 시민들이 높은 실업률과 불완전 고용, 빈약한 경제성장률 등으로 앞날이 어둡다고 말한다. 도시의 시민들은 자신들이 선출한 도시 지도자가 이러한 환경을 개선해주기를 바랄 것이다. 불행히도 도시의 정치 지도자들은 선거 기간에 내걸었던 수많은 공약에도 불구하고, 막상 자리에 앉으면 뭘 해야 하는 것인지 모를 때가 많다. 전통적으로 정부 당국자들은 부의 재분배에 자원을 집중하는 것에 익숙해져 있다. 그들은 "사회복지를 위해 부의 재분배를 실천하겠다"고 호언장담하지만 부의 재분배는 부의 창출과는 거리가 멀다.

하지만 미국의 신세대 시장들은 공염불이 아닌 실현 가능한 정책을 선거공약으로 내세운다. 그리고 이들은 목표를 이루기 위해 노력하는 기업인처럼 시정을 펼치려 애쓰고 있다. 일자리를 달라고 아우성치는 유권자들에게 이들 신세대 시장들은 다양한 방식으로 대응한다. 무일푼으로 시작해 막대한 재산을 축적한 마이클 블룸버그 전 뉴욕 시장은 기업가처럼 시정 활동을 했다. 2013년 〈이코노미스트〉 지에 한 블로거가 "그가 행하는 모든 것에서 비즈니스에 대한 경의가 드러난다"라고 표현할 정도이다. 블룸버그 시장은 도시의 서비스 기능부터 장기 계획에 이르는 모든 것을 개선하는 데 사업적인 방법을 적용했다. 그는 2008년 금융위기 이후 엄청난 투자 유치 성과를 보여주었고, 코넬대학 및 이스라엘공업대학과 협력해 맨해튼 내에 새로운 첨단산업단지를 개발했다. 2013년 〈이코노미스트〉 지에는 이런 글이 실리기도 했다. "그는 뉴욕을 기업으로 본다. 블룸버그 시장에게 시 공무원은 시가 보유한 재능이며 대중은 고객이다. 많은 뉴요커가 그를 사랑하는 이유가 여기에 있다."

블룸버그의 이러한 시정 운영 방식을 미국의 다른 도시의 시장들도 따르고 있다. 휴스턴의 시장은 기업을 위한 관리인 서비스를 만들어냈고, 샌프란시스코 시장은 기술상공회의소를 조직했다. 전 포틀랜드 시장 샘 애덤스(Sam Adams)는 도시의 수출을 두 배로 성장시키고자 노력했다. 도시의 시장들이 경제개발의 발판 위에 올라설 수밖에 없는 것은, 중앙정부나 주정부의 투자 정책에만 의존하고 있을 수 없기 때문이다. 〈이코노미스트〉 지는 이렇게 보도한 바 있다. "블룸버그 시장은, '현재 도시는 직면한 경제 문제를 스스로 해결하기를 강요받고 있고, 시민이 선출한 시장은 논쟁을 벌일 것이 아니라 문제를 해결해야 할 책임이 있다'라며 '다툼이 아닌 혁신을, 당파심보다는 실용주의를 선택해야 한다'라고 주장한다."

미국도시의 시장들은 적극적으로 중국 투자자를 유치하는 데 나서고 있다. 세계 전역의 다른 도시들의 경우도 마찬가지다. 텔아비브의 론 훌다이(Ron Huldai) 시장은 글로벌기업의 투자를 유치해 도시를 첨단기술의 허브로 성장시키기 위해 애쓰고 있다. 중국의 시장들은 런던, 뉴욕, 프랑크푸르트, 도쿄, 상파울루 등 전 세계의 비즈니스 중심지들을 순회하며 투자 유치 홍보 활동을 벌인다. 이처럼 적극적인 활동을 벌이는 시장들은 좋은 성과를 거두고 있다. 구글은 런던의 킹스크로스에, 그리고 보다 적은 비용이 드는 교외 지역이 아닌 맨해튼 한복판에 지사를 개설했다. 온라인 신발 쇼핑몰 자포스(Zappos)는 라스베이거스 교외에서 도시 중심가로 2,000명의 근로자와 함께 이전했다.

경제 성장을 위해 시장을 비롯한 도시 당국자들이 도시 마케팅사업의 책임을 도맡는 추세는 확산될 것이다. 이러한 추체는 전 세계 인구 중 개발도상국 도시 거주민의 비중이 75퍼센트에 이를 것으로 예상되는 2050년까지 지속될 것이다. 싱크탱크인 뉴아메리카재단(New America Foundation)의 한 전문가에 의하면, 고작 40개의 글로벌도시 지역에서 전 세계의 경제적 성과 중 3분의 2가 창출되고 있다.

아르헨티나의 2001년과 2002년의 금융위기는 도시 당국을 자각하게 만들었다. 당시 부에노스아이레스는 중남미 지역에서 가장 비싼 도시에서 가장 저렴한 도시로 추락했다. 일자리는 없어지고 연금도 사라졌다. 거리를 점령한 시민들의 폭력 시위는 끝내 페르난도 데 라 루아(Fernando de la Rua) 대통령과 도밍고 카발로(Domingo Cavallo) 경제 장관의 사임으로 이어졌다. 아르헨티나는 곧 경제적 발판을 회복하고 2011년까지 GDP 연간 성장률을 9퍼센트로 끌어올렸지만 이듬해인 2012년에는 1.9퍼센트로 떨어졌다. 2013년 GDP 성장률은 3퍼센트를 기록했다. 그럼에도 불구하고 부에노스아이레스 도시 지역에서만 국가 GDP의 36퍼센트가 창출되었으며, 아르헨티나 전체 생산량의 50퍼센트가 이곳에서 산출되었다. 부에노스아이레스의 인구는 국가 전체 인구의 11퍼센트에 불과하지만 말이다.

부에노스아이레스의 정치 지도자와 공무원들, 기업과 시민 지도자들은 지역 차원에서 성장을 위한 새로운 접근법을 강력히 추진하고 있다. 그들은 몇몇 지역에서 새로운 전략이 어떻게 실행에 옮겨지고 지역사회가 어떻게 인상적인 결과를 만들어내는지 직접 돌아다니며 배운다. 지역의 대중매체는 타 지역의 성공 스토리를 연일 보도하고 있다. 지역 내 공동체의 구성원들 역시 인근 공동체의 성공 사례에서 도시 마케팅 전략을 배우기 위해 직접 방문하기도 한다. 도시가 이렇게 성장하자 나라 전체도 성장하게 되었다.

1960년대에 브라질은 새로운 수도를 건설했다. 1960년 4월, 주셀리노 쿠비체크(Juscelino Kubitschek) 대통령의 주도 하에 건설된 새로운 수도 브라질리아의 출범식이 거행되었고, 행사에 초청된 15만 명의 내외 귀빈 중에는 미국 대통령 드와이트 아이젠하워(Dwight D. Eisenhower)와 영국의 엘리자베스 여왕(Queen Elizabeth)도 있었다.

브라질리아의 설계는 프랑스의 현대 건축가인 르 코르뷔지에(Le Corbusier)의 영향을 받은 브라질의 건축가 루시오 코스타(Lucio Costa)와 오스카 니마이어(Oscar Niemeyer)가 맡았다. 브라질리아는 현대적이며 주도적인 경제 국가가 되고자 하는 브라질의 포부를 나타내기 위해 '미래의 상징'으로 계획된 도시다. 브라질리아는 브라질의 중앙 고원, 거주 인구가 별로 많지 않았던 국토의 중심에 자리 잡고 있다. 새로운 수도의 위치로 이곳을 선택한 이유는 국내 어디에서나 균등하게 접근할 수 있는 중심부에서 국민적 통합을 이끌어내고 (대륙만큼이나 넓은 국토를 보유한 브라질이) 새로운 진보의 시대로 나아가기 위해서다.

이처럼 새로운 전략을 실천하기 위해서는 리더십과 재능, 역량이 필요하다. 이러한 것들은 도시의 정치 지도자와 당국자 등 공공 부문 마케팅 담당자가 갖추어야 할 능력이다. 이들 능력이 바로 도시를 더더욱 성장시키는 원동력이다. 도시의 시장과 당국자, 공기업과 공공 단체의 경영자들은 지역에 새로운 기업 환경을 창출할 수 있는 중요한 기폭제가 될 수 있다. 이와 관련된 실제 사례를 살펴보기로 하자.

실제 사례: 블룸버그 시장

전 뉴욕 시장 마이크 블룸버그의 시정 활동은 기업의 투자 유치에 영향을 끼치는 도시 정책과 운영 방식을 가장 잘 보여주는 사례이다. 그가 어떻게 전 세계 도시의 시장들에게 모범 사례가 되었는지를 집중적으로 살펴보도록 하자.

블룸버그는 11년의 재임기간 동안 도시의 모든 부서와 기관에 일대 개혁을 추진했다. 그중 하나가 교육의 개혁이다. 기업은 도시의 교육 수준을 중요하게 고려한다. 왜냐하면 기업은 지속적으로 좋은 인재를 공급받아야 하기 때문이다. 블룸버그 시장은 2000년에 시 교육위원회를 이어받아 신설된 교육청의 수장으로 조엘 클라인(Joel Klein)을 지명했다(우리나라와 달리 미국에서는 교육감을 시장이 임명한다). 클라인 교육감의 노력과 블룸버그 시장의 강력한 교육 정책으로 학생들의 성적이 향상되었고, 고등학교 졸업률은 60퍼센트까지 상승했다. 이것은 1986년 이후 고등학교 졸업률 중 가장 높은 수치다. 블룸버그 시장은 교사 성과급제 도입을 놓고 교원노조와 대립하다가 이후 부분적 성과급제로 타협하기도 했고, 논란의 소지가 많았던 교내 휴대폰 반입 금지 규칙을 시행하기도 했다.

사회 정책 면에서 블룸버그 시장은 동성결혼의 합법화를 이끌었다. 이것은 기업의 입장에서 결코 사소한 일이 아니다. 첨단산업 중심의 워싱턴 주에서 2013년에 등록된 혼인신고 중 17퍼센트가 동성결혼이었다. 미국 인구의 일부를 구성하는 동성애자들 중에는 기업이 필요로 하는 인재가 무수히 많다.

공중보건 부문에서는 토머스 프라이덴(Dr. Thomas R. Freiden) 박사를 수장으로 지명하고, 인간면역결핍바이러스(human immunodeficiency virus, HIV), 당뇨, 고혈압 등을 가장 우선적으로 해결해야 할 3대 중증 질환으로 규정했다. 그는 뉴욕의 금연 규정을 술집과 나이트클럽을 포함한 모든 상업적 건물로 확대 적용했다. 이 정책은 일종의 트렌드가 되어, 다수의 북미 및 유럽, 한국 등의 대도시권에서도 유사한 금연 규정을 시행하기 시작했다. 2012년 5월, 블룸버그는 행사 장소나 식당, 길거리 음식점 등에서 설탕 함량 16온스(473밀리리터)를 초과하는 탄산음료를 판매하지 못하도록 금지시켰다. 이 정책은 보건기관들이 지지하기는 했지만 많은 비판을 받았고, 결국엔 법정에서 금지를 철회해야 한다는 판결을 받기도 했다.

환경 안전 분야에서, 블룸버그 시장은 맨해튼의 교통 혼잡을 완화하기 위해 교통 혼잡 수수료를 부과하는 안을 제시했다. 맨해튼의 교통 혼잡 구역으로 들어오는 차량에 대해 8달러의 수수료를 부과해 60번가 남쪽의 교통 체증을 완화할 계획이었으나 주 의회의 반대로 무산되었다. 실패로 끝난 블룸버그의 이 제안은 런던과 싱가포르에서 채택되었다. 이들 두 도시의 교통 정책은 교통 혼잡은 물론 도시의 공기오염도 감소시키는 등 성공적으로 시행 중이다. 블룸버그 시장은 또한 스티로폼 음식 포장재의 사용을 금지시키고, 플라스틱과 음식 쓰레기의 재활용을 권장하기도 했다.

범죄와 치안 부문에서는 루돌프 줄리아니 전 시장의 재임 기간부터 감소 추세에 있던 범죄 발생률을 지속적으로 감소시켰다. 그는 총기 사용 규제를 강력히 지지했고, 그의 재임 기간 중에 불법 총기류 판매 단속을 위한 여러 건의 함정수사가 진행된 바 있다.

재정 정책 분야에서 블룸버그 시장은 2003년 중반에 30억 달러의 증세 법안을 통과시킴으로써 뉴욕의 재정을 안정시킨 것으로 평가받고 있다. 2006년에 도시의 재정 상태가 회복되면서 블룸버그 시장은 시 공무원 은퇴자를 위해 20억 달러의 건강보험 재정을 별도로 마련하기도 했다. 그는 지나치게 높은 공무원의 임금을 삭감하지 않고 뉴욕을 미국에서 세금이 가장 많은 도시로 만들어 놓았다는 비판도 많이 받았다. 그러나 블룸버그 시장은 미국의 다른 도시들의 재정이 바닥나고 건강보험 부채의 위험성으로 인해 신용도가 하락하고 있는 상황에서도 연금과 보건을 위한 재정을 강화함으로써 채권 자금 조달을 위한 도시의 신용도를 유지하는 성과를 보여주었다. 전 세계에서 뉴욕은 여전히 부유한 도시로 통하고 있다. 블룸버그 시장의 마지막 재임 기간 중에 별도의 증세나 주요 공공 분야의 대규모 인원 감축 없이 성장한 덕분이다.

블룸버그 시장은 뉴욕 경제를 보다 다양화하는 데 초점을 맞추었다. 그의 마지막 개발 정책 중 하나가 바로 루즈벨트 아일랜드에 코넬 NYC 공과대학 캠퍼스를 조성하는 것이었다. 이 프로젝트는 지금까지 5억 달러 이상의 민간 자본을 유치했으며, 뉴욕을 ICT 및 생명공학의 중심지로 만들 것이다. 2003년부터 2012년까지 뉴욕의 IT 분야 일자리는 60퍼센트 늘어났고, 미국 전체적으로 11퍼센트의 감소율을 보였던 벤처캐피탈의 거래량은 32퍼센트 증가했다. 2012년 기준 뉴욕에서는 1,000개 이상의 기술기업이 고용을 창출하고 있다. 블룸버그 시장이 미국 동부 지역에 새로운 실리콘밸리를 가동시킨 셈이다.

이와 같은 사례에서 볼 수 있듯이, 블룸버그는 도시를 성공적으로 지속 성장시킨 유능한 시장이었다.

민간 부문 마케팅 담당자의 역할

도시가 성장하기 위해서는 도시 지도자와 당국자뿐만 아니라 민간 조직과 시민들의 참여도 필요하다. 그러기 위해서는 도시 구성원들로 하여금 도시에 대한 자부심을 높이도록 해야 한다. 이러한 일은 도시 마케팅 전략의 우선적 요소이며, 이는 글로벌기업을 도시나 대도시권으로 끌어들이기 위한 정부나 정계, 기업, 대중매체, 지역사회의 모든 지원활동에 적용할 수 있는 원칙이다.

샌프란시스코에는 차이나SF(ChinaSF)라는 이름의, 중국의 기업 및 사업 투자 유치를 전담하는 에이전시가 있다. 과거에 차를 무역하던 시대부터 현대의 기술 무역 시대에 이르기까지 샌프란시스코와 중국은 150여 년의 유대관계를 이어오고 있다. 현재 샌프란시스코 인구의 4분의 1이 중국계이며, 그중 다수가 금융, 공학, 건축, IT 등 도시의 많은 기업들과 저명한 대학에서 활동하고 있다.

샌프란시스코 베이에어리어는 북미 지역에 본사를 설립하고 사업을 운영하고자 하는 중국의 기업은 물론, 막강한 자금력을 바탕으로 도시의 부동산 가격을 상승시키는 중국계 부동산 투자자들이 선호하는 대도시권이다. 차이나SF는 샌프란시스코경제개발센터(San Francisco Center for Economic Development)와 긴밀히 공조하며 중국의 기업과 민간 투자 자본을 도시로 끌어들이기 위해 애쓰고 있다.

도시에서 개최되는 대형 행사 역시 도시의 위상을 높인다. 올림픽과 월드컵, 포뮬러 원 그랑프리, 뉴올리언스의 마르디그라(Mardi Gras) 축제, 리우데자네이루의 카니발 등과 같은 세계적인 행사의 개최도시가 누리는 경제 효과는 적지 않다. 그러나 지역사회의 구성원들이 자신이 살고 있는 도시에 대해 느끼는 자부심은 일회성의 대형 이벤트를 개최한다고 해서 저절로 샘솟는 것이 아니다. 그것은 고유의 특성을 보유한 대학, 대기업이 위치한 과학 및 첨단기술 산업단지, 새로운 고속철도, 흥미진진한 성공 스토리를 보유한 유명기업이나 신생기업, 알맞은 가격의 주택과 상대적으로 낮은 세금 등으로 생겨나는 것이다.

글로벌기업은 도시가 시민과 시민사회의 자부심을 높이기 위해 얼마나 헌신적으로 노력하고 있는지에 관심을 가진다. 다국적기업에게 도시의 시민들이 자부심을 갖고 있으며, 소비의 근간이 될 가정 경제가 건실하다는 확신을 안겨줘야 한다. 불만을 느끼는 시민들이 모여 사는 도시에 투자하고 싶은 기업은 없을 것이다.

인도의 대중 서비스를 바람직하게 개선한 사례로, 릴라이언스(Reliance Industries)를 들 수 있다. 릴라이언스는 원거리 무선 가입자망 서비스를 제공하는 기업으로, 외곽 지역의 가입자들을 일반 원거리 통신망에 연결한다. 릴라이언스는 2년 약정 가입자들에게 저가 휴대폰에 대한 지원금과 저렴한 월정액 서비스를 제공한다. 수백만의 저소득 가구가 무선전화 통신을 이용할 수 있는 환경을 만들어준 셈이다. 릴라이언스의 서비스가 없었다면 저소득층이 이용할 수 있는 저렴한 이동통신도 없었을 것이다. 여하튼 릴라이언스의 이 사업은 도시 당국과 시민사회의 협력으로 성공적인 결과를 낳았다.

에티오피아의 독점적 통신업체 에티오-텔레콤(Ethio-Telecom)은 2011년에 이동통신망을 구축하고 모든 소비 계층이 동등하게 접근할 수 있는 제품과 서비스를 판매하기 시작했다. 에티오-텔레콤의 이 사업은 저소득층 인구까지 현대적 서비스의 혜택을 누릴 수 있는 환경을 제공한다. 인도를 비롯한 여타 개발도상국 경제권처럼 에티오피아도 소비의 촉진과 지식의 교환, 사업 지원 등을 위해 국민들을 통신망으로 연결하고 있다. 외국의 선진기술로 가능해진 이와 같은 무선통신망은, 외곽 지역의 사람들도 자신이 속한 대도시권과 도시를 성장시키는 데 역동적으로 참여하고 있다는 자부심을 갖게 한다. 이를 보다 근본적인 차원에서 달리 표현한다면, 국내외 기업들에 대한 도시의 (시장성이 있는) 가치 제안은 시민들 사이에 널리 알려져야 하고 광범위하게 수용되어야 한다는 얘기다.

해당 지역의 선도적인 기업들이 민간 부문 도시 마케팅 담당자로서 수행하는 역할 역시 중요하다. 이들 기업들은 도시의 이미지를 개선해 자신들이 취할 수 있는 장점을 충분히 인식하고 있다. 도시의 이미지가 좋아지면 임직원의 사기 진작에도 도움이 되고, 공급업체를 유인하거나 국내외 상거래를 하는 데도 좋은 영향을 미친다. 세계적인 기업의 존재는 도시의 이미지를 강화하며 국내외적으로 내세울 수 있는 도시의 정체성이 되기도 한다. 쿠알라룸푸르의 자동차산업, 실리콘밸리의 소프트웨어산업, 브라질 산호세도스캄포스(San Jose Dos Campos)의 항공기 제조산업(엠브라에르 항공기 회사), 파리의 패션산업 등이 그런 예에 속한다.

부동산 개발업자와 에이전트, 보험 및 금융기관, 소매기업, 지역의 대학 등도 자신들의 사업을 성장시키는 데 도시의 이미지가 중요하다는 점을 인식하고 있다. 코네티컷 주 하트포드는 유수한 보험회사들의 사업본부가 모여 있는 곳으로 유명하다. 오하이오 주 콜럼버스와 노스캐롤라이나 주 샬롯은 전국적인 규모로 성장한 은행들이 태동한 도시이다. 텍사스 주 휴스턴은 오일과 천연가스의 도시로 상당수의 에너지기업 본사가 위치하고 있다.

부동산 개발업자와 에이전트는 도시 마케팅에서 결정적인 역할을 수행한다. 부동산 개발업자는 도시 당국의 경제개발을 위한 노력에 매우 협력적이다. 왜냐하면 도시의 가치가 높아지면 자신들의 사업도 성공하기 때문이다. 도시들끼리 기업 및 투자를 유치하는 경쟁을 벌이고 있는 상황에서 그들이 수행하는 역할의 중요성은 커질 것이다. 부동산 개발업자와 에이전트는 단순히 부동산을 개발하고 판매만 하는 것이 아니라 도시 전체의 인지도를 한 차원 끌어올리는 데 폭넓게 참여한다. 그들은 잠재적 구매자가 도시의 어떤 유인 요소에 근거해 의사결정을 내리는지 누구보다 잘 이해하고 있다.

고대 실크로드의 동쪽 기점이자 진시황릉 병마용으로 유명한 중국 산시성의 성도 시안의 지역정부는, 새로운 고대 유물을 개방해 보다 많은 관광객을 유치하는 데 20억 달러를 투입하고 있다. 민간 개발업자들은 성벽으로 둘러싸인 도시의 고대 건축물들을 새롭게 단장해, 도시 전체를 놀랄 만한 문화적, 심미적 관광 명소이자 중국 전통 공예품의 소비지로 바꾸어 놓았다. 이들은 당나라 시대의 보물들을 활용하는 산업도 계속 개발하고 있다. 중국에서 가장 큰 첨단 산업단지를 보유한 시안은 현재 중국의 항공기술 및 관련 산업의 발전을 주도하고 있다. 코틀러 차이나(Kotler China, 이 책의 저자인 필립 코틀러가 중국 베이징에 설립한 마케팅기업)는 시안의 당나라 시대 여름 궁전 복원사업과 상업용 항공기지 조성사업을 기획 과정에서 도운 바 있다.

또 다른 도시에서는 부동산 개발업자와 글로벌 관광기업이 협력해 하이난 성 산야를 중국의 마이애미비치로 바꾸어 놓았다. 2013년 기준 산야의 관광산업 수익은 36억 달러에 달하고, 이곳을 찾는 방문객의 수는 1억 5,000만 명에 이른다. 관광 수익의 약 3분의 1이 외국의 방문객들로부터 생긴다.

부동산 개발업자와 마찬가지로 은행이나 보험회사와 같은 금융기관도 지역 및 지방 경제의 개발사업에 활발히 참여한다. 지역 시장에 대한 금융기관의 지원은 통상 장기적으로 행해지며, 지역 산업의 성장은 곧 금융산업의 성장을 의미한다. 따라서 은행과 보험회사가 지역의 경제개발계획에 활발히 참여하는 것은 사업 전략적 측면에서 당연한 것이다.

하나의 사례를 들자면, 나이지리아를 향해 움직이고 있는 글로벌 은행들이다. 인구 2,100만 명의 라고스는 시티은행, 스탠다드차타드, 바클레이즈 등을 포함한 외국계 은행을 유치해, 기업과 함께 도시를 성장시키고 있다. 인구 1,200만 명의 인도네시아 자카르타에도 방콕은행, 뱅크오브아메리카(Bank of America), 중국은행, 도쿄미쓰비시은행, 시티은행, 도이체방크,

HSBC, 스탠다드차타드은행 등 다수의 외국계 은행이 진출해 있다. 하지만 2013년 기준 인도네시아 국내 은행들이 성과 면에서 이들 외국계 은행을 앞서고 있다. 새롭게 진출한 외국 은행들은 현지의 금융기관이 수십 년에 걸쳐 쌓아놓은 신뢰 관계를 구축하려면 좀 더 시간이 필요하다는 의미다.

스페인의 양대 은행 빌바오비스카야아르헨타리아은행(BBVA)과 산탄데르그룹(Grupo Santander)은 2000년부터 중남미 지역에 진출하기 위해 막대한 투자를 했다. 2008년 글로벌 금융위기로 스페인의 경제 상황이 악화되자, 스페인 은행의 중남미 투자는 점점 늘어났다. 중남미 지역에 대한 산탄데르그룹과 BBVA의 투자 금액을 GNP 규모로 따진다면, 갈레온(15~17세기에 사용되던 스페인의 대형 범선)이 신대륙의 보물을 잔뜩 싣고 대서양을 건너 본국으로 향하던 시절 이후로 최대 규모의 화폐 이동인 셈이다. 산탄데르은행의 지점이 있는 중남미 지역의 대도시는 멕시코시티, 상파울루, 리우데자네이루, 부에노스아이레스, 산티아고 등이다.

상공회의소와 여러 비즈니스 단체 또한 도시를 개발하는 데 큰 역할을 담당한다. 이들 비즈니스 조직체는 훌륭한 정보원(源)이자 자문기관이다. 이들은 현지기업들과의 교류나 파트너십을 주선함으로써 상당한 지원을 제공한다.

세계의 주요 도시에는 관광 및 컨벤션 위원회가 있다. 싱가포르 관광청은 도시가 보유한 선테크(Suntech) 컨벤션센터에 각종 글로벌 행사를 유치하는 뛰어난 성과를 거두었다. 지금 싱가포르에서는 기존 시설보다 더 큰 규모의 컨벤션센터가 건설되고 있다. 싱가포르에 이어 국제행사를 유치하기 위해 공격적으로 나서는 도시를 꼽자면 홍콩, 벨기에의 브뤼셀, 한국의 서울과 부산, 캐나다의 토론토, 플로리다의 올랜도 등이다. 미국협회임원협회(American Society of Association Executives, ASAE)로 대표되는 미국의 무역 및 전문가 협회들은 그들의 역사적인 기지와도 같은 워싱턴에서 벗어나 싱가포르, 서울, 상하이 등의 도시에 지부를 설립하고 있다.

민간 부문의 마케팅 담당자 중 관광 및 소매 업계(호텔, 식당, 백화점, 기타 소매업자, 엔터테인먼트기업 등)는 지역의 이미지에 따라 사업의 성패가 좌우된다는 사실을 직시하고 있다. 글로벌 의류 및 패션산업의 경우 파리, 밀라노, 뉴욕 등과 같은 도시 이미지에 대한 의존도가 매우 높다. ICT기업들은 실리콘밸리, 오스틴, 시애틀 등 ICT기업이 현재 위치하고 있는 도시의 이미지에 의존한다. 미국의 자동차산업의 경우, 자동차산업이 쇠퇴하고 있는 디트로이트에서 벗어나 빠른 속도로 재포지셔닝을 진행하는 중이다. 한때 강력한 도시로 통했던 디트로이트는 이제 파산의 이미지를 짊어지고 있는 꼴이다.

상하이의 새로운 아이콘으로 부상하는 신티엔디(新天地)는 중국공산당대표회의가 개최되었던 장소이다. 역설적이게도 이곳은 현재 중국 전체에서도 손꼽히는 최고급 유흥가이자 고급 식당과 화려한 쇼핑몰이 들어찬 관광 명소로서, 신세대 중국인들과 외국인들이 선호하는 세련된 글로벌 문화의 중심지가 되고 있다. 맨해튼의 극장가는 미국 전체 도시들 중 관광객을 유치하는 데 있어서는 일등 공신이다. 뉴욕 5번가와 첼시, 소호 거리는 패션산업이 집결된 곳이다. 유명한 고급 호텔들이 맨해튼의 미드타운에 위치하고 있다.

그런데 노동조합 등은 도시의 기업 유치 활동에 여전히 강력한 영향력을 행사한다. 지역의 대학들이 숙련된 노동 인력을 배출하는 반면 노동조합은 기존 구성원의 임금 수준을 유지하기 위해 새로운 인력의 공급을 제한하는 경우가 종종 발생한다. 노동조합은 자기 밥그릇을 위협할 수도 있는 이민자 집단을 결코 환영하지 않는다. 특히 실업률이 높은 기간에는 더욱 그렇다. 하지만 기업이 사라지면 이들의 밥그릇도 사라질 수밖에 없다. 시카고와 필라델피아, 뉴욕의 도시 당국은 새로운 기업을 유치하기 위해 인건비 상승을 저지하고자 지역의 건설 및 서비스 노동조합과 끝없이 씨름해야 했다.

그와 반대로, 건축가는 도시가 지닌 장점을 창조적으로 표현하고 홍보하는 데 도움을 준다. 건축학적 양식과 디자인에는 성장을 향한 도시의 포부가 직접적이고도 강렬하게 반영될 수 있다. 도심의 고층건물은 경제 성장의 상징이다. 쿠알라룸푸르의 페트로나스 타워(Petronas Towers)는 의심의 여지없이 도시의 역동성을 대변하고 있다. 두바이의 브루주 할리파(Burj Khalifa)는 세계에서 가장 높은 빌딩이다. 세계 인구의 3분의 2가 거주하는 곳에서 불과 8시간 거리에 있는 두바이는 이미 최고의 글로벌 상업도시로 자리 잡았다. 상하이 타워는 중국의 '탤런트 빌딩'이라고 묘사될 정도로 중국의 멈추지 않는 성장의 중심에 상하이가 있다는 사실을 완벽하게 보여주고 있다. 이와 같은 상징적인 높이에 이르지 못한 맨해튼과 시카고, 런던, 파리 등의 도시들은 서구 선진국의 경제 성장에 대한 의구심을 불러일으킨다.

민간 부문 마케팅 담당자 중 대중매체(신문, 라디오, 텔레비전 등)는 도시의 이미지를 향상시키는 데 도움을 줄 수도 있고 오히려 해를 입힐 수도 있다. 만약 대중매체가 기업의 파산, 범죄, 빈민가, 다리와 도로 등 인프라의 붕괴, 오염 문제 등 도시의 부정적인 측면에 초점을 맞춘다면, 도시의 이미지는 손상될 수밖에 없다. 디트로이트는 이런 대중매체의 덫에 걸려든 사례라 할 수 있다. 수년 동안 도시의 채무불이행, 범죄, 파산과 같은 부정적인 보도만 접한 기업과 투자자, 관광객들은 이제 이 자동차의 도시에서 완전히 등을 돌려버렸다. 디트로이트는 과거의 영광을 되찾기 위해 애쓰고 있다. 그리고 어쩌면 디트로이트를 부활시키기 위한 언론 보도가 조만간 다시 등장할지도 모른다. 파산 상태에서도 디트로이트의 도심 일부에서는 재기의 움직임이 일고 있다. 중심가에 위치한 캠퍼스마셔스 일대에서는 주택 수요가 회복되고 있다. 트위터(Twitter)와 퀴큰론즈(Quicken Loans) 같은 기업들이 재개발된 건물에 새롭게 사무실을 열었다. 퀴큰론즈는 교외에 있던 수천 명의 임직원들을 디트로이트 시내로 이주시켰다. 퀴큰론즈의 CEO 댄 길버트(Dan Gilbert)는 디트로이트의 부활을 확신하며 도심 지역 부동산에 막대한 투자를 하고 있다. 그러나 한 사람의 노력만으로는 부족하다. 디트로이트가 새롭게 태어나려면 대중매체와 홍보 관계자, 지역 정치인들로부터 많은 도움을 받아야 할 것이다.

대중매체의 영향력을 보여주는 또 다른 사례는 중국의 베이징이다. 베이징은 도시의 공기오염을 개선하기 위해 고군분투 중이다. 베이징의 공기 오염 문제는 부정할 수 없는 사실이다. 전 세계의 대중매체가 황사 때문에 베이징의 아이들이 바깥에서 놀지 못하는 상황을 보도하며 도시의 환경오염 문제를 부풀려 놓은 것도 사실이다. 14년째 베이징에서 살고 있는 이 책의 저자로서, 대중매체의 보도 내용은 과장된 것이라고 말하고 싶다. 천식이나 특별한 호흡기 질환을 가진 사람이 아니라면 일상생활에 문제가 될 정도는 아니라는 얘기다. 그러나 대중매체가 세상을 놀라게 할 특종에서 손을 떼기란 쉽지 않은 일이다. 베이징의 오염 문제가 무수히 많은 긍정적인 측면에도 불구하고 도시의 투자 유치 활동에 가장 두드러진 약점이 되고 있다는 사실에는 의문의 여지가 없다.

도시의 마케팅 담당자들은 도시가 가진 부정적인 측면을 긍정적으로 포장할 수 있는 방법을 찾기 위해 반드시 대중매체와 의사소통을 해야 한다. 도시가 보유한 장점이 무엇인지 대중매체가 인지할 수 있도록 해야 한다. 기자 등과 정기적인 대화를 해야 하며, 언론과의 대화는 분명하고도 정직해야 한다.

중요한 것은 내외부에 비춰지는 도시의 이미지에 영향을 미칠 수 있는 도시의 특색은 아주 많다는 점이다. 그러므로 그 모든 특색을 꼼꼼히 파악해야 한다. 그 다음, 기업 또는 투자자를 유치하는 데 홍보용으로 사용할 강점을 선별하고, 단점에 대해서는 어떻게 개선해나갈 것인지 답변을 준비해야 한다.

도시는 세 가지 목표시장에 집중해야 한다

도시는 성장과 번영을 위해 다음의 세 가지 목표시장에 집중할 필요가 있다.

1. 기업과 산업
2. 문화 및 교육기관
3. 주거 인구와 기업의 직원

도시의 마케팅 담당자들은 어떻게 마케팅해야 하는가

앞에서 우리는, 도시는 중형 및 대형 다국적기업을 끌어들여 그들의 사업이 도시로 들어오게 만들어야 한다는 점을 알아보았다. 도시는 어떤 기업과 산업을 끌어들일 것인지부터 결정해야 한다. 금융위기 이후 글로벌 성장률이 둔화되었기 때문에 도시들이 기업과 산업을 유치하는 경쟁은 갈수록 뜨거워지고 있다. 개발도상국의 도시들은 지속적으로 성장률이 하락하고 있는 선진국에 비해 월등히 나은 성과를 거두고 있다.

다른 도시들과 경쟁해 좋은 결과를 얻으려면 어떤 종류의 기업을 유인 대상으로 삼을 것인지를 정해야 하는데, 그렇게 하지 않아서 실패하는 도시는 의외로 많다. 유엔무역개발회의(United Nations Conference on Trade and Development)와 국제투자진흥기구연합(World Association of Investment Promotion Agencies)은 중남미 지역 국가들의 투자 유치 대상 선정을 지원하기 위해 투자자 선정에 관한 워크숍을 개최했다. 뿐만 아니라 스위스 다보스에서는 글로벌 비즈니스 포럼도 개최된다. 도시의 지도자들은 이와 같은 국제적 행사에 정기적으로 참여해 자신의 도시가 사업과 투자의 최적지라는 홍보 활동을 적극적으로 펼쳐나가야 한다. 〈파이낸셜 타임즈〉, 〈포브스〉, 〈월스트리트저널〉 등의 언론사도 해마다 도시의 공무원과 시민 대표들이 참석하는 비즈니스 포럼을 개최하고 있다.

도시는 강한 인상을 남길 수 있는 비즈니스 리더, 유명인사 등이 필요하다. 도시나 정부기관이 대체로 기량이 떨어지는 당국자를 국제행사의 참석자로 보내거나 심지어 글로벌도시의 투자 유치 담당자로 앉히는 것을 볼 때마다 아연실색하지 않을 수 없다. 도시 당국자는 국제행사에서 마주하게 될 경험 많은 기업 경영자들의 상대가 될 수 없다. 현실적인 비즈니스에 대해 전혀 알지 못하는데 "모두가 승자가 될 수 있다"는 식으로 추상적이고 피상적인 정책 발언이나 일삼는 사람들을 쉽게 볼 수 있다. 언제나 승자와 패자로 결판이 나는 치열한 비즈니스 환경에 익숙한 기업 경영자들 앞에서 말이다. 도시를 대표해 투자 유치 활동의 전면에 나서는 사람의 기량을 높이는 일은 다른 무엇보다 시급히 선결해야 할 과제이며, 이는 대다수의 도시들에 적용된다.

대부분의 대도시는 기업 유치를 위해 마케팅 활동을 개발하는 홍보기관을 활용한다. 예를 들어보자. 1990년대 후반에 브라질의 경제가 안정권에 접어든 이후 르노, 혼다, 폭스바겐, 포드, 제너럴모터스 등의 자동차 제조기업들이 브라질에 신규 조립 라인을 설립하는 대규모 투자 계획을 발표했다. 그러자 다수의 대도시권 도시 지역들이 이 프로젝트를 유치하기 위해 각자의 홍보기관을 앞세워 치열한 경쟁을 벌였다.

외국인 투자 유치 활동에서 칠레가 직면한 문제를 살펴보도록 하자. 칠레경제개발청(Chilean Economic Development Agency, CORFO)은 첨단기술 투자 촉진 프로그램(High Technology Investment Promotion Program)을 활성화하기 위해 상당히 많은 투자를 했다. 인베스트앳칠레(invest@chile)라는 명칭으로 온라인을 통해 홍보되고 있는 그 프로그램의 주요 목적은 칠레에 외국 IT 투자를 유치하는 것이다. 이 목표를 달성하기 위해 칠레경제개발청은 공공과 민간 부문의 대대적인 협력을 홍보하고 나섰다. 그 저변에는 국가 차원의 새로운 성장 동력을 확보하려는 칠레의 열망이 깔려 있다.

칠레경제개발청은 산티아고에 위치해 있지만 산티아고뿐만 아니라 칠레의 많은 도시들을 위해 투자 유치 활동을 전개하는 국가기관이다. 그러나 기업은 자신에게 적합한 특정 도시에 집중하기를 원한다. 따라서 산티아고 도시 당국 차원의 투자 유치 활동 전담 부서를 따로 마련해야 한다. 칠레경제개발청의 활동에만 전적으로 의존하지 말고 도시의 지도자가 전면에 나서서, 도시가 외국기업에게 제공할 수 있는 특정한 기회를 부각시켜야 한다는 뜻이다.

국가 차원의 홍보 활동은 도시의 홍보 활동에 비해 효과적이지 않다. 산티아고는 경제적으로 안정된, 번창하고 있는 도시로 알려져 있다. 또한 위험 요인이 적은 사업 환경, 중남미 지역의 시장에 진입하는 관문, 풍요로운 삶의 질을 떠올리게 만드는 도시다. 산티아고는 또한 신세대 '스마트 시티' 중 하나로 지속 가능한 사업 운영과 발전을 위해 소프트웨어 네트워크를 지원한다. 유럽의 작은 국가들 중에도 칠레의 산티아고와 같은 도시들이 새롭게 부상하고 있다. 예를 들면 핀란드의 오울루, 템페레, 덴마크의 올보르, 오르후스, 오덴세 등이다.

스마트 시티로서 산티아고는 IT 분야에 지원을 아끼지 않는다는 점을 끊임없이 부각시키고 있다. 이 도시는 이미 최고의 인프라를 갖추고 있으며, 애보트(Abbott Laboratories), AES 제너(AES Gener), 아마존(Amazon), 애플(Apple), 알코아(Alcoa), 캐터필러(Caterpillar), 셰브런(Chevron) 등 다수의 다국적기업들을 성공적으로 유치한 바 있다. 산티아고는 칠레의 소매유통산업의 중심도시이기도 하다. 루이비통(Louis Vuitton), 헤르메스(Hermes), 엠포리오 아르마니(Emporio Armani), 살바토레 페라가모(Salvatore Ferragamo), 에르메

네질도 제냐(Ermenegildo Zegna), 스와로브스키(Swarovski), 막스마라(MaxMara), 롱샴(Longchamp) 등 세계적으로 유명한 브랜드들이 이곳에 매장을 개설해 산티아고를 중남미 지역 패션의 중심지로 만들어놓았다.

산티아고 도시 당국은 도시 북쪽에 위치한 첨단 산업단지인 시우다드 엠프레사리알(Ciudad Empresarial)과 협력관계를 맺고 '스마트 시티 산티아고(Smartcity Santiago)'라는 첨단 복합 스마트 시티 시범 사업을 추진하고 있다. 산티아고의 민간 전력기업인 칠렉트라(Chilectra)가 프로젝트에 참여해 미래의 기술들을 실험하고 있다. 부에노스아이레스와 콜롬비아의 보고타, 메데인(Medellin) 등도 중남미 지역의 스마트 시티 운동을 주도하는 도시들이다.

산티아고는 비즈니스 지향적인 인프라와 깨끗한 환경, 수준 높은 교육, 지적 자본, 노동 효율성, 금융기관 등의 강점을 보유한 중남미 지역 최고의 도시로 인정받고 있다. 중남미의 실리콘밸리인 산티아고는 '멀티미디어 슈퍼회랑(Multimedia Super Corridor)'이라 불리는 최첨단 광역 정보통신단지를 보유한 쿠알라룸푸르를 비롯해 텔아비브, 인도의 방갈로르 등 전 세계의 첨단 산업 중심도시들과 투자 유치를 놓고 경쟁하고 있다.

이처럼 IT기업의 투자 유치를 놓고 벌이는 경쟁은 갈수록 치열해지고 있다. 중남미에서도 산티아고뿐 아니라 멕시코시티 등 많은 도시들이 IT산업의 개발 및 육성을 목표로 내걸고 매진하는 상황이다. 따라서 산티아고는 매순간 역량을 집중해야만 할 것이다. 글로벌시장의 도시들은 IT기업의 유치 성과를 놓고 엎치락뒤치락할 수밖에 없을 것이다. 왜냐하면 그들이 경쟁을 펼치는 무대는 다름 아닌 전 세계이기 때문이다.

자, 이제 도시가 새롭게 육성하거나 유치해야 할 것들을 살펴보도록 하자. 이것을 세 가지로 구분해보면 다음과 같다.

1. 중공업(철강, 자동차, 정제산업)
2. 무공해 산업(조립, 첨단기술, 서비스기업)
3. 기업가

1. 중공업

과거에 대도시들은 제철 공장, 자동차 공장, 식품가공 공장, 유리와 종이 또는 화학제품 제조공장 등과 같은 중공업을 유치하는 것을 목표로 했다. 중공업은 수많은 일자리를 제공하는 산업이기 때문이다. 피츠버그는 한때 중공업도시의 성공을 보여주는 탁월한 본보기였다. 그러나 이들 중공업의 주요 단점은 쉬지 않고 매연을 내뿜는다는 것이다. 결국 피츠버그의 공기는 심각한 오염 수준에 이르고 말았다. 도시 전반에 걸쳐 공해를 규제하기 위한 정책이 발표되었고, 중공업기업들은 공기오염을 감소하기 위한 별도의 비용을 부담하게 되었다. 하인즈(Heinz), 유에스스틸(U. S. Steel), 걸프 오일(Gulf Oil) 그리고 2013년 아메리칸항공(American Airlines)과 합병한 US항공(U. S. Airways) 등 다수의 대기업들이 생산시설의 대부분을 피츠버그 밖으로 이전했다.

피츠버그는 이들 중공업을 무공해산업으로 대체하는 것으로 해결책을 찾았다. 피츠버그대학, 카네기멜론대학, 드퀘인대학과 같은 지역의 주요 고등교육기관으로 시선을 돌려 도시의 경제 기반을 의료서비스와 생명공학,

로봇공학, 금융 등의 산업으로 전환한 것이다. 피츠버그대학 메디컬센터는 미국 최대의 대학병원으로 아일랜드와 영국, 이탈리아 등에서도 병원을 운영 중이며, 중국에서는 연구 병원의 개원을 앞두고 있다. 카네기멜론대학은 새로운 로봇공학기업을 태동시키는 모체가 되었다. 현재 피츠버그에는 미국 내에서 성장속도가 가장 빠른 PNC 파이낸셜 서비스(PNC Financial Services)의 본사가 위치하고 있다.

피츠버그의 사례는 기업은 종종 보다 나은 입지 조건을 찾아 기존의 도시를 떠난다는 사실을 상기시킨다. 기업이 이전할 가능성은 항상 존재한다. 새로운 기업을 유치하고자 하는 도시들은 지금 도시 내에 있는 기업들이 불만족을 느끼고 있는지 살피고, 그들을 잔류시키기 위한 노력을 병행할 필요가 있다. 같은 맥락에서 현재의 위치에 대해 불만을 느끼는 기업이 있는지 주시하면서, 그 기업들을 도시로 끌어들일 수 있는 방법을 모색해야 한다.

한 가지 사례를 들자면, 2001년 12월 독일 제조기업인 에우즈카디(Euzkadi)는 멕시코의 할리스코에 있던 제조공장을 폐쇄했다. 그 이유는 에우즈카디의 입장을 고려하지 않는 멕시코 노동법 때문이다. 기업 유치 활동을 벌이고 있는 도시들은 이와 같이 기업들이 현재 위치에 불만을 느끼는 원인을 파악할 필요가 있다.

현재 세계의 중공업은 주로 아시아 지역으로 이전했다. 중국의 우한, 창사, 선양, 창저우 등은 새로운 중공업도시로 변모했다. 울산은 한국의 대표적인 중공업도시다. 인도의 비샤카파트남(Visakhapatnam)은 국영 중공업 및 제철기업이 위치하고 있다. 이 도시는 인도 최대의 항구이기도 하다.

2. 무공해산업

오늘날에는 많은 도시들이 중공업 대신 소프트웨어기업이나 광고기업, 디자인기업, 대기업의 본사, 소매유통업 등과 같은 무공해산업 분야의 기업을 유치하고자 한다. 한때 중공업도시였던 중국의 다롄은 이제 첨단기술의 도시로 변모했다. 다보스 아시아(Davos Asia)의 본부도 다롄에 위치하고 있다. 인도의 방갈로르, 첸나이, 푸네, 아마다바드, 부바네스와르, 콜카타, 찬디가르 등의 도시는 소프트웨어산업을 주도하고 있다.

소도시들까지 무공해산업을 유치하고자 노력한다. 그러한 프로젝트는 종종 부수적으로 상업적 이점을 누릴 수 있는 길을 열어준다. 브라질 이타주바의 사례를 살펴보자.

브라질 이타주바의 사례

이타주바는 브라질의 미나스제라이스 주에 있는 인구 9만 명의 도시다. 중남미 지역에서 유일한 헬리콥터 제조기업인 헬리브라스(Helibras)의 본사가 위치해 있을 정도로, 기술산업을 유치하는 데 있어서는 뛰어난 도시다.

이타주바의 목표는 교육과 문화에 가치를 부여하고, 과학과 기술을 활용한 차별화를 통해 분배가 균형을 이루며, 포괄적 발전을 촉진하는 지역사회, 즉 과학도시(Technopolice)가 되는 것이다. 그 첫 단계로 이타주바는 문맹 퇴치를 목표로 세웠다. 교육과 문화, 기술을 활용해 발전을 도모한다는 전략은 INCIT를 발전시켰다. INCIT는 대학과 중소기업청, 정부기관 등 다수의 지역과 국가 차원의 조직이 지원하는 기술기업의 배양(incubator)단지이다. 창업을 희망하는 예비 기업가들에게 사무 공간, 컴퓨터 네트워킹, 전문 소프트웨어, 인터넷 연결망, 전화와 팩스, 회의실, 실험실, 컨설팅 서비스 등을 제공한다. INCIT의 지원을 받기에 적합한 분야는 전자, 기술, 정보, 자동화, 생명공학기술, 신소재, 정밀기계, 환경 등이다.

작은 규모에도 불구하고 이타주바는 이미 브라질의 시장에서 독보적인 지위를 획득하고 있다. 1970년부터 1996년까지 이타주바의 경제성장률은 브라질의 도시들 중 두 번째로 높다. 유엔개발계획(United Nations Development Programme)에 의하면, 이타주바의 사회적 지표, 다시 말해 기대수명, 교육수준, 1인당 소득 등을 기초로 한 인간개발지수(Human Development Index, HDI)가 미나스제라이스 주 전체에서 가장 높은 것으로 나타났다. 이러한 결과를 낳게 한 일등공신은 아마도 이타주바의 교육 시스템일 것이다. 우리가 주목해야 할 것은 이타주바에 거주하는 연구원의 수다. 인구 100만 명당 박사학위 소지자의 수가 1,200명으로 국가 전체의 평균치보다 다섯 배나 높다.

교육과 조직 간의 협력에 중점을 둔 이타주바의 방식은 배울 점이 많다. 이타주바는 도시가 보유한 기존의 강점과 새로운 강점을 조합해 경쟁력 있는 도시로 성장한 사례이다.

이제 제조업 분야에서 좋은 성과를 거두고 있는 소도시들을 살펴보자. '미텔슈탄트(Mittelstand)'는 독일의 '중소기업'을 뜻하는 말이다. 우수한 기술력을 바탕으로 한 미텔슈탄트는 독일을 제조업의 강자로 만들었다. 독일 GDP의 70퍼센트는 수천 개의 중소기업과 수백 개의 중소도시에서 창출된다. 예를 들면, 에쎈의 메디온(Medion, 전자기업), 하일브론의 젤너(Sellner, 자동차기업), 자라흐의 EMAG(기계기업), 힐데스하임의 KSM(자동차기업), 헤스시

히리히트나우의 포맷트레소보(Format Tresorbau, 안전시스템기업), 구스트로브의 구스트로브바르메품펜(Gustrow Warmepumpen, 기계기업), 바드노이슈타트의 프레(Preh GmbH, 자동차기업) 등이다.

이들 소도시는 매킨지의 지역별 도시 경제성장률 예상 보고서가 주목하는 도시다. 매킨지는 2012~2015년에 중소도시의 GDP 성장률이 메가시티의 GDP 성장률을 앞지를 것이라고 내다봤다. 인구 1,000만 이상의 메가시티가 없는 독일에서는 매킨지의 예상이 적중한 셈이다.

도시가 유치 대상으로 삼을 만한 또 다른 기업은 성공적인 수출기업이다. 강력한 수출산업은 세계 전역에서 수익을 올릴 가능성을 높여준다. 수출 증대를 위해 도시가 채택할 수 있는 몇 가지 수단은 다음과 같다.

- 공공 부문 및 민간 부문 마케팅 담당자들의 협력을 통한, 지역 기업들의 수출 강화 전략 개발
- 도시정부 및 기관이 주체가 되는 수출 자문 서비스
- 무역박람회 참여 등과 같은 수출 지향적 활동을 위한 지역정부의 재정 지원
- 수출 관련 기업을 위한 지역정부 차원의 경력사원 채용 지원, 외국의 문화와 언어에 대한 교육 지원

수출산업의 중요성에 대해 얘기하자면, 연어 양식산업이 발달한 칠레 남부의 작은 항구도시인 푸에르토몬트를 빼놓을 수 없다. 1990년 칠레의 연어 관련 산업은 40억 달러의 투자를 유치했고, 창출된 일자리 수만도 3만

5,000개에 이른다. 1991년 약 1억 6,000만 달러였던 칠레의 연어 수출액은 2000년에 10억 달러를 넘어섰고, 2012년에는 약 20억 달러 규모의 산업으로 성장했다. 칠레의 연어 수출산업에 대적할 수 있는 유일한 나라는 노르웨이뿐이다. 칠레의 연어 양식산업은 희귀하고 값비싼 별미 음식이었던 연어를 일반 소비자의 식탁에 언제든 올릴 수 있는 음식으로 바꾸어 놓았기 때문에 성공했다. 현재 칠레는 향신료를 첨가한 훈제 연어 제품을 생산하고, 새롭고 독특한 요리법을 홍보해 부가가치를 높이고 있다.

아시아 지역에는 글로벌 10대 수출도시가 9개나 있다. 그 9개의 항구도시 중 7개 도시가 중국의 상하이, 닝보, 톈진, 광저우, 친황다오, 칭다오 그리고 홍콩이다. 나머지 2개 도시는 한국의 부산과 싱가포르다. 글로벌 10대 수출도시에 이름을 올린 서방 국가의 도시는 로테르담이 유일하다. 이 한 가지 사실만으로도, 지난 40여 년 동안 글로벌 제조산업의 중심이 유럽과 미국에서 아시아로 이동했다는 것을 알 수 있다. 글로벌 수출도시의 규모를 갖춘 미국의 항구는 하나도 없다. 사우스 루이지애나, 휴스턴, 뉴욕 등 세 개 항구의 2011년 물동량은 6억 2,350만 톤이었다. 이에 비해 상하이 항구의 2012년 물동량은 7억 3,600만 톤이었다. 2012년 중국의 여섯 개 항구의 물동량이 미국에 있는 모든 항구의 물동량을 합친 것보다 많다. 중국에는 항구가 경제의 중심인 도시가 10여 개 있지만 미국의 경우 휴스턴을 제외하면 항구에 전적으로 의존하는 도시가 없다. 유럽의 수출입 화물 중 상당량이 거쳐가는 로테르담 항구의 2012년 물동량은 4억 1,100만 톤인데, 중국 톈진의 항구에 비해 거의 50톤 정도 적은 양이다.

3. 기업가

도시가 성장하기 위해서는 기업가들을 환대하고 적극적으로 지원하는 것도 좋은 방법이다. 켈리포니아의 실리콘밸리는 좋은 사례이다. 많은 도시들이 기업가의 성장을 위한 계획을 내놓고 있는데, 시카고의 사례를 살펴보기로 하자.

시카고의 혁신도시 건설 사례

도시는 어떤 방식으로 기업가를 유인해야 하는가? 시카고에서 시도된 여섯 가지 혁신적인 방안을 소개하면 다음과 같다.

■ 시카고의 새로운 시장 람 이매뉴엘(Rahm Emanuel)은 기업가의 혁신적 시도를 적극적으로 지원하는 것으로 알려져 있다. 2011년 이매뉴엘 시장은 기업가정신을 고취하고 투자 유치, 일자리 창출을 목표로 삼는 혁신기술위원회인 시카고넥스트(ChicagoNEXT)를 발족했다.

■ 창업지원 프로그램인 엑셀러레이트 랩스(Excelerate Labs)는 자타가 공인하는 기업가 샘 야건(Sam Yagan)과 토리 헤니코프(Tory Henikoff)가 이끌고 있다. 이곳에서는 스타트업 기업가들을 위해 여름 집중 양성 과정을 진행하고 있다. 많은 기업가들이 이 양성 과정에 참여하기 위해 신청서를 제출하지만 10~15명 정도의 인원만 선발한다. 선발된 교육생들은 전국에서 초빙해온 수십 명의 멘토와 일대일 대면 회의를 가진다. 이 양성 과정의 목표는 개별 교육생이 갖고 있는 아이디어를 보다 정교하게 다듬어 10분 분량의 프레젠테이션을 준비하는 것이며, 매년 8월 말에 여는 인베스터 데모 데이(Investor Demo Day)를 끝

으로 모든 과정이 종료된다. 데모 데이에는 과정에 참여한 교육생, 즉 스타트업 기업가 개개인이 500명이 넘는 투자자들 앞에서 자신이 준비한 프레젠테이션을 진행한다. 자신이 제안한 프로젝트에 자금을 지원해줄 투자자가 많이 생기길 기원하면서 말이다. 엑셀러레이트 랩스는 이 프로그램을 지난 4년간 꾸준히 지속해오고 있다.

■ 2002년에 설립한 시카고 이노베이션 어워즈(Chicago Innovation Awards)는 매년 시카고에서 만들어졌거나 출시된 신제품과 서비스들 중에서 가장 우수한 제품을 선정해 시상한다. 시카고에 기반을 둔 기업이 과거 3년 내에 자사에서 출시한 제품을 혁신 제품으로 내세우면, 주최 측에서 매년 10대 혁신 제품을 선정한다. 이 행사의 스폰서에는 하얏트(Hyatt), 디즈니 인스티튜트(Disney Institute), 프라이스워터하우스쿠퍼스, 컴캐스트 비즈니스 클래스(Comcast Business Class), 그랜트 쏘튼(Grant Thornton), 윈트러스트 파이낸셜(Wintrust Financial) 등이 참여한다. 이 행사에서 수상한 혁신 제품 중 하나가 바로 그루폰(Groupon)이다. 그루폰이 2011년 기업공개(IPO)로 조달한 자금은 7억 달러인데, 2004년에 구글이 17억 달러의 자금을 조성한 이후 미국 인터넷기업의 기업공개 중 최대 성과이다.

■ 1871센터는 디지털산업 분야의 스타트업들이 함께 모여 자유롭게 정보와 아이디어를 나눌 수 있는 개방형 사무공간이다. 시카고의 명소인 머천다이즈 마트(Merchandise Mart) 내에 5만 제곱피트의 공간을 마련해 시카고의 스타트업들에게 저렴한 사무 공간, 멘토링 서비스, 프로그래밍, 교육적 자원, 잠재적 투자자, 공통의 관심사를 가진 기업가들로 구성된 동호회 등을 제공한다. 1871센터는 활력과 창의성이 넘치는 공간으로써 혁신을 이끌어낼 수 있는 도약의 발

판이 되어주고 있다.

- 2013년 5월, 시카고 시장은 도시의 공급망, 운송, 물류산업의 경쟁력 강화에 초점을 맞춘 공급망 혁신 네트워크(Supply-Chain Innovation Network)의 발족을 알렸다. 이 프로그램은 시카고 오헤어국제공항에 3,500만 달러를 들여 DHL의 글로벌 운송시설을 갖추는 것으로 출발했다.
- 시카고에 있는 두 개의 주요 경영대학인 시카고대학 부스경영대학원과 노스웨스턴대학 켈로그경영대학원에서는 혁신과 관련한 연구 및 교육 프로그램을 신설했다. 학생들은 기업과 투자자들에게 제안할 혁신적인 제품과 서비스를 디자인하고 발전시키느라 여념이 없다.

전 세계 여러 도시의 대표단이 중소기업과 스타트업을 지원하는 모범적인 사례를 살펴보기 위해 시카고를 방문했다. 중국의 도시들 역시 민간 부문의 중소기업에 대한 지역정부 차원의 지원 확대를 논의하기 위해, 2013년 총회를 앞두고 시카고를 방문했다. 중국에는 4,060만 개의 민간사업체가 있는데, 이들 민간사업체들의 국가 GDP에 대한 기여도는 60퍼센트에 이른다. 중국 정부의 국영기업 우선 지원 정책으로 제약을 받아온 이들 민간사업체는 폭넓은 신용 지원은 물론 규제기관의 지원도 필요로 한다.

중남미 지역과 동남아시아 지역에서도 기업가 지원 프로그램을 내놓는 도시들이 점점 많아지고 있다. 이런 프로그램들은 기업가를 위한 훈련 및 자문, 지역 은행을 통한 소액금융 지원, 스타트업 배양시설 및 인센티브 등을 제공하고 있다.

도시가 성장하려면 어떤 사람들을 유인해야 할까

도시가 성장하기 위해서는 적정 수의 알맞은 인재, 다시 말해 도시에 주거하면서 도시의 성장에 기여할 수 있는 인재를 유인할 필요가 있다. 도시가 유인해야 할 인재를 네 가지로 구분해보면 다음과 같다.

1. 부유한 개인과 투자자
2. 숙련된 노동자와 창조적 예술가
3. 숙련된 기업 경영자와 전문가
4. 숙련된 교육자와 교육기관

각 유형에 대해 살펴보도록 하자.

1. 부유한 개인과 투자자

많은 도시들이 대기업을 일궈낸 개인에게 큰 빚을 지고 있다. 앤드류 카네기(Andrew Carnegie)는 피츠버그를 성장시킨 데 크게 공헌한 인물이다. 앤드류 멜론(Andrew W. Mellon)은 뉴욕과 피츠버그의 성장에 기여했고, 존 록펠러(John D. Rockefeller)는 뉴욕 한복판에 위대한 교육기관을 세웠다. 필라델피아에서 출판 왕국을 건설한 월터 애넌버그(Walter Annenberg)는 그 도시는 물론이고 미국의 많은 도시의 공교육을 개선하는 데 아낌없이 지원했다. 에드워드 브론프먼(Edward Bronfman)과 그의 시그램(Seagram company)은 캐나다 몬트리올에 새로운 번영을 안겨주었고, 페이스북의 창업자 마크

주커버그(Mark Zuckerberg)는 뉴저지 주 뉴어크의 공립학교시설을 개선하기 위해 1억 달러를 내놓았다. 보잉의 설립자인 윌리엄 보잉(William Boeing)과 스타벅스(Starbucks)의 창업자 하워드 슐츠(Howard Shultz)가 없었다면 현재 시애틀은 과연 어떤 모습일까? 마이크로소프트(Microsoft)를 창업한 빌 게이츠(Bill Gates)가 없는 레드몬드를 상상이나 할 수 있겠는가?

부자들에게 비자와 시민권을 신속하게 발급해주는 이민 정책을 시행하는 나라들이 많다. 캐나다의 백만장자 중 50퍼센트는 이민자들이다. 캐나다의 이민 정책을 따른 호주도 국내에 5백만 달러를 투자하는 외국 백만장자들에게 비자를 발급해주고 있다. 미국의 EB-5 투자자 비자는 2년 동안 50만 달러 또는 100만 달러를 투자하고 최소 10개 이상의 일자리를 미국인 근로자에게 제공하는 경우에 발급되는 비자이다. 미국의 도시들은 개발사업자와 협력해, 대부분 부동산 개발 건설사업을 지원하는 EB-5 지역센터를 설립하고 있다. 주로 중국의 부유층이 미국 비자를 취득하기 위해 이와 같은 부동산 개발 프로젝트에 투자한다. 7,540개의 일자리를 창출하는 4억 5,000만 달러 규모의 상업용 건설 프로젝트의 경우 754개의 비자가 새로 발급된다. 해외 투자자들이 새로운 일자리를 10개 창출하면 1개의 비자를 발급해주기 때문이다. 이 책의 저자인 우리는 이들 프로젝트 중 하나에 참여하고 있다. 미국으로 들어오는 외국 부자들은 소매산업 성장, 세수증대, 지속적인 사업투자 등의 측면에서 크나큰 도움을 준다.

시카고가 워싱턴 주 시애틀에 있던 보잉사를 이전시킨 것은 다국적기업의 본사 유치와 더불어 기업의 고위 경영진을 유인한 탁월한 사례이다. 보잉의 최고경영자 필 콘디트(Phil Condit)는 시애틀에 있던 본사를 2001년에 시카고로 이전한 것을 돌이켜보며 이렇게 언급했다.

"시카고에는 기업가 공동체의 응집력이 있습니다. 기업의 최고경영자들이 도시와 함께 성장하기 위해 논의하는 일이 빈번합니다. 논의의 안건은 새로운 기업이 도시에 안착하는 것부터 세계적인 수준의 공원을 건설하는 것까지 다양합니다. 회의는 스타벅스나 마이크로소프트, 코스트코(Costco), 보잉, 와이어하우저(Weyerhaeuser) 그리고 다수의 소기업들이 모두 한자리에 모이는 방식으로 진행되는데, 시애틀에서는 거의 찾아볼 수 없는 일입니다. 시카고에서는 일상과도 같은 일인데 말입니다."

보잉은 민간 여객기에서 군용기 쪽으로 시장을 확장하면서 미국 국내보다 해외에서 창출되는 수익이 훨씬 더 많아지게 되었고, 시애틀의 본사로는 한계를 느끼게 되었다. 콘디트 회장은 이렇게 덧붙였다.

"본사는 장기적인 측면의 계획을 수립하는 조직이어야 합니다. 시장이 어디로 움직이는지, 현재 회사의 포지션은 적정한지, 적합한 인재를 양성하고 있는지, 현재 보상구조는 어떻게 이루어져 있는지, 어떻게 이 큰 기업을 운영할 것인지, 어떻게 하면 일상적인 업무에 지나치게 깊이 관여하지 않을 수 있을지 그리고 어떻게 하면 전략적인 것들을 무시할 수 있을지에 대해 고민해야 합니다."

마침내 콘디트 회장의 마음을 움직인 것은 전 시카고 시장 리처드 데일리(Richard M. Daley)였다. "시카고는 단일의 통합 창구를 구성해 저와 접촉했고, 나는 데일리 시장의 그런 점을 높이 샀습니다."

2. 숙련된 노동자와 창조적 예술가

모든 도시는 숙련된 장인, 전기 기술자, 배관공, 목수, 컴퓨터 프로그래머, 시스템 분석가, 의료 전문가, 교육자 등 다양한 분야의 숙련된 노동자를 필요로 한다. 예를 들어, 도시에 자동차 공장이 있다면 숙련된 용접공과 주형공 등 특수한 기술을 보유한 숙련공들이 필요할 것이다. 만약 식음료 서비스업을 발전시키고자 한다면 자격증을 보유한 요리사가 필요하다.

만약 도시가 양질의 문화를 제공하고자 한다면 음악가, 연기자 등 엔터테인먼트 분야의 예술가가 필요하다. 뉴욕과 같은 도시는 이런 사람들로 넘쳐나는 곳이다. 일자리의 수보다 사람이 더 많다. 다른 도시들은 뉴욕의 재능 있는 예술가들을 유인해 자신들의 문화 지대를 만들어야 한다. 불행하게도 너무나 많은 예술가들이 버팔로나 로체스터로 옮겨가기보다는 차라리 일자리가 없는 뉴욕에 머물기를 선호한다. 워싱턴과 시카고는 일류 극장가로 바뀌어가고 있다. 베이징은 중국 전역의 순수예술가를 끌어당기는 도시다. 라호르(Lahore)는 파키스탄의 문화 수도이며, 새로운 예술과 음악의 공연 장소이다. 파리는 150년 동안 유럽 예술의 중심지로 군림했으며, 최근 유럽 최대의 현대미술관인 팔레 드 도쿄(Palais de Tokyo)의 개보수 작업을 완료했다.

3. 숙련된 기업 경영자와 전문가

도시에서 제조 및 서비스기업을 운영하기 위해서는 경영자가 필요하다. 그 외에도 변호사, 회계사, 소프트웨어 설계사, 금융 전문가, 전문 관리인, 인사 전문가, 통계학자, 연구원 등 이른바 '비즈니스 지식 근로자(business knowledge workers)'도 필요하다. 이들 지식 근로자들은 대도시에는 많지만 소도시에는 그 수가 부족하다. 재능 있는 비즈니스 전문가들을 소도시로 유인하기 위해서는 적지 않은 유인 요소가 필요할 것이다. 앞서 언급한 바 있는 칠레의 산티아고와 같은 스마트 시티 프로젝트는 소도시를 성장시킬 수 있는 핵심적인 원동력이 될 수 있다. 특히 서방 국가에서는 더더욱 그렇다. 이들 소도시들은 지금 소프트웨어 분야의 인재와 새로운 도시관리 전문가를 끌어들이고 있다.

4. 숙련된 교육자와 교육기관

전문가를 유인하기 위해서는 도시에 대학이 있어야 한다. 대학은 인재 양성의 요람이다. 대학은 특히 기업의 경영 및 관리 인력, 소프트웨어 엔지니어, 금융과 마케팅 전문가, 변호사, 컨설턴트, 회계사 등 우수한 인재를 배출한다. 멕시코의 몬테레이는 대학의 중요성을 일깨워주는 사례이다. 몬테레이에는 1만 3,000개 이상의 기업의 본사가 모여 있다. 세계 3위의 규모를 자랑하는 거대 시멘트 제조기업인 시멕스(Cemex)도 그중 하나이며, 글로벌 기업 GE는 몬테레이 인근 지역에 다수의 제조시설을 운영하고 있다. 몬테레이가 성공하게 된 데에는 도시가 보유한 자랑스러운 자산인 몬테레이공과대학(ITESM)의 역할이 큰 몫을 차지한다. 우수한 대학은 많은 글로벌기업들을 도시로 끌어들이는 강력한 유인 요소로 작용한다. 몬테레이공과대학 출신의 박사학위자들이 몬테레이 지역의 유망기업에서 일하는 고위 경영진의 80퍼센트를 차지하고 있다. 숙련된 노동력과 수준 높은 삶의 질, 우수한 교육 등은 몬테레이를 성장시키는 원동력이다. 몬테레이공과대학은 멕시코 전역에 32개의 캠퍼스를 두고 있으며, 콜롬비아, 베네수엘라, 에콰도르, 파나마 등의 중남미 지역 국가에도 분교를 설립했다. 원거리 교육 프로그램인 몬테레이공과대학의 사이버대학을 통해 물리적인 캠퍼스시설이 없는 지역의 학생들에게까지 교육의 기회를 제공하고 있다.

인재를 끌어들이기 위해서는 똑똑하고 젊은 학생들에게 상당한 투자를 해야 한다. 도시와 대학에서는 장학금 제도를 통해 학생들에게 좋은 기회를 제공할 수 있을 것이다. 그렇게 한다면, 학생들이 지역의 대학에서 성장하고 졸업 이후에도 도시에 남아 있을 것이다. 만약 도시 내에 적절한 교육 인프라가 없다면 지역 출신 인재가 다른 지역에서 교육받을 수 있도록 지원하는 것도 좋은 방법이다. 졸업 후에는 다시 고향으로 돌아와야 한다는 조건과 함께 지원해준다면 좋을 것이다.

1964년에 중앙아메리카 지역의 여러 국가와 기업 공동체들이 뜻을 모아 코스타리카의 산호세에 설립한 중앙아메리카경영관리대학원(INCAE)에는 15개 국가의 학생들이 모여들고 있으며, 같은 나라 학생들의 수가 학과당 20퍼센트를 넘지 않는다. 중앙아메리카경영관리대학원은 개교 이후 하버드경영대학원과 긴밀한 협력 관계를 유지하고 있다. 중앙아메리카경영관리대학원은 대학 교육을 지리적으로 확장시킬 수 있는 기회를 창출한 셈이다. 현재 중앙아메리카경영관리대학원은 여러 중남미 지역에 진출해 경영학 분야에서 교육 기회를 제공하고 있다.

브라질의 정부기관인 고등교육 인재양성 조직(Coordination for the Improvement of Higher Education Personnel)과 과학기술개발 국가위원회(National Council for Scientific and Technological Development)는 고도로 숙련된 근로자를 양성하고 유지하는 데 상당한 노력을 기울여왔다. 이 두 기관에서는 지난 수십 년간 일정 자격을 갖춘 인재를 선발해 브라질뿐만 아니라 외국의 고등교육기관에서 교육받을 수 있도록 학비 일체와 생활비까지 지원하는 장학금 제도를 운영하고 있다. 이들 기관은 교육자와 연구원들을 우선적으로 지원하며, 교육을 마치면 출신지로 복귀해 교육 및 연구 활동을 재개한다는 것을 (구속력은 없지만) 지원 조건으로 내걸고 있다.

또 다른 사례를 들자면, 많은 국가들이 해외에서 교육을 받거나 취업 중인 인재들을 본국으로 불러들이기 위해 부단히 노력 중이다. 미국 국제교육협회(Institute of International Education)에 의하면, 2012년 기준 미국 내 대학에 재학 중인 외국인 학생의 수는 82만 명에 이른다. 2014년 기준 미국 내 대학에 등록한 중국인 학생의 수는 28만 7,260명이며, 이는 미국 대학 내 전체 외국인 학생의 29퍼센트이다. 2014년에 외국 유학생이 미국 경제에 기여하는 수준은 247억 달러에 이른다. 별도의 장학금 혜택 없이 학비 전액을 납부하는 외국 유학생들이 미국 대학의 재정을 떠받치고 있는 셈이다.

모국을 떠나 외국에서 생활하던 인재를 다시 불러들이는 전략은 의외로 복잡할 수 있다. 2012년 중국 교육부는 해외 유학을 떠났던 27만 2,900명의 중국인이 다시 본국으로 돌아왔다고 보고한 바 있다. 미국에서 유학 중인 아시아계 학생들의 수가 증가하고 있기는 하지만 그들이 학업을 마친 후에도 미국에 잔류해 미국 경제에 기여하는 정도는 과거에 비해 높지 않다. 고등교육을 받은 외국인 전문가에 대한 규제가 많은 미국의 이민 제도에 불만을 느끼고, 미국에 비해 경제적 기회가 더 많아지고 있는 모국으로 돌아가는 유학생들이 많아졌기 때문이다. 이민정책연구소(Migration Policy

Institute)의 정책 연구가인 메들린 섬션(Madeleine Sumption)은 이렇게 말한다. "최근 1~2년 사이에 눈에 띄는 현상이 벌어지고 있습니다. 전문 고등교육을 받은 미국 이민자 가정의 자녀들이 미국을 떠나 부모의 모국으로 이주하고 있습니다."

섬션에 의하면 이런 추세는 중국, 인도, 브라질계 이민 사회에서 뚜렷이 나타나고 있다. 이들은 모두 지난 10여 년 동안의 눈부신 경제 성장으로 창업의 기회가 넘쳐나고, 서방 선진국에서 교육을 받은 해외 인재를 우대하는 글로벌 다국적기업들이 상당수 진출한 국가들이다. 이로 인해 미국의 실리콘밸리, 오스틴, 보스턴 등의 첨단도시에는 기술 인재의 부족 현상이 나타나고 있다. 숙련된 근로자가 부족해지는 현상이 가속화된다면 미국 경제의 미래에 암울한 그림자가 드리워질 것이다.

미국 유학 중인 대부분의 중남미계 학생들은 기술과 비즈니스 관련 분야의 학위를 목표로 한다. 중남미 지역의 국가들은 외국에서 대학 교육을 받은 자국민들에게 매력적인 조건과 일정 수준의 임금을 제공하지 못하고 있다. 예를 들면, 미국에서 유학 중인 페루 출신 박사학위 소지자들 중 3분의 2는 모국으로 돌아갈 생각이 없다. 이들을 비롯해 높은 수준의 교육을 받고 고도로 전문화된 지식과 기술을 보유한 중남미 출신 인재들은 결국 외국의 병원이나 대학, 연구센터, 기업 등에서 자리를 잡게 된다.

미국에서는 소도시와 중형 도시들이 이들 인재들을 놓고 대도시와 경쟁을 벌이고 있다. 소도시의 장점을 소개한 홍보 자료에는 이런 문구가 있다. "대도시 생활에 신물이 나십니까? 깨끗한 공기와 안전한 거리, 우수한 학교와 친절한 이웃들이 있는 곳에서 새로운 삶을 시작하고 싶으십니까? 당신의 꿈을 현실로 바꿔줄 100개의 전형적인 미국 소도시가 있습니다!" 이처럼 미국 정부의 도시 마케팅은 점점 확산되는 중이다. 몇몇 마케팅 활동을 살펴보면 안정된 주거환경을 장점으로 내세운 것을 알 수 있다.

그럼에도 불구하고 미국에 있던 인재들이 개발도상국으로 빠져나가고 있다. 지난 10년 동안 몬테레이, 멕시코시티, 상파울루, 리우데자네이루, 리마, 보고타 등 중남미의 도시들이 급속하게 성장하자 미국에서 학교나 직장에 다니던 중남미계 첨단기술 전문가들의 상당수가 본국으로 돌아가기 시작했다. 또한 중남미의 도시들은 지역 내 인큐베이터 프로그램을 통해 똑똑한 젊은 층을 유인함으로써 첨단기술 분야에서 성장하기 위해 노력 중이다. 이러한 도시들은 해외에서 유학한 인재들이 모국에서 창업할 경우 벤처자금을 통한 재정적 지원과 함께 특별한 인센티브까지 제공한다.

도시 당국자들은 도시에 필요한 인구를 유인하기 위해, 몇 가지 하위그룹으로 가족의 형태를 구분해 접근할 필요가 있다.

- 자녀가 없는 가족
- 영유아 자녀가 있는 가족
- 청소년 자녀가 있는 가족
- 자녀가 있지만 성인이 되어 독립한 가족(부모만 남아 있는 가족)

각각의 가족은 특정한 성향과 필요조건을 갖고 있다. 예를 들어, 수준 높은 교육은 자녀가 있는 가족에게 매력적인 조건이 될 수 있으나 부모만 남아 있는 가족이라면 별다른 영향을 주지 못할 것이다.

자녀 중심의 가족에게 매력적인 장소가 되기를 원하는 도시는 좋은 학교를 부각시켜야 한다. 2014년 기준 워싱턴 도심 지역에 거주하는 아시아계 인구는 57만 명이다. 워싱턴에 비해 공립 교육이 우수한 메릴랜드의 몽고메리 카운티에는 중국인이 많다. 한국인은 특히 버지니아의 공립학교를 선호하며 센터빌에 가장 많이 모여 산다.

미국의 중등과정 사립 기숙학교의 대부분은 외국인 학생들을 대상으로 마케팅 활동을 벌인다. 몇몇 학교는 외국인 학생에게 적합한 주택, 음식, 문화적 옵션을 제공하고 있다. 미국의 대학들과 마찬가지로 중등과정 기숙학교들도 이들 외국인 유학생이 납부하는 수업료에 재정적으로 의존한다.

다수의 공립 고등학교들도 이런 움직임에 동참하고 있다. 2012년 하원의회에서 발의한 법안에 의하면, 외국인 교환학생은 미국의 공립학교에 1년 이상 머물 수 있다. '외국인 투자를 통한 미국 공립학교 강화 법안'은 노스캐롤라이나 주 롤리, 콜로라도스프링스, 피츠버그, 탬파, 샌프란시스코, 새너제이, 오리건 주 포틀랜드 등 우수한 학군을 보유한 도시들에 대한 정부의 지원금 제공 부담을 줄일 것이다.

마지막으로 만약 도시가 특별한 분야의 전문가들을 유인하고자 한다면, 지역사회에서 그 분야와 관련된 활동을 많이 벌이고 있다는 점을 적극적으로 홍보하는 것이 좋다. 예를 들어, 워싱턴은 각종 협회의 집결지이다. 미국의 각종 직무, 전문가, 자선 협회 등의 본부가 이곳에 있다.

도시 당국은 도시를 어떻게 마케팅해야 하는가

도시 당국은 기업과 투자자들이 본사의 위치를 결정할 때 전 세계 상위 250개 글로벌도시를 염두에 둔다는 사실을 고려해야 한다. 이들 250개 도시에는 메가시티뿐만 아니라 대도시와 몇몇 중형 도시가 포함된다. 안타깝게도 소도시들은 이 순위에 포함되지 않는다. 소도시는 관광객을 유치하는 정도라면 승산이 있을 수도 있지만 중형 및 대형 다국적기업을 유치하는 경쟁에서 이길 가능성은 희박하다. 대도시들은 기업과 투자, 인재를 유인하기 위해 치열하게 경쟁할 것이다. 소도시들은 경쟁에 투입되는 자원과 노력을 적절히 조절하면서 지속 가능성에 집중하는 것이 현명한 방법이다. 소도시의 경우 과한 욕심을 부리면 안 좋은 결과를 낳을 뿐이다. 그 대신 자신만의 독특한 유인 요소를 찾아내려는 노력이 필요하다.

대도시일지라도 성장률이 감소세를 보이고 있다면 무리하게 전진하는 것보다 한 걸음 뒤로 물러나는 것이 올바른 선택이다. 퇴락하는 도시의 이미지가 기업의 대외적인 이미지에 투영되기를 원하는 기업은 없기 때문이다. 디트로이트를 예로 들자면, 138제곱마일에 이르는 대도시권 전역을 회생시키는 것보다는 그 규모를 조정해 도심의 비즈니스 구역과 주거 지역을 회생하는 데 집중하는 것이 현명한 방법이다. 이처럼 전통적인 산업도시들 대다수는 성장 규모를 조정하는 계획을 수립할 필요가 있다.

이 책의 저자인 우리는 여기서 한 가지 제안을 권하고 싶다. 디트로이트는 활용되지 않고 있는 토지의 일부를 경제특구를 조성하려는 중국에 매각 또는 임대하는 것을 고려해볼 만하다. 중국이 디트로이트에 경제특구를 건설한다면 500개 이상의 중국기업이 미국의 시장에 진입하기 위해 디트로이트로 진출하게 될 것이다. 디트로이트는 중국의 기업들이 매력을 느낄 만한 산업 및 물류 자산을 이미 보유하고 있다.

미국의 다른 도시들은 이미 이 방법을 이용하고 있다. 오하이오 주 톨레도의 마이클 벨(Michael Bell) 전 시장은 중국의 기업인 대싱퍼시픽그룹(Dashing Pacific Group)의 투자를 받아들인 바 있다. 대싱퍼시픽그룹은 독스 식당가의 복합건물(Docks restaurant complex)을 구매한 데 이어 주거 및 상업 지구로 개발하기 위해 69에이커의 마리나 지구를 380만 달러에 매입하겠다고 제안했다. 마이클 벨 시장은 미국의 대도시에 집중되어 있는 중국 투자자의 관심을 톨레도로 돌리기 위해 끊임없이 노력했다. 수차례에 걸쳐 중국을 방문하고, 중국 방문단이 톨레도로 방문하게 해 결국 성공을 거두었다. 마이클 벨 시장은 이렇게 말했다. "중국 투자자들은 지도를 펼쳐놓고 우리의 위치를 확인한 후 수익성이 있다고 판단했습니다." 그는 또한 이렇게 덧붙이기도 했다. "그들은 우리 도시를 조금 도와주면 성장세를 탈 수 있다는 사실을 간파했습니다. 잠재력이 있다고 본 것이죠. 자기들이 뭔가 하기만 하면 그 잠재력이 놀랍도록 분출될 것인데, 그러기 위해 엄청난 자본을 투입하지 않아도 되므로 투자 가치가 높다고 판단한 겁니다." 중국의 기업들은 미국 진출을 갈망하고 있다. 그들이 경제특구를 조성하는 데 필요한 토지를 제공한다면 분명 반응을 보일 것이다. 중국의 경제특구는 이미 전 세계의 개발도상국은 물론 선진국의 많은 지역으로 퍼져나가 있다.

여기서 우리는 도시를 성장시키는 추진력은 아시아계 투자 자본이라는 것을 다시금 깨달을 수 있다. 이것은 미국, 중남미, 유럽, 아프리카 등에서 현실로 나타나고 있다. 에티오피아 사람에게 자신의 나라를 소개해달라고 하면 십중팔구 인프라를 건설하고 있는 중국의 기업들이 많이 들어와 있다고 할 것이다. 싱가포르는 산업 조성의 달인이다. 미국과 유럽의 도시들은 싱가포르 도시 지도자들의 조언을 갈구하는 한편, 산업 개조에 투자해줄 것을 요청해야 한다. 미국과 유럽의 도시에 투자할 준비가 되어 있는 중국 투자자들을 두 팔 벌려 환영해야 한다. 결국, 중요한 것은 자본이며, 자본이 곧 경제 성장과 일자리 창출을 가능하게 하기 때문이다.

동서양을 막론하고 모든 도시들이 새겨두어야 할 가장 중요한 단어는 '자립'이다. 새롭고 지속 가능한 투자를 더 이상 국가에 의존하지 말아야 한다는 의미다. 주요 국가의 재정은 이미 빈털터리 상태이고, 시장은 다른 곳이 아닌 도시로 이동하고 있기 때문이다.

그럼에도 불구하고 국가의 정책은 중요하다. 국가의 정책이 도시의 성장을 가로막을 수 있기 때문이다. 국가의 그릇된 정책에 맞서 도시 마케팅을 성공적으로 주도하는 것은 도시의 정치인, 기업인 그리고 시민 지도자들의 몫이다. 이와 같은 마케팅은 스마트하게 해야 한다. 도시는 자신이 보유하고 있는 역량과 평판에 적합한, 그리고 그것을 확장시킬 수 있는 성장 계획을 필요로 한다. 만약 도시가 보유하고 있는 기존의 장점을 키워나갈 수 없다면 규모를 줄여 지속 가능성에 집중해야 한다.

오늘날 서구에서는 지속 가능성, 지속 가능한 성장이 가장 중요한 화두로 통용되고 있다. 그런데 이 화두는 성장보다는 축소에 주안점을 둔다. 이는 한때는 부유했던 서구의 많은 옛 도시들에는 더 이상 열심히 일하는 문화가 없고, 동양과 같은 인구학적 분포 역시 갖지 못하기 때문이다. 그럼에도 불구하고 그런 도시들은 지속 가능성이라는 듣기 좋은 소리만 떠들어대고 있다. 그들이 택해야 할 보다 나은 경로는 글로벌 경제성장이다.

유감스럽게도 선진국의 복지 제도는 더 이상의 인구를 감당할 수 없으며, 실업 상태에 있는 시민들은 자신들의 일자리와 임금 수준을 위협하는 이민자들에게 반감을 가지고 있다. 선진국들이 자력으로 현재의 위기를 극복하는 것은 불가능해 보인다. 그들은 과거의 영광을 지탱해줄 새로운 자본을 공급받아야 한다. 그렇지 않다면 지나친 원리주의에 빠져 끝내 붕괴된 고대 로마의 전철을 밟게 될 것이며, 자신들의 제국을 아시아의 개발도상국에게 넘겨주게 될 것이다.

요약하자면, 고작 3억 2,000만 명의 인구를 가진 미국이 25억 명 인구의 중국과 인도를 상대로 경쟁을 벌일 수 있는 방법은 없다. 중국과 인도가 보유한 25억 명의 인구는 이제 서방 선진국 수준의 교육을 받고 있으며, 이들 인구는 보다 활기차고 원대한 포부를 가지고 있다. 미국이 살아남기 위해서는 이민자에게 대문을 활짝 열어 인구 규모를 두 배로 늘려야 할 것이다. 반면에 아시아 지역 국가들은 보다 신중하고 겸손할 필요가 있다. 앞으로 세계 각국은 더 치열한 경쟁을 벌여야 할 것이다. 지금까지는 선진국에 비해 아시아 국가들의 경제성장률이 훨씬 높지만 자원에만 의존한 중동 국가들의 경제성장률이 절반으로 감소한 것만 봐도 알 수 있다.

21세기는 도시 경제가 주도하는 세상이다. 중형 및 대형 다국적기업들은 강력한 도시로 향할 것이고, 갈수록 성장하는 도시에서 기업들은 성장할 것이다. 지역의 정치인, 기업인, 시민 지도자들 그리고 그들이 관리하는 거대한 도시시장은 세계 전역의 자본을 유인할 것이다. 서구의 도시들은 기업과 함께 성장하기 위해 경쟁력을 키워야 한다. 글로벌기업들이 눈길을 돌릴 만한 신흥 도시시장은 무수히 많다. 서구의 도시들은 이러한 도시들에 맞서야 한다. 10년 후에도 글로벌도시의 순위에 이름을 올리고 싶다면, 지금부터라도 신중하게 계획을 수립해야만 한다.

우리는 지금 글로벌도시를 중심으로 글로벌기업들이 성장하는 시대에 살고 있다. 세계 각지의 도시로 진출하는 다국적기업의 위력은 실로 대단하다. 정치는 자산을 분리시키는 반면 기업은 자산을 한곳으로 집중시킨다. 기업은 양분되었던 것들을 하나로 합치는 역할을 하지만 정치는 친구 관계를 양분한다. 21세기는 융합의 시대이고, 이러한 시대에는 서로 다른 것들이 하나로 모여 공동의 이익을 추구해야 한다. 이제 도시는 다른 도시들과 힘을 합해 공동의 이익을 추구해야 한다.

도시들은 정치적 영향력과 사업적 감각을 확장시켜야 한다. 기업은 성장을 위해 여러 도시들 중 보다 유리한 도시를 선택할 것이 분명하다. 기업의 이러한 입장을 헤아리고, 다른 도시와 비교해 경쟁우위를 차지할 수 있는 경쟁력을 갖춰야 한다.

결론

전 세계의 도시들이 투자 유치를 위해 다른 도시들과 경쟁을 벌이고 있다. 글로벌 경쟁에서 일부는 성공을 거두어 성장할 것이고, 또 다른 일부는 실패를 거두어 쇠락할 것이다. 도시가 성공을 거두기 위해 해야 할 일은 다섯 가지다.

1. 투자 유치 활동에 나서기 전에 정직하고 체계적으로 자신의 강점과 약점을 분석한다. 모든 중형 도시와 대도시는 중형 및 대형 다국적기업을 유치할 수 있는 어느 정도의 기회를 갖고 있다. 투자 유치에 성공하기 위해서는 도시의 뛰어난 강점을 찾아내고, 그것에 적합한 기업을 목표로 설정하는 것이다.
2. 도시의 약점을 보완하고 기업의 구미에 맞도록 도시의 유인 요소를 개선한다. 예를 들면, 활용 가능한 인적 자원, 수준 높은 교육, 흥미로운 문화생활, 쾌적한 생활환경, 낮은 환경오염도, 사회적 질서와 안전 등이다.
3. 지역의 대학과 문화 단체 그리고 시민에게 협력을 요청하고, 그들로 하여금 도시의 투자 유치 활동에 적극적으로 참여하도록 한다.
4. 외국의 부자들을 비롯해 전문적, 기술적 재능을 갖춘 인재를 도시로 끌어들인다.
5. 투자 유치를 위한 유인 요소들을 체계적으로 마케팅해야 한다. 현실적인 목표를 설정하고 전문적인 마케팅 분석을 해야 한다. 체계적인 마케팅과 홍보 프로그램이 필요하다.

미래를 위한 질문

1. 기업을 유치하기 위한 전략은 무엇인가? 어떤 산업과 기업을 목표로 하고 있는가? 현재의 전략을 평가하고 개선 방안을 제시해보라.
2. 새로운 주거 인구를 유인하기 위한 전략은 무엇인가? 어떤 유형의 주거 인구를 도시로 유인하고자 하는가? 현재의 전략을 평가하고 개선 방안을 제시해보라.
3. 사업적인 방문자와 국제행사를 유치하기 위한 도시의 전략은 무엇인가? 그

들이 체류하는 기간 동안 만족스러운 경험을 얻게 하려면, 도시는 어떤 단계를 밟아나가야 하는가? 현재의 전략을 평가하고 개선 방안을 제시해보라.

4. 관광객과 여행자를 유인하기 위한 도시의 전략은 무엇인가? 도시가 보유한 주요 관광 자원은 어떤 것인가? 새롭게 개발할 수 있는 자원이 있다면 무엇인가? 현재의 전략을 평가하고 개선 방안을 제시해보라.

6

국가는 도시를 위해 무엇을 해야 하는가

도시가 살아나면 국가가 살아난다

이 책의 저자들인 우리는 도시를 발전시키기 위해서는 도시 스스로 성장해야 한다고 강조했다. 하지만 그렇다고 해서 도시가 발전하는 데 있어 국가가 아무런 도움이 안 된다는 말은 아니다. 중앙정부는 도시가 발전하는 데 필요한 지원을 해줄 수도 있기 때문이다.

2013년 7월, 디트로이트는 미국 연방법원에 파산 보호를 신청했다. 디트로이트는 지금까지 미국에서 파산 보호 신청을 한 도시들 중 가장 큰 도시다. 디트로이트 정도의 규모라면 대마불사(大馬不死, 바둑에서 쓰는 말로 '대마가 결국은 살길이 생겨 쉽게 죽지 않는다'는 뜻)라는 통념이 통한다. 미국 연방정부가 디트로이트를 구제할 수밖에 없다는 의미다. 디트로이트가 투자자들의 돈을 갚지 못한다면 누구도 더 이상 이 도시에 돈을 빌려주지 않을 것이다. 그렇게 되면 디트로이트는 전기와 용수, 도로 등의 인프라를 유지 및 관리하는 공무원이 부족한 도시가 되고 말 것이다. 디트로이트의 공무원 연금도 축소되어야 할 것이다.

그렇다면 연방정부가 두 손을 놓고 디트로이트의 운명을 미시건 주의 손에 맡기는 것이 옳은 것인가? 디트로이트를 포함하고 있는 미시건 주 역시 재정상태가 넉넉지 않은데다가 디트로이트 때문에 자신들의 예산이 삭감되는 것을 반대할 만한 도시들이 수두룩한 상황이다. 그렇다면 과연 어떻게 해야 하는가?

미국 정부는 자연 재해로 피해를 입은 지역에 재정 지원을 하지만 재정적으로 재난에 처한 지역에 구제 금융을 제공한 적은 없다. 만약 미국 정부가 디트로이트에 구호 자금을 제공한다면 다른 도시들이 가만있지 않을 것이다. 캘리포니아의 스톡턴, 앨라배마의 제퍼슨 카운티, 캘리포니아의 샌버너디노, 펜실베이니아의 해리스버그, 로드아일랜드의 센트럴폴즈 등과 같이 이미 파산 상태에 있는 도시들과 캘리포니아의 프레스토, 뉴저지의 어빙턴, 뉴욕의 뉴버그, 캘리포니아의 오클랜드, 로드아일랜드의 프로비던스 등과 같이 파산 직전에 있는 도시들도 구호 자금을 요구할 것이다.

만약 연방정부가 충분한 구호 자금을 제공한다면 연금 부채로 위태로운 상황에 놓인 도시들이 보다 순조롭게 구조조정을 시작할 수 있을 것이다. 그렇다면 연방정부가 이들 도시들에 재정 지원을 할 것이라면 어느 정도 수준으로, 언제까지 집행하는 것이 좋을까? 연방정부의 어떤 정책과 프로그램이 디트로이트와 다른 도시들을 파산으로부터 구제할 수 있을까?

디트로이트와는 달리, 건전한 재정 상태와 번영을 구가하며 승승장구하는 도시들도 있다. 예를 들면, 콜로라도 주의 볼더, 캘리포니아의 샌디에이고, 그리고 워싱턴 등이다. 그렇다면 이들 도시들은 주정부나 연방정부의 지원을 받지 않아도 될까? 그것은 틀린 생각이다.

볼더는 공군사관학교(U. S. Air Force Academy)와 북미지역지휘본부(North American Command Headquarters) 등의 군사시설로부터 상당한 경제적 지원을 얻고 있다. 샌디에이고는 4만 명의 군인과 군무원이 상주하는 미국 서해안 지역 최대 규모의 해군기지를 보유하고 있으며, 이는 샌디에이고 경제의 주춧돌 역할을 한다.

연방정부의 지원으로 번창하는 다른 도시들도 있다. 직원 수가 약 11만 명에 달하는 주요 군용기 제조기업 스프릿 에어로시스템즈(Spirit AeroSystems)와 6,000명의 인원이 주둔하고 있는 맥코넬공군기지(McConnell Air Force Base)는 캔자스 주 위치타에서 피고용인의 수가 가장 많은 상위 3개 조직체에 속한다. 군용기 제조기업 록히드 마틴(Lockheed Martin)은 포트워스에서 1만 4,500명을 고용하고 있다. 미국 내에서 워싱턴의 1인당 소득 수준이 가장 높은 까닭은, 도시 내에 위치한 연방정부 및 그에 따른 도급업체들 덕분이다. 워싱턴에 위치하는 정부기관의 민간인 피고용자의 수는 29만 7,305명이나 된다.

결국 이들 도시들이 번성하는 이유는 연방정부로부터 직간접적인 도움을 받기 때문이다. 연방정부뿐만 아니라 주정부의 보조금을 받는 경우도 있다. 플로리다 주에서는 (다른 주들과 마찬가지로) 관할 도시들로 유인하고자 하는 기업들에게 다양한 인센티브를 제공한다. 유인 대상으로 삼고 있는 산업분야에 세금 환불, 자본 투자 세액 공제, 부담이 큰 사업에 대한 보조금 지원, 교육 훈련 프로그램 제공 등 여러 혜택을 제공한다. 워싱턴 주는 보잉사에 777기종 생산시설을 벨뷰에 건설하는 조건으로 87억 달러 상당의 다년 인센티브 패키지를 제공한 바 있다. 미주리 주도 17억 달러 상당의 세금 우대 혜택을 내세우며, 보잉의 777기종 생산시설을 유치하기 위한 입찰 전쟁에 뛰어들었지만 워싱턴 주에게 뺏기고 말았다.

연방정부의 수입 관세도 도시의 재정에 도움을 준다. 오하이오의 애크런에 제조시설을 두고 있는 굿이어 타이어 앤 러버(Goodyear Tire and Rubber), 브릿지스톤(Bridgestone) 등의 기업에게는 수입 타이어에 대한 미국의 수입 관세가 도움이 되고 있다. 수입 관세는 애크런에도 도움이 된다. 애크런대학은 2010년 도시 내에 있는 수백 개의 고분자화합물 기반 원자재기업들과 협력해 미국 최초의 고분자과학 및 고분자공학 단과대학(College of Polymer Science and Polymer Engineering)과 전국고분자화합물혁신센터(National Polymer Innovation Center)를 설립했다. 이 대학과 단체에 연방정부와 오하이오 주의 재정 지원이 이루어지고 있다.

그런데 많은 국가들은 자국의 산업을 보호하기 위해 외국기업이 자국의 도시시장에 진출하지 못하도록 방어막을 친다. 일본은 외국 자동차기업의 진출을 막는 것으로 악명이 높다. 자동차산업을 보호하는 데 있어서는 한국도 일본과 다르지 않다. 중국은 국가안보와 관련된 7개 산업 분야에 외국기업이 진출하는 것을 차단하거나 엄격히 제한한다. 미국계 금융기관은 상하이와 베이징을 비롯한 다수의 금융 대도시에 상업적 목적으로 진출할 수 없다.

인도는 소매 유통 분야의 다국적기업이 자국의 도시시장으로 진입하는 것을 차단하는 것으로 악명이 높다. 월마트는 인도시장에 진출하는 데 실패한 뒤, 2007년 현지기업인 바르티 엔터프라이즈(Bharti Enterprises)와 합작회사를 설립해 뭄바이를 비롯한 인도의 대도시들로 진출할 수 있었다. 월마트와 바르티 엔터프라이즈의 합작회사는 2013년 해체되었고, 두 회사는 각자의 갈 길을 가기 시작했다. 공급업체에 자격요건을 엄격히 적용하는 현지 규정 때문에 월마트는 인도 내의 20개 대형매장을 운영하는 데 상당한 어려움을 겪고 있다. 이외에도 중앙정부가 자국의 도시산업을 외국기업과의 경쟁에서 편을 드는 사례는 셀 수도 없이 많다. 정치인들에 의해 때와 장소가 정해진 경우에 한해서만 공정무역이 가능하다고 해야 옳을 것이다.

국가나 주가 존재하지 않았다면 도시 경제가 더 발전했을 것이라고 말할 사람은 아무도 없다. 물론 고대 그리스와 중세 유럽 시대에는 도시국가가 번창했다. 예컨대, 베니스, 제노바, 한자동맹(Hanseatic League: 13~15세기에 독일 북부 연안과 발트 해 연안도시들이 해상교통의 안전 보장, 공동 방호, 상권 확장 등의 목적으로 설립한 도시연맹) 등이 흥성했다. 그럼에도 불구하고 오늘날 선구적인 사상가 가운데 국가의 존재가 불필요하며 도시는 자력으로 번창할 수 있다고 주장하는 이는 거의 없다.

그렇지만 오늘날에도 싱가포르와 두바이, 리히텐슈타인, 홍콩 등 몇몇 현대판 도시국가들이 흥성하고 있다. 이 책의 저자 중 한 사람인 밀턴 코틀러(Milton Kotler)는 1969년에 미국 도시들을 해체해 (도시의 지배권을 주정부에 넘기고) 주정부의 구성단위로 재정립할 것을 주장한 바 있다. 당시 그의 과격한 주장을 지지한 이들은 경제학자 케네스 볼딩(Kenneth Boulding), 오리건 주 상원의원 마크 해트필드(Mark Hatfield), 정치이론가 한나 아렌트(Hannah Arendt) 등 극히 소수의 전문가들뿐이었다. 아이러니하게도, 밀턴 코틀러의 과격한 주장이 2014년 현재 디트로이트의 당면 과제를 해결할 수 있는 유일한 해답일지도 모른다.

도시가 살아나면 국가가 살아난다. 자, 그럼 국가가 자국의 도시들을 보다 발전시키기 위해 어떻게 도움을 줘야 하는지 알아보기로 하자. 그와 관련된 다음의 세 가지 질문을 살펴보자.

1. 도시의 성장을 지원하기 위해 국가는 어떤 역할을 수행해야 하는가?
2. 중앙정부는 상대적으로 취약한 도시에 어떻게 지원해야 하는가?
3. 중앙정부는 상대적으로 탄탄한 도시가 보다 성장하기 위해 어떤 지원을 해야 하는가?

도시의 성장을 지원하기 위한 국가의 역할

오래전부터 많은 전문가들이 도시가 성장하기 위해서는 국가가 어느 정도의 규모로, 어떤 역할을 수행해야 하는가에 대해 주장해왔다. 한쪽에서는 국가가 강력한 역할을 수행해야 한다고 주장한다. 중국은 이런 주장을 대변하는 사례이다. 다른 한쪽에서는 국가의 역할을 제한해야 한다고 주장한다. 이들은 몇몇 문제점들은 국가가 없었다면 발생하지도 않았을 것이므로, 국가의 역할이 제한되어야 한다고 본다. 이와 마찬가지로 주요 정당들도 서로 다른 주장을 펼친다. 그러나 우리는 어느 한쪽의 의견에 치우치지 않고, 도시의 발전을 위해 국가가 수행해야 할 여섯 가지 역할을 논하고자 한다.

1. 인프라 개발

2. 국방

3. 교육

4. 공공 안전과 보건

5. 긴급 구호

6. 국가 지침(National directives)

1. 인프라 개발

중앙정부가 인프라를 개발해주지 않는다면 기업은 도시에서 성장하는 데 어려움을 겪을 수밖에 없다. 예를 들어, 맥도날드(McDonald's)가 신규 매장을 개설하기 위해 도급업체를 지정하는 것으로 모든 문제가 해결되는 것은 아니다. 맥도널드의 신규 매장이 들어서기 위해서는 면허와 각종 인허가를 취득해야 할 것이고, 전기와 용수, 쓰레기 처리, 도로와 인도 등 공공 인프라가 구축되어야 할 것이다.

시민들은 거리, 도로, 교량, 상하수도, 공항, 항구 등을 정부가 건설해줄 것으로 기대한다. 또 민간사업자가 이와 같은 시설들을 건설하기에는 수익성 측면에서 부담을 느낀다. 그러나 오늘날에는 정부의 역할이 축소되어 대부분의 인프라 개발사업이 공공-민간 협력사업(PPP)으로 진행되고 있다. 즉 정부는 관리 기능만 담당하고, 일정 기간 이용자의 이용료를 취하는 조건으로 민간사업자가 건설비용을 부담하는 형태로 개발이 이루어진다.

몇몇 신규사업의 경우 필요한 재원을 조달하기 위해 외국인의 투자를 필요로 한다. 미국 철도 시스템의 대부분은 영국계 자본으로 건설되었다. 미국 정부는 외국 자본이 국내로 유입될 수 있도록 제반 조건을 갖추는 역할만 수행했다.

그런데 인프라를 건설하고 관리하기 위해 외국 투자 자본을 재원으로 사용하는 경우, 국가안보의 측면에서 민감한 사안이 될 수도 있다. 예를 들면, 2006년에 영국의 해운회사인 페닌슐러&오리엔탈기선(P&O)이 보유하던 미국의 여섯 개 주요 항구에 대한 운영권을 DP월드(DP World)에 매각하려고 했다가 중단된 적이 있다. DP월드는 아랍에미리트(UAE)의 국영기업이다. 미국 행정부의 승인을 받았음에도 불구하고 의회의 강력한 반대에 부딪혀 결국 무산되었던 것이다.

미국의 주정부 및 지방정부는 도로의 건설, 운영 및 양도를 목적으로 민간 투자사업자와 협력하는 경우가 많다. 일정 기간 동안 통행료 징수를 포함한 도로 운영권을 민간기업에게 보장해주고, 운영 기간이 만료된 이후 소유권을 정부가 양도받는 형태로 사업을 추진하는 것이다. 도시 당국이 운영비 및 채무 비용에 부담을 느끼고 공공의 재산을 민간사업자에게 매각하는 경우도 있다. 시카고는 도시가 소유하던 주차요금 징수기사업을 민간기업에게 매각한 바 있다. 향후 민간기업에 돌아갈 수입을 현재 가치로 환산해 일시불로 받는 조건이었다.

기업은 대개 도로의 유지관리가 허술할 때, 교통체증이 극심할 때 또는 쓰레기 수거가 제때 이루어지지 않아 건강상의 문제가 생길 때 정부에게 불만을 느낀다.

미국의 경우, 학교와 교량, 도로, 대중교통 등의 지역 인프라를 건설하거나 개선하는 사업을 추진할 때, 유권자들의 동의를 받아 해당 프로젝트를 위한 채권을 발행해야 하기 때문에 어려움이 따른다. 채권을 발행하게 되면 자신이 납부해야 할 재산세가 오르게 되므로, 유권자들은 쉽게 동의하지 않는 경우가 많다. 학교에 다니는 자녀가 없는 유권자들은 학교 채권의 발행에 끊임없이 반대한다. 예를 들어, 교량을 건설하기 위해 채권을 발행하는 경우에 그 교량을 사용할 일이 별로 없는 유권자 대다수는 쉽게 동의하지 않으려 한다. 따라서 정부는 인프라를 개발하기 위해 채권을 발행하기 전에 유권자들을 설득시켜야 한다.

2. 국방

정부는 국민의 생명과 재산을 보호해야 할 의무가 있다. 모든 국가는 국민의 생명과 재산을 보호하기 위해 경찰과 소방서 등을 운영하고, 육군, 해군, 공군 등을 보유한다.

미국의 경우 국방을 위해 필요한 군사기지가 여러 도시들에 골고루 퍼져 있다. 미국에서 현역 및 퇴역 군인이 가장 밀집해 있는 상위 10개 도시를 꼽는다면, 노스캐롤라이나 주의 페이어트빌, 버지니아 주의 햄튼로드, 플로리다 주의 잭슨빌, 노스캐롤라이나 주의 잭슨빌, 조지아 주의 센터빌, 텍사스 주의 샌안토니오, 테네시 주의 클락스빌, 워싱턴 주의 오크하버와 타코마, 켄자스 주의 포트라일리 등이다. 이들 도시는 군사기지가 폐쇄되면 쇠퇴할 수밖에 없을 것이다. 의회 의원들은 지역구를 위해 이들 군사기지가 계속 유지되도록 필사적으로 노력한다.

군수산업체들은 매년 2,250억 달러의 예산이 투입되는 무기 생산을 놓고 치열한 로비를 펼친다. 노스롭 그루먼(Northrop Grumman, 280억 달러), 레이시언(Raytheon, 230억 달러), 제너럴 다이내믹스(General Dynamics, 230억 달러), 보잉(350억 달러), 록히드 마틴(357억 달러), 하니웰(Honeywell, 54억 달러), 프랫앤휘트니(Pratt & Whitney, 40억 달러) 등의 기업들은 미국의 여러 도시에서 수천 개의 일자리를 제공하고 있다. 국방 및 안보 관련 지출이 급격히 축소되면 워싱턴, 플로리다의 올랜도와 탬파, 앨라배마의 헌츠빌, 텍사스의 댈러스-포트, 콜로라도의 콜로라도스프링스, 애리조나의 투손과 피닉스, 캘리포니아의 샌디에이고와 로스앤젤레스 등을 포함한 많은 도시들이 위태로워질 것이며, 그보다 작은 소도시들은 더 큰 위협을 받을 것이다.

그럼에도 불구하고 미국의 국방 및 국가안보 관련 지출은 점차 줄어들고 있다. 2013년 기준 국방 예산은 6,430억 달러인데, 이는 3조 5,000억 달러인 미국 총예산의 19퍼센트이고, 미국 GDP의 5퍼센트에 해당한다. 여하튼 군사기지들이 점차 폐쇄되고 군수산업의 생산량이 줄어들자 관련 기업과 도시들이 어려움을 겪고 있다. 그런데 일각에서는 갈수록 국방비가 줄어들고 있으니, 남는 예산을 사회복지 프로그램에 사용하라고 주장한다. 물론 이 말이 틀린 것은 아니다. 그러나 군사기지와 군수품 생산시설이 집중되었던 도시들이 앞으로 어떻게 될지도 고려해야 한다. 국방 예산이 줄어드는 만큼 이들 도시들에 대한 지원도 병행되어야 할 것이다.

선진국들이 국방 예산을 축소하고 있는 데 반해 아시아, 아프리카, 중동 지역 국가의 국방 예산은 점점 증가하고 있으며, 주요 군수산업체와 군사시설이 위치한 도시의 경제성장률도 상승하고 있다. 중국 인민해방군 해군(PLA Navy)은 미국 해군에 이어 세계 2위의 규모를 자랑하는 군사집단이다. 중국 인민해방군 해군이 보유한 25만 명의 병력에는 3만 5,000명의 연안방

어군과 5만 6,000명의 해병대가 포함된다. 이들의 본부는 상하이에 있으며, 칭다오, 위린, 베이하이, 동하이, 닝보, 잔장 등 동부 해안의 여러 도시에 대규모 해군 기지가 있다. 이미 산업도시로 성장한 이들 도시는 방위산업 덕분에 그 성장세가 더 강화되고 있다. 중국은 2008년 하이난 섬에 핵잠수함 기지도 건설했다.

사우디아라비아와 아랍에미리트는 바레인과 리야드 등 여러 도시들에 있는 군사기지들을 지속적으로 성장시켜 나가는 중이다. 킹 하리드(King Khalid Military City)는 사우디아라비아 북동부 지역의 군사도시로, 하파르알바틴의 북쪽 60킬로미터 지점에 위치하고 있다. 킹 하리드는 사우디아라비아 군대의 몇몇 여단을 위한 숙소를 제공하기 위해, 인구 6만 5,000명을 목표로 삼고 조성한 계획도시다.

3. 교육

교육은 한 나라의 미래를 결정하는 중요한 요인이다. 국민 대다수는 정부가 제공하는 공교육의 필요성을 느낀다. 적어도 초중등학교와 고등학교, 전문대학, 대학까지는 정부가 제공해주어야만 국가가 필요로 하는 일자리에 적합한 수준으로 인적 자본의 질을 향상시킬 수 있다고 믿는다. 그런데 민간 부문에서 초중등 및 고등교육을 전부 제공하기는 어렵다. 사립학교의 높은 교육비를 모든 국민이 감당할 수 없기 때문이다. 따라서 공교육 체계를 구축하는 것은 정부의 몫이며, 국민은 초중등학교 무상교육을 위해 세금을 납부한다. 대학교육의 경우는 수업료를 납부하지만 국공립대학생들은 사립대학생에 비해 저렴한 수업료를 납부한다.

그런데 교육열이 높은 일부 부모들은 자녀에게 보다 우수한 교육을 받도록 하기 위해, 비싼 학비를 요구하는 사립학교로 자녀들을 보내고 있다. 공교육이 피폐해질수록 자녀를 사립학교로 보내는 부모의 수는 증가한다. 예를 들어, 워싱턴의 공교육 체계는 너무나 형편없기 때문에 중상위층 가구의 자녀들은 대부분 사립학교에 다닌다. 1950년대에 저명한 경제학자 밀턴 프리드먼(Milton Friedman)은 정부가 발행한 교육상품권을 학부모들에게 나누어주고 어디든 자녀들이 가고 싶은 학교를 선택할 수 있도록 하면, 학교들 사이에 경쟁심을 자극해 공교육의 질을 향상시킬 수 있다고 주장한 바 있다.

많은 도시들이 부동산 가치를 홍보할 때 우수한 공교육 체계를 하나의 장점으로 내세운다. 시사주간지 〈유에스 뉴스 앤 월드 리포트(U. S. News & World Report)〉는 매년 미국 내 우수 공립학교의 순위를 발표한다. 2013년에 상위 10위권에 이름을 올린 공립학교는 댈러스에 있는 스쿨 포 더 탤런티드 앤 기프티드(School for the Talented and Gifted), 베이시스 투산(Basis Tucson), 조지아 주 로렌스빌에 있는 귀넷 수학 과학 고등학교(Gwinnett School of Mathematics, Science and Technology), 알렉산드리아의 토마스 제퍼슨 과학 기술 고등학교(Thomas Jefferson High School of Science and Technology), 베이시스 스코츠데일(Basis Scottsdale), 플로리다 오스프리의 파인 뷰 스쿨(Pine View School), 앨라배마 주 몽고메리의 LAMP고등학교(Loveless Academic Magnet Program High School), 뉴저지 프리홀드의 생명공학고등학교(Biotechnology High School), 워싱턴의 벨뷰국제학교(International School in Bellevue), 사우스캐롤라이나의 찰스턴에 있는 아카데믹 마그넷 고등학교(Academic Magnet High School) 등이다.

자녀의 재능을 키우고 싶은 부모들은 이들 학교에 자녀를 입학시키기 위해 이들 지역의 일자리를 찾아 몰려든다. 예컨대 워싱턴에 살던 부모들은 메릴랜드 주의 몽고메리 카운티나 버지니아 주의 페어팩스 등지에 있는 일류 학교를 찾아 이주한다. 그들은 워싱턴의 공립학교에는 절대로 자녀를 보내려 하지 않는다.

주목할 점은, 한때 번창했던 미국 북동부, 동부, 중서부 지역의 도시들이 쇠퇴하면서 공립학교의 상위권 순위가 남부와 남서부, 서부 해안 지역의 고성장 도시들 쪽으로 이동했다는 사실이다.

자, 이제 대학교육 이야기를 해보자. 대학교육의 직접적인 수혜자는 주요 대학이 위치한 도시들이다. 대학은 도시 내에서 가장 많은 인재를 배출하고, 대학교육을 받은 인재를 활용하기 위해 대학이 위치한 도시로 이전하는 기업들도 적지 않다. 대학이 배출하는 인재들은 고부가가치산업 분야의 창업가가 되기도 한다. 그러나 학교 부지와 일부 세금 혜택과 같이 간접적인 지원 외에 이들 대학을 재정적으로 지원할 수 있는 도시는 극히 일부에 지나지 않는다. 따라서 주정부와 연방정부 차원에서 공교육 지원, 수업료 대출 등의 방법으로 대학교육을 지원하고 있다.

캘리포니아주립대학의 캠퍼스들이 위치한 버클리, 로스앤젤레스, 샌프란시스코, 어바인, 데이비스, 산타크루즈 등의 도시들은 25억 달러에 달하는 2010~2012년 예산의 약 80퍼센트를 직접보조비, 학생대출, 연방의료비 등의 명목으로 연방정부와 주정부로부터 얻어냈다. 캘리포니아주립대학이 여러 도시에 있는 캠퍼스들을 통해 제공하는 일자리의 수는 12만 1,000개이다. 펜실베이니아에서는 피츠버그대학과 피츠버그의과대학이 피츠버그에서 가장 많은 일자리를 제공하고 있다. 그런데 피츠버그대학에 대한 주정부의 지원금은 2011년 1억 8,490만 달러에서 2012년 1억 4,450만 달러로 줄어들었다. 그래서 피츠버그대학 당국은 재정 문제를 해결하기 위해 고군분투하고 있다. 대학 당국은 1,000여 명의 직원을 해고하는 자구책을 택해야만 했다.

연방정부와 매사추세츠 주정부는 하버드대학교, MIT공대, 보스턴칼리지, 터프츠대학교, 보스턴대학교 등에 재정 지원을 하고 있는데, 이들 대학은 보스턴을 위해 고급 인재들을 배출한다. 존스홉킨스대학교는 메릴랜드 주의 경제에 100억 달러가량 기여한다. 이들 대학교에 대한 연방정부와 주정부의 지원이 심각한 수준으로 삭감될 경우, 도시의 경제에 미치는 타격은 엄청날 수밖에 없다.

자, 이제 다른 나라로 가보자. 영국, 프랑스, 독일 등의 국가에서는 수십 년째 대학교육을 무상으로 실시하고 있다. 그러나 유럽의 금융위기 이후 사정이 달라졌다. 영국, 프랑스, 이탈리아 등 유럽연합의 몇몇 국가들이 전통적으로 명목상 부과하던 수업료를 높게 책정하기 시작했다. 영국의 노동조합인 고등교육기관노동조합(University and College Union, UCU)은 향후 수년 내에 영국에서 1만 5,000개 이상의 일자리가 사라질 것이며, 그중 대부분이 대학교 직원들의 일자리가 될 것이라는 전망을 내놓은 바 있다.

미국의 4년제 대학교육에 드는 비용은 결코 적지 않다. 미시건, 위스콘신, 일리노이 등 자신의 거주지에 있는 주립대학에서 교육을 받는다고 해도 마찬가지다. 미국의 대학생들은 졸업과 동시에 평균 2만 5,000달러의 학자금 대출 빚을 떠안게 되고, 경우에 따라 최고 10만 달러에 이를 수도 있다. 연방정부는 1조 달러의 고등교육 대출 채무가 있는데, 이중 절반이 상환되지 않고 있다. 2013년 기준 채무불이행 비율이 9퍼센트에 이른다. 이것은 일반 신용대출의 채무불이행 비율인 1.9퍼센트보다 다섯 배나 높은 수치이다. 대학 졸업생들은 집을 사거나 소비재를 구입하는 데 여유 있게 돈을 쓸 수 없는 상태다. 따라서 소비가 침체되어 지역 경제가 성장할 수 없는 것이다.

대학 수업료를 부담하지 못하는 사람들은 비교적 적절한 수준의 수업료만 납부하면 되는 커뮤니티 칼리지로 진학하거나 아예 대학에 진학하지 않는다. 커뮤니티 칼리지는 원칙적으로 시의 예산으로 운영된다. 대다수의 사람들이 이제는 대학의 수업료가 더 이상 올라서는 안 된다는 데 공감하고 있다. 그렇지 않으면 결국에는 국가의 인적 자본을 잃게 될 것이라고 믿기 때문이다. 이와 관련된 좋은 해결방안은 독일에서 찾을 수 있다. 독일은 이중교육 시스템을 제공한다. 학생들은 학문 탐구를 위한 대학교육과 직업교육을 위한 고등교육 중 선택할 수 있다. 직업교육 과정에는 기업에서 수습직원으로 근무하는 과정이 포함된다. 직업교육생은 수년에 걸친 현장경험을 보유하는 동시에, 이미 기업에 취업한 상태로 졸업하게 된다.

미시건 주의 릭 스나이더(Rick Snyder) 주지사는 디트로이트의 자동차기업을 위해 독일의 자동차기업 수습 프로그램을 미국화한 고급 기술자 훈련 프로그램(Advanced Technician Training Program)을 만들었다. 프로그램 운영에 소요되는 경비는 대부분 참여기업이 부담하고 있다.

정부가 시민을 어느 정도 교육시키고 훈련시키느냐에 따라 기업이 얻는 이익이 좌우된다는 것은 자명한 사실이다. 〈포브스(Forbes)〉지에 의하면, 미국 내에서 첨단기술 분야의 일자리가 가장 많은 상위 10개 도시는 오스틴, 롤리, 휴스턴, 내슈빌, 샌프란시스코, 솔트레이크시티, 시애틀, 샌안토니오, 인디애나폴리스, 볼티모어 등이다. 이들 도시는 모두 대규모 대학단지를 보유하며, 첨단기술 분야에 필요한 인재를 배출하고 있다는 공통점을 갖고 있다.

미국 고등교육의 주요 구원자는 수업료 전액을 납부하는 외국인 학생들이다. 2013년 기준 미국의 대학생 수는 1,990만 명이다. 그중 약 4퍼센트인 81만 9,000명이 외국인 학생이며, 그 가운데 절반이 중국, 인도, 한국 등 아시아계 학생이다. 외국인 학생의 비율은 매년 증가하고 있다. 원칙적으로 수업료 전액을 납부하는 이들 외국인 학생들은 대학 재정에 상당한 기여를 하고 있다. 공립 고등학교들조차 외국인 학생을 모집하고 있는데, 뉴욕, 메인 주, 매사추세츠 주 등이 그 대표적 사례이다.

세계로 눈을 돌려, 새로운 대학이 들어서자 혜택을 입은 도시를 살펴보자. 중국, 인도, 싱가포르, 말레이시아 등과 같은 아시아 국가의 도시들은 새로운 대학이 들어선 이후 더 크게 성장하고 있다. 인도는 1961년에 부바네스와르, 첸나이, 델리, 간디나가르, 가우하티, 하이데라바드, 인도르, 조드푸르, 칸푸르, 카라그푸르, 만디, 뭄바이, 파트나, 로파르, 루르키, 바라나시 등의 도시에 16개 기술전문대학을 설립했다. 현재 이들 대학이 배출하는 인적자본은 도시에 투자를 끌어들이는 역할을 수행하고 있다.

중국은 새로운 대학을 건설하고 기존 대학을 확장해 남동부, 북동부, 중부, 남서부 등 여러 지역의 도시 경제를 지원하고 있다. 특히 광둥 지방의 많은 도시들은 다수의 대학과 우수한 학교를 보유하고 있다. 중부 지역의 우한에는 중국 최고의 로스쿨이 위치하며, 공학과 기술, 경영학 분야의 우수한 학교들도 많다. 우한은 이들 인적 자원 덕분에 급속한 성장세를 보이고 있는 도시다. 역사적으로 생명과학으로 유명한 중국의 난징대학교는 양쯔강 유역의 도시들에서 엄청난 규모의 생명공학산업이 발전하게 했고, 청두대학교는 중국 남서부 지역을 발전시키는 원동력이다.

인도와 중국의 대학 수업료는 저렴하다. 정부가 적극적으로 대학교육을 지원하고, 정부가 주도적으로 여러 자격증 시험을 치르기 때문이다. 이러한 교육 정책 덕분에 도시 경제가 성장하는 데 필요한 젊은 대학 졸업자가 배출되고 있다. 교수들의 급여는 그리 높지 않지만 교육계에 대한 사회적인 존경심 때문에 여전히 인재들이 모여든다. 2011년 기준 1만 5,647명(중국 본토와 홍콩, 마카오 포함)의 미국 학생들이 중국의 대학에 재학 중이며, 중국의 대학에 지원하는 미국 학생의 수는 점점 증가하고 있다. 미국 대학의 수업료가 비싼 이유는 수십 년간 성장이 지속되면서 인건비도 함께 상승했기 때문이다. 중국 정부가 자국의 대학 시스템을 확장하는 것을 정책의 우선순위에 두고 엄청난 투자를 하는 데 비해, 미국의 연방정부와 주정부들은 예산이 없어 대학교육에 대한 투자를 줄여야 하는 처지에 놓여 있다. 이러한 점을 염두에 두면 중국의 성장세는 향후 10년 이상 지속될 듯싶다.

4. 공공 안전과 보건

대부분의 사람들은 정부가 시민의 안전과 보건 문제를 책임지기를 원한다. 미국 정부는 농무부(Department of Agriculture), 보건사회복지부(Department of Health and Human Services), 식품의약청(Food and Drug Administration, FDA), 국립보건원(National Institutes of Health), 질병통제예방센터(Centers for Disease

Control and Prevention) 등의 기관을 두어 식품 및 의약품의 안전에 대한 책임을 맡긴다. 대부분의 시립병원들은 근본적으로 연방정부의 의료보험 제도와 연방정부 및 주정부의 저소득층 의료보장 제도에 의존한다. 미국의 병원에는 환자 수보다 병상이 과도하게 많으므로, 많은 병원이 규모를 축소하거나 합병될 가능성이 높다.

도시 지역이 우수한 보건 및 의료서비스를 제공하고 있다면 기업을 유치하는 데 한결 수월할 것이다. 안과, 호흡기내과, 재활의학과 등 몇몇 대형 전문병원을 제외하면 미국의 44개 우수 병원들이 고작 7개 도시에 집중되어 있다. 이들 44개의 병원들은 휴스턴, 뉴욕, 클리블랜드, 볼티모어, 보스턴, 로스앤젤레스, 로체스터, 미네소타 등의 도시 경제에 상당한 기여를 하고 있다.

현재 글로벌 의료시장에서 급부상하고 있는 아시아 지역의 도시들이 고가의 선택적 수술을 시행하는 미국의 도시들 그리고 장기간 대기해야 하는 공공의료 체계를 갖춘 유럽의 도시들과 경쟁하고 있다. 아시아의 인기 있는 의료관광지의 하나인 싱가포르는 정형외과 수술을 위한 최고의 도시라는 평판을 얻고 있다. 싱가포르는 우수한 고관절, 무릎관절 치환 수술 설비와 전문 의료진을 갖추고 전 세계의 환자들을 맞이하고 있다.

성형수술을 받기 위해 전 세계인이 모여드는 도시는 태국의 수도 방콕이다. 수천 명의 외국인이 성형수술을 받기 위해 방콕의 병원으로 모여든다. 방콕에는 주름제거 수술, 유방확대 및 축소, 쌍꺼풀 수술, 복부지방흡입, 모발이식, 기타 미용을 위한 성형을 포함해 다양한 성형수술로 좋은 평가를 받는 병원들이 수없이 많다. 비용 또한 서구의 선진국에 비해 절반 정도에 불과하며, 도시의 주변 환경은 수술 이후 회복기 동안에 효과적이면서도 저렴하게 보낼 수 있는 조건을 갖추고 있다. 물론 개중에는 시설이나 품질이 형편없는 병원들도 있기 때문에 의료관광을 계획할 때는 의료시설의 기준과 순위 등에 기초한 신중하고 면밀한 사전조사가 필수적이다. 중남미 지역에서는 콜롬비아의 보고타, 코스타리카의 산호세, 멕시코의 코스타리코와 멕시코시티 등이 주요 의료관광지로 부상해 수억 달러의 수익을 올리고 있다.

식품 안전의 측면을 살펴보자, 미국에서는 과거 육류포장 업계가 조잡하고 위험한 건강보조식품을 생산 및 판매해 그 여파로 정부는 많은 보건기관들을 설치했다. 만약 미국 정부가 식품 안전에 엄격한 기준을 적용하려 한다면 너무도 많은 것을 감시하고 평가해야 하기 때문에 기업의 반감을 살 것이다. 정부기관들은 부족한 예산 때문에 대개 가장 심각한 보건 및 식품 안전 문제에만 집중할 수밖에 없다. 이와는 달리 납세자들은 정부가 보건 및 식품 안전에 대해 책임져주길 바란다. 그러나 일정한 한도 내에서만 그렇게 해주길 원한다.

보다 폭넓은 관점으로 볼 때, 정부는 노령이나 장애, 실업, 빈곤 등으로 인한 사회적 취약계층에 어느 정도의 안전망을 제공해야만 하는가? 미국 정부는 사회보장제도, 메디케어(Medicare, 노인의료보험 제도), 메디케이드(Medicaid, 저소득층 의료보장 제도), 실업수당, 복지 프로그램 등을 제공하고 있다. 각국의 정부는 어느 정도의 사회안전망을 제공할 것인지에 대해 충분히 고려할 필요가 있다. 새롭게 제정된 부담적정보험법(Affordable Care Act, ACA)은 역겨운 정치 싸움을 야기한 바 있다. 흔히 조롱 섞인 표현으로 오바마케어(Obamacare)라 부르기도 한다. 초기 시행 단계의 어려움과 무수한 논란에도 불구하고 ACA는 2014년 4월에 800만 명이 등록해 초기 가입자 목표치를 달성했다. 이 법안은 여전히 미국 정계의 뜨거운 감자이며, 그 장래성 또한 불확실하다. 수천 페이지에 달하는 세부 규정은 아직도 초안 작업 중이며, 일반 가입자까지 대상이 확대되는 2014년은 법안의 시행을 위한 재정의 초석을 마련하는 중요한 시점이 될 것이다. 이 법안이 본격적으로 시행될 수 있을지는 확실치 않다. 정치인과 시민단체들의 찬반양론이 첨예하게 대립하고 있기 때문이다. 법안을 반대하는 쪽에서는 "소기업이 성장할 수 없고, 보험료로 인해 소비자 매출이 영향을 받을 수 있다"는 문제점을 지적한다. 심지어 트럭운전사조합 국제친선단체(International Brotherhood of Teamsters union)를 포함한 법안을 지지하는 쪽에서도 기업이 이 법안을 회피하기 위해 서둘러 정규직 근로자의 수를 줄이고 시간제 고용을 확대하는 것을 염려하고 있다.

미국의 정부기구 중 가장 크게 성장하고 것은 국토안보국(Department of Homeland Security)이다. 국가안보국(National Security Agency)과 마찬가지로 국토안보국이 성장한 덕분에 워싱턴은 도시 GDP 순위에서 상위권을 유지하고 있다.

국가안보를 위한 재정 지원이 증가했는데도 불구하고, 2008년 금융위기 이후 많은 주정부 및 지역정부들이 경찰과 소방 인력을 축소했다. 하지만 그에 따른 문제들은 버락 오바마 대통령의 첫 번째 경기 부양책으로 일부 상쇄되기도 했다. 이와 같은 연방정부의 지원이 지속될 것인가에 대한 의문은 여전히 남은 상태다.

보건과 식품 안전은 전 세계 도시들의 주요 관심사이다. 중국은 경제적 성장을 도외시할 수 없다는 압박감을 무릅쓰고 환경오염과 탄소 배출량을 줄이기 위해 악전고투 중이다. 베이징의 만성적인 오염 문제 때문에 글로벌기업의 임직원들은 베이징에서 거주하는 것을 꺼린다. 중국산 우유와 돼지고기 등 식품과 관련된 끔찍한 사건들이 발생하자 중국 중앙정부의 각종 규제가 점점 증가하고 있다. 공기오염과 수돗물오염 문제는 인도의 많은 도시의 성장을 가로 막는 장벽이 되고 있다.

보건과 환경 안전 프로그램에는 비용이 많이 든다. 서방 국가들, 특히 유럽과 미국은 환경보호와 경제 성장을 맞바꾸어야 하는 상황에 직면하고 있다. 깨끗하고 건강한 환경이 관광객을 끌어들일 수는 있겠지만 제조산업은 밀려날 수밖에 없다. 많은 일자리를 절실히 필요로 하는 아시아 지역의 국가들은 산업의 성장과 일자리를 위해 환경보전을 포기하기도 한다. 미국조차도 제조 및 자원 개발산업의 부활을 꿈꾸는 나머지 기업의 탄소 배출에 부과하는 탄소세의 시행을 기피하고 있다.

그럼에도 불구하고 기업은 보건 및 안전을 가장 확실하게 보장하는 수단인 정부의 규제를 적극 지지해야만 한다. 가짜 의약품이나 유해한 재료가 포함된 식품을 생산하는 기업 또는 어린이의 건강을 위협하는 유독성 물질이 포함된 장난감 등을 생산하는 기업이 존재한다면, 선량한 기업과 산업 전체가 고통받을 수 있기 때문이다.

5. 긴급 구호

세계 어느 곳에서든 허리케인이나 홍수, 지진과 같은 자연재해가 발생할 수 있다. 끔찍한 재해는 인명을 앗아가고, 가족과 집, 재산을 한순간에 잃어버린 생존자들을 비탄에 빠지게 만든다. 대부분의 도시는 미국의 허리케인 카트리나, 중국 쓰촨 대지진, 2011년에 일본을 휩쓸고 간 쓰나미 등과 같은 자연재해가 발생했을 때 정부가 긴급 구호 대책을 내놓길 기대한다.

기업들은 재건을 위한 자재를 공급하거나 식료품과 식수, 응급 의료진, 의약품 등을 공급하는 방식으로 정부의 긴급 구호 지원 활동에 동참할 수 있다. 개인과 비정부기구(NGO)는 자원봉사, 성금 모금, 의복 지원, 긴급 구호 서비스 등으로 도움을 줄 수 있다.

그런데 재난을 복구하는 과정에서 이득을 보는 조직체들이 많다. S&P의 석유 및 가스산업 지수연동형 예탁 증권 펀드는 석유 및 가스 업계의 복구나 건설, 공급과 관련된 27개 기업의 주가지수를 따른다. 이 펀드는 2010년에 20퍼센트 상승했는데, 허리케인 카트리나와 관련된 피해 복구사업 덕분이었다. 자연재해의 피해를 입은 뉴올리언스와 루이지애나 남부의 도시들과 현지의 산업을 재건하는 데 소요된 비용은 주로 BP를 비롯한 오일 생산 기업들, 그리고 부적합한 해양 석유 굴착장비를 제공한 업체로부터 거두어들인 벌금으로 충당되었다. 민간기업 역시 뉴올리언스를 재건하는 데 상당한 비용을 부담했다.

6. 국가 지침

국가의 경제 시스템이 공공의 이익을 위해 작동하도록 만들기 위해 정부는 어떤 역할을 수행해야 하는가? 정부는 상업적 거래에 관여하는 기업과 소비자를 위해 공정한 거래의 장을 보장해야 한다. 기업은 약탈적인 가격

책정, 담합 입찰 등과 같은 불공정 관행으로부터 보호받아야 한다. 또한 금융시장이 경제에 위협을 가하지 않도록 주의 깊게 지켜보는 것도 정부가 해야 할 역할이다. 나아가, 소비자들에게는 불공정한 기업 관행에 대한 불만을 표출할 수 있는 수단을 제공해야 한다. 미국에는 소비자의 권익을 보호하는 소비자보호국(Bureau of Consumer Protection)이 있는데, 정부 산하의 소비자보호기관을 마련해야 한다.

이처럼 국가는 어느 한쪽의 편만 들어주지 않고 다른 쪽의 권익도 보호해야 하는데, 지역에 대한 투자를 할 때는 지역 편향적인 태도를 보일 때가 있다. 미국의 의회 정치는 각 지역을 기반으로 한 의원들로 구성되어 있다. 의회 정치는 연방정부의 투자가 국가 전체의 경제 성장보다는 특정 도시 지역의 경제 성장에 더 크게 기여하도록 만든다.

그런데 중국의 공공 투자 시스템은 미국과는 사뭇 다르다. 지역 정치인은 자신의 도시를 성장하기 위해 최선을 다하지만 그들의 모든 활동은 언제나 중앙정부와 공산당의 감시 하에 놓인다. 중국의 모든 시장들이 자신의 도시가 지역 및 국가의 경제 성장을 이끌 수 있는 최적지라고 주장하지만 결국 투자 우선순위에 대한 결정권은 공산당이 쥐고 있다.

이 책에서는 미국과 중국 중 어느 국가의 정부가 바람직한 태도를 보이느냐에 대해서는 더 이상 말하지 않겠다. 신자유주의자들은 정부가 기업과 산업에 절대적인 압력을 행사하는 것을 원하지 않는다. 그들이 원하는 것은 정부의 명령이 아니라 경제 성장에 영향을 끼칠 수 있는 시장의 힘이다. 이와 동시에, 신자유주의자들 가운데 상당수는 정부가 자신이 속한 기업과 산업을 지원하도록 로비 활동을 벌이고 있다.

반면에 정부가 경제 발전에 적극적으로 개입하는 것을 선호하는 이들도 있다. 이들은 국가가 집중적으로 발전시켜야 할 산업 분야를 정부가 지정해주기를 원한다. 정부가 미래에 성장 가능성이 높은 산업 분야를 파악하고, 성장산업과 도시들에 대한 지원을 적극적으로 해주기를 바라는 것이다.

정부는 장래성이 있으면서 환경도 보호할 수 있는 신흥산업 분야에 기꺼이 보조금을 지원하기도 한다. 미국을 비롯한 여타 국가들이 태양열과 풍력발전 등의 재생에너지산업에 정부 보조금을 지원하고 있는 것이 그 실례이다. 하지만 전기자동차 배터리 전문기업인 A123 시스템즈(A123 Systems), 태양전지 제조기업인 솔린드라(Solyndra) 등 연방정부의 보조금을 지원받은 재생에너지기업들이 상당수 파산했다. 과연 연방정부가 성공적인 투자를 선택할 수 있느냐에 대해 의문을 제기하고 싶을 뿐이다. 다행히 테슬라 모터스(Tesla Motors)와 같은 몇몇 성공 사례도 있다. 그러나 정부는 피스커 오토모티브(Fisker Automotive)와 쉐보레(Chevrolet)의 볼트(Volt)에 보조금을 투입했는데도 아무런 성과를 거두지 못하고 있다.

그렇다면 정부는 글로벌시장에서 경쟁 열위에 있는 기존 산업 분야에 대해 무엇을 해야 하는가. 정부가 두 손을 놓는다면 기존 산업 분야의 기업들은 서서히 고사될 때까지 방치될 수 있다. 다행히 미국은 필수산업인 타이어산업과 강철산업을 저가의 외국 경쟁기업들로부터 보호하기 위해 세계무역협약이 허용하는 범위 내에서 외국기업에 대한 세금을 부과했다. 이들 조치 중 일부는 세계무역기구(WTO)의 옹호를 받기도 했다. 그러나 제너럴모터스(GM)의 파산을 막기 위해 연방정부의 구제금융이 투입되었고, 100억 달러에 달하는 비용 부담은 고스란히 미국 납세자의 몫으로 남았다. 제너럴모터스가 보유하던 마지막 담보 지분이 2013년 11월에 매각되었기 때문이다.

중국, 일본, 한국, 프랑스 등의 기업들은 정부가 주도해 국가의 경제를 발전시키는 데 거부감이 없다. 일본이 제2차 세계대전 이후 정부 주도 하에 자동차, 오토바이, 전자제품 등의 산업을 발전시키며 급속한 경제 회복을 이루어낸 것이나 일본과 유사한 산업 분야를 선택해 성장을 도모한 한국의 사례를 보면 잘 알 수 있을 것이다. 물론 정부는 발전시켜야 할 산업 분야를 잘못 선택하는 오류를 범할 수도 있다. 그러나 정부가 기업들과 협력해 다수의 신규산업 분야를 발전시킨다면, 한 개 이상의 산업 분야에서 성공을 거둘 수도 있고, 더 좋은 결과를 낳을 수도 있다.

대부분의 기업들은 각 산업 분야별로 협회를 조직하고 정부의 경제 정책에 영향력을 행사하기 위해 무던히 노력한다. 자유시장 환경이라고 해서 다를 바 없다. 미국의 태양열 발전과 같은 산업 분야는 정부의 보조금이나 특별 세제 혜택 또는 관세 보호 등을 열렬히 옹호한다. 이들의 손을 들어주는 기업과 정부기관들은 외국기업에 막대한 세금을 부과해 매년 수천 건에 이르는 반덤핑 클레임을 제기한다.

비록 지금 세계시장의 중심이 국가에서 도시로 넘어가고 있긴 하지만 정부의 영향력을 여전히 무시할 수는 없다. 따라서 기업은 정부를 설득하기 위해 부단히 노력해야 한다. 또한 도시 당국 역시 글로벌 경쟁이 점점 치열해지는 상황에서 지역의 산업에 대한 연구개발 자금, 인프라 개발 보조금 등을 정부로부터 지원받을 수 있도록 정치 활동을 벌여야 할 것이다.

중앙정부는 상대적으로 취약한 도시를 어떻게 지원해야 하는가

국가 내의 도시들은 경제적 상황에 따라 다음과 같이 네 가지로 구분할 수 있다.

- 죽어가거나 이미 죽은 도시
- 병든 도시
- 안정된 도시
- 성장하는 도시

중앙정부가 도시가 현재 처한 상황을 고려하지 않고 모든 도시들에 똑같은 지원을 제공하는 것은 이치에 어긋난다. 우리는 죽어가는 도시와 병든 도시에는 재정 지원을 축소해야 한다고 생각한다. 죽어가는 도시와 병든 도시는 회생 가능성이 거의 없기 때문이다. 그런 도시들에 남아 있는 시민들에 대한 인도적 지원 외에 다른 재정 지원은 무의미하다. 그런 도시들은 다시 발전할 수 없다. 러스트 벨트(Rust Belt: 미국의 대표적인 공업 지역이었지만 제조업이 쇠퇴하면서 철강·석탄·방직 등 사양산업 지역으로 추락한 중서부와 북동부 지역)의 기업들은 텅 빈 공장을 버려둔 채 도시를 떠났고, 이곳에는 더 이상 일자리도 없다. 캘리포니아 주의 리버사이드, 미시건 주의 디트로이트와 플린트, 오하이오 주의 톨레도와 데이튼, 펜실베이니아 주의 스크랜턴 등의 도시도 이와 마찬가지다.

중앙정부의 재원은 죽어가는 도시와 병든 도시를 회생시키는 대신 안정된 도시와 성장하는 도시를 위해 사용되어야 한다. 안정된 도시와 성장하는 도시가 좋은 성과를 거두면 병든 도시의 주민들이 성장하는 도시로 이주하게 될 것이고, 그 도시에서 일자리를 찾을 수 있다.

중국에는 위에서 언급한 네 가지 도시 외에 또 다른 유형의 도시가 있다. 바로 신도시이다. 중국 정부는 죽어가는 도시에 재정을 투입하는 대신 신도시 건설 구역을 명시하는 방법을 택했다. 그러자 두 가지 효과가 나타났다. 첫째, 신도시가 건설되자 신규 자금이 대거 투입되었다. 개발 구역의 주민들에게 지급할 이주비용을 감안하더라도, 기존 도시를 재생시키는 것보다는 신도시를 건설하는 것이 훨씬 경제적이고 장래성도 보장된다. 둘째, 신도시가 건설되자 죽어가는 도시에서 주민들을 끌어올 수 있었다. 중국은 향후 10년간 수천 개의 신도시를 건설할 계획이다.

중앙정부는 상대적으로 탄탄한 도시를 어떻게 지원해야 하는가

혹자는 "재정이 탄탄한 도시는 중앙정부의 지원이 필요하지 않다"고 주장할 수도 있을 것이다. 그러나 이미 성장세에 있는 도시에 성장을 더더욱 촉진할 수 있도록 지원하는 것이 좋다. 그렇다면 성장 가능성은 충분히 있지만 도시 스스로 재원을 마련할 수 없는 상황이라면 어떻게 하는 것이 좋을까. 국가는 성장세에 있는 도시들이 우수한 경쟁 수단을 확보할 수 있도록 지원하기 위해, 재정과 공채를 어떻게 활용할 것인지 판단해야 한다. 또 이들 도시에 인센티브를 제공하거나 기업 투자를 권장하고 촉진할 수 있는 방법을 모색해야 한다.

결론

글로벌 경쟁이 점점 치열해지는 상황에서, 중앙정부는 자국의 기업과 도시들의 글로벌 경쟁력을 강화하기 위해 각종 지원 서비스와 연구개발 재정, 세금 우대 혜택 등을 지원해야 한다. 그렇게 하지 않는 국가는 경기악화를 맛보게 될 것이다.

미래를 위한 질문

1. 도시가 성장하기 위해 정부의 지원이 필요하다면, 정부의 지원을 받아야 할 세 가지 항목을 열거해보라.
2. 도시 당국은 도시에 위치한 기업들이 계획한 목표를 달성하는 데 도움을 주기 위해 어떤 정책을 개선해야 하는가?
3. 중앙정부는 기업이 보다 신속하고 편하게 도시로 진입할 수 있도록 돕기 위해 무엇을 해야 하는가?

7

기업은 어떻게 해야 도시에서 사랑받는가

인간은 사회적 동물이고, 기업은 사회적 동물군이다

앞에서 우리는 기업은 도시와 함께 성장해야 한다는 것을 알아보았다. 그렇다면 적합한 도시를 발견하고 새로 둥지를 튼 기업은, 새로운 도시에서 어떻게 처신해야 하는가? 고대 그리스의 철학자 아리스토텔레스(Aristoteles)는 "인간은 사회적 동물"이라고 말했는데, 우리는 "기업은 사회적 동물군"이라고 말하고 싶다. 인간은 사회 환경에 적절히 적응해야 변화하는 세상에서 자연도태되지 않고 진화할 수 있다. 마찬가지로 기업은 새로 진입한 도시와 함께 성장해나가야 글로벌시장에서 승자가 될 수 있다.

기업이 도시에서 성장해나가려면 좋은 평판을 얻어내야 한다. 만약 도시로 들어온 기업이 단기간 머물다 빠져나가는, 소위 '먹튀' 기업이 된다면 도시 당국은 물론 시민들, 더 나아가 전 세계 여러 소비자에게 부도덕한 기업으로 여겨질 수 있다. 한 도시에서 가능한 높은 수익을 취하고 더 후한 인센티브를 제공하는 다른 도시로 옮겨가는 기업은 철새 정치인만큼이나 안 좋은 평판을 쌓게 될 것이다. 반면에 해당 도시를 장기적인 거점으로 삼아 자신은 물론 도시도 발전할 수 있도록 아이디어와 자본을 지속적으로 투입하는 기업은 좋은 평판을 쌓을 것이다.

그런데 기업은 새로운 도시에서 좋은 평판과 안 좋은 평판을 동시에 쌓을 수도 있다. 어느 기업이 뭄바이에서 새로운 제철소를 건립했다고 가정해보자. 이 경우에는 "제철소를 건립했으니 도시의 일자리를 창출했다"고 좋은 평판을 쌓을 것이다. 반면에 "제철소가 도시의 환경오염을 가중시킬 것"이라는 나쁜 평판도 쌓을 수 있다. 규제가 허술한 도시라면 환경오염 문제는 더더욱 나쁜 평판을 쌓게 할 것이다. 제철소 건립은 뭄바이 경제에 보다 큰 수익을 안겨주는 것은 좋은 소식이다. 하지만 농민들이 애써 일군 곡물에 검댕이가 앉을 수도 있으므로 좋은 소식일 수가 없다. 방글라데시의 다카로 급속하게 유입된 다국적기업 의류 브랜드의 하청업체들은 다카의 GDP를 성장시켰지만, 안전을 등한시한 열악한 작업 환경 때문에 끔찍한 화재사고를 불러일으켰고 수백 명의 목숨을 앗아갔다. 물론 하청업체들의 잘못으로 발생한 문제이지만 다국적기업의 이미지 역시 상당히 악화되었다. 따라서 기업은 도시에서 좋은 평판을 위해 지속적인 노력을 기울여야 한다.

기업이 도시에서 좋은 평판을 얻기 위해

다국적기업은 대도시권에서 좋은 평판을 얻기 위해 어떻게 해야 할까?

좋은 평판을 쌓기 위해서는 기부 행위를 해야 하지만 기업은 이익을 창출해야 하는 집단이므로 기부 행위가 주된 활동이 되어서는 안 될 것이다. 기업은 기부 행위를 할 때도 투자 대비 수익률을 계산해야 한다. 기부한 만큼 결과가 좋지 않다고 예상된다면 비효율적인 행위가 될 수 있다는 말이다.

그런데 이 책의 4장에서는 기업이 도시에서 성장해나가려면 두 가지 요인인 경성 유인 요소와 연성 유인 유소를 살펴야 한다고 했다. 그리고 소비자의 감성이 중요해지는 세상에서 기업의 경영자는 경성 유인 요소뿐만 아니라 연성 유인 요소까지 살피는 것이 좋다고 했다.

기업은 선진국은 물론 개발도상국에서도 연성 요소를 살펴야 한다. 2008년에 프랑스의 베이징 올림픽 성화 봉송 방해 사건으로 촉발된 중국 내 반프랑스 시위는 프랑스계 대형할인점 까르푸(Carrefour)에 엄청난 피해를 입혔고, 현재까지 피해의 여파가 지속되고 있다. 일본과의 영토 분쟁을 벌이는 중국인들의 중화민족주의는 베이징과 상하이 등 중국 전역의 도시들에서 일본 자동차기업의 매출에 타격을 주었다. 인도에서는 자국의 시장으로 밀고 들어오는 다국적기업이 소규모 상점들에 피해를 줄 것이라 간주한 시민들이 폭동을 일으키기도 한다. 다국적기업은 도시 내에서 성장하려면 대중의 불만을 미연에 방지하기 위해 홍보에 만전을 기해야 한다.

기업은 대도시에서 성장해나가기 위해 다음 사항들을 고려해야 한다.

- 기업의 시장 범위 확대 및 경쟁력 강화
- 경쟁자와 훼방꾼으로부터 기업 브랜드 보호

- 시장 점유율 성장과 수익률 성장 사이의 균형 확보

다국적기업 또는 중소기업은 대도시권의 생활환경도 고려해야 한다. 대부분의 대도시 지역은 다음과 같은 문제점을 안고 있다.

- 빈곤, 기아
- 실업과 노숙자
- 극심한 빈부격차
- 교통 혼잡
- 범죄, 폭력

기업이 대도시의 이러한 문제들을 해결하기 위해 노력한다면 지역에서 기업의 평판은 좋아질 것이다. 그렇다면 기업은 이런 문제들을 해결하기 위해 어떻게 해야 할까?

대다수의 다국적기업은 기업의 사회적 책무를 이행하기 위한 별도의 정책을 마련한다. 기업은 사회공헌팀 등을 두어 기업이 위치한 도시에서 여러 지원 활동을 벌인다. 일본의 스미토모전공은 자금의 지원, 인적 자원의 개발, 자원봉사 활동 등을 포함해 지역사회에 대한 사회적 기여의 범위를 규정해놓았다. 한국 최대의 제철기업으로 전 세계 많은 도시에 지사를 두고 있는 포스코는 2013년 이스트 아시아 30 어워드(East Asia 30 Awards)에서 사회적 책임 경영 부문 우수기업으로 선정된 바 있으며, 전 세계의 많은 도시에서 교육, 보건, 문화, 사회복지 프로그램에 기여하고 있다. 이러한 사회공

헌 활동을 벌이는 포스코에 대한 시민사회의 반응은 매우 좋다. 당연히 포스코의 이미지도 좋을 수밖에 없다. 그러자 도시 당국은 포스코의 영향력이 자신들보다 막강하다는 것을 인식하게 되었다. 인도의 부바네스와르 지방정부는 주요 산업을 발전시키는 것에 반대하는 유권자들을 설득하기 위해 포스코가 기업의 사회적 책임 활동을 보다 적극적으로 추진할 것을 요청하기도 했다.

오늘날의 도시는 사회적 문제를 해결하기 위해 정부보다는 기업에 지원을 요청해야 한다. 정부의 재정은 고갈된 데 반해 기업은 고충을 겪고 있는 지역사회를 지원할 수 있는 자원을 보유하고 있기 때문이다. 한걸음 더 나아가, 시민들은 어떤 제품을 구매하고 지지할 것인가를 판단할 때 기업의 사회적 책무 수행 여부에 갈수록 더 큰 가중치를 부여할 것으로 예상된다. 기업이 생산하고 판매하는 제품의 품질뿐만 아니라 기업의 철학과 가치로도 평가받게 될 것이라는 의미다. 따라서 다국적기업은 좋은 평판을 얻기 위해 더 많은 노력을 기울일 필요가 있다.

이 장에서는 다음의 질문들을 살펴보고자 한다.

1. 기업은 지역 경제에 어떤 해를 끼칠 수 있는가?
2. 기업은 지역 경제에 어떤 기여를 할 수 있는가?
3. 대도시권은 기업이 손해보다는 이익을 줄 것이라는 것을 어떻게 확신할 수 있는가?

기업은 지역 경제에 어떤 해를 끼칠 수 있는가

기업은 다른 모든 조건이 동일하다면 보다 낮은 비용이 들어가는 특정 지역 경제를 선택할 것이다. 보다 낮은 비용이란 상대적으로 저렴한 인건비, 부동산 비용, 자본 비용, 규제 관련 비용 등을 의미한다. 그중에서도 상대적으로 저렴한 규제 관련 비용은 종종 기업의 선택을 좌우하는 결정적인 요소가 된다. X라는 도시에 최저임금법이 없고 근로 환경 규제에 최소한의 법률이 적용되고 있다면, X도시로 진출하는 외국 투자자는 보다 낮은 비용을 부담할 것이다. 개발도상국의 주요 도시들은 아동 또는 근로자를 보호하는 관련 법률이 까다롭지 않기 때문에 많은 다국적기업의 선호 대상이다. 다음의 사례를 살펴보도록 하자.

1995년에 나이키는 파키스탄의 사가스포츠(SAGA Sports)와 축구공 생산을 위한 하청계약을 체결했다. 당시 나이키는 파키스탄에서 많은 아동들이 노동에 참여하고 있다는 사실을 인지하고 있었다. 나이키는 축구공 외피 바느질에 저렴한 아동 노동력을 동원하는 사가스포츠에 하청을 주어 이익을 챙겼다. 그리고 나이키는 자선활동을 많이 벌여 훌륭한 기업이라는 이미지를 홍보해 자신들의 치부를 감추었다.

1996년 5월, 인도네시아의 노동력 착취 현장에서 12살짜리 여자아이들이 일주일에 70시간의 노동을 감당하며 나이키 신발을 만들고 있었다. 그러나 나이키는 여전히 침묵으로 일관했다. 1996년 6월, 〈라이프〉 지에 나이키 축구공 조각들에 둘러싸인 파키스탄의 12살 소년 타리크(Tariq)의 사진이 실렸다. 타리크는 푼돈이나 다름없는 임금을 받으며 축구공을 만드는 아동 노동자였다. 이후 미국과 캐나다 전역의 사회운동가들이 나이키 매장 앞에서 시위를 벌이기 시작했다. 1998년 5월, 나이키는 자사의 모든 생산공장에 표준 행동강령을 적용했다. 이 행동강령은 신발 제조공장에서 18세 미만의 노동자를 채용할 수 없도록 규정했다. 나이키는 미성년자의 노동력을 착취하지 않겠다고, 하청업체들이 미국의 보건 및 안전 기준을 준수하도록 조치하겠다고 약속했다.

또 다른 사례는 2013년 4월에 1,034명의 인명 피해를 낳은 방글라데시의 의류공장 화재사건이다. 이 화재사건은 전 세계 유명기업의 제품을 생산하는 200억 달러 규모의 방글라데시 의류산업 근로자들의 위험한 작업 환경에 대한 경종을 울렸다. 화재의 원인은 조악한 건축물과 안전 규정을 지키지 않은 작업환경 때문인 것으로 드러났다.

다국적기업은 '부정적 외부효과'에 적절히 대응하지 않을 때 비난받는다. '부정적 외부효과'란 '기업이 환경에 야기하는 비용을 부담하지 않는 것'을 의미한다. 기업의 공장에서 공기오염의 원인이 되는 탄소를 배출할 수도 있고, 화학물질을 방류해 식수를 오염시킬 수도 있다. 선진국의 기업들이 환경 규제가 약하거나 아예 존재하지 않는 개발도상국으로 생산시설을 이전하는 것은 더 이상 특별한 사건이 아니다. 실제로 일본은 다수의 유독성 생산시설을 개발도상국으로 이전했다. 환경오염에 개의치 않고 일자리 창출에만 급급한 국가로 말이다.

적정한 수준의 임금과 보건, 안전 등 기본적 인권을 보장할 수 있는 법률을 확립하고 적용하는 것은 모든 국가가 반드시 갖춰야 할 조건이다. 노동조합은 최저 노동 연령, 양호한 근로 조건 등의 보호 조치를 법률로 제정하도록 정부를 압박할 수 있는 하나의 세력이다. 그러나 후진국의 대다수 대도시에는 노동조합이 존재하지 않거나, 있다고 해도 그 힘이 미력하거나 부정부패에 연루되어 있는 경우가 많다. 정부를 압박할 수 있는 또 다른 세력은 열악한 노동 현실을 세상에 알릴 수 있는 취재기자와 독립적인 방송매체일 것이다. 또 '노동자 권익 보호'를 공약으로 내걸고 유권자를 설득하는 야당에 희망을 걸어볼 수도 있다. 그러나 야당은 미사여구만 앞세울 뿐, 재정이 받쳐주지 못하거나 지도력이 부족한 경우가 많다.

이러한 상황에서 현명한 다국적기업들은 자발적으로 지역 환경을 관리 및 감독하는 데 앞장서고, 열악한 작업환경이 강요되는 국가에서는 생산시설을 이전하고 있다. 앞으로 더 많은 다국적기업들이 자사 브랜드의 평판을 위해 양호한 작업환경을 선호할수록, 세계 각지의 공장들은 좋은 작업환경을 갖추게 될 것이다.

기업은 지역 경제에 어떻게 기여해야 하는가

어떤 도시들은 자연이나 생활방식과 관련해 좋은 이미지를 보유하고 있다. 이렇게 이미지가 좋은 도시들에는 세계의 자본이 몰린다. 베를린은 유럽의 새로운 생활방식과 문화의 중심지로 부상하며, 전 세계의 많은 기업과 창의적인 인재들을 끌어 모으고 있다. 스웨덴과 핀란드의 도시들은 유럽의 첨단 디지털 분야의 창업을 주도하고 있다. 스톡홀름은 유럽에서 디지털 네트워크의 보급률이 가장 높으며, 카자(Kazza), 스카이프(Skype), 마이

SQL(MySQL), 파이러트 베이(Pirate Bay), 스포티파이(Spotify) 등의 선구적인 벤처기업들이 주도하는 기업 생태계를 보유하고 있다.

도시들은 '기업 활동을 적극 지원하는 도시'라는 평판을 얻기 위해 최선의 노력을 기울여야 한다. 거대한 전시회장이나 박람회장을 건설하면 도시의 매력을 한층 강화할 수 있다. 푸에르토리코에서는 2001년 11월에 푸에르토리코 컨벤션센터(Puerto Rico Convention Center)의 건설을 착공했다. 박람회장과 회의장, 연회장, 지원 및 서비스 공간 등이 포함된 1단계 사업을 위해 2억 달러의 투자금이 조성되었다. 푸에르토리코 컨벤션센터는 산후안의 해안 지역 관광산업을 촉진하기 위한 복합 프로젝트의 일부이며, 전체 프로젝트는 카지노, 호텔, 식당, 사무 및 오락시설 등으로 구성된다. 플로리다의 오렌지카운티 컨벤션센터(Orange County Convention Center)는 700만 제곱피트의 면적에 기업이나 단체가 원하는 기능을 모두 갖춘 미국 최대의 컨벤션센터이다.

갈수록 경쟁이 치열해지는 시대에서 도시 당국과 도시 의회가 직면한 가장 큰 도전과제는 지역 정치의 어젠다를 변경하는 일이다. 도시의 시장들은 새로운 기업과 투자를 유치하기 위해 경쟁우위를 확보해야 한다. 유권자들이 원하는 것은 시민을 위한 서비스와 낮은 세금이다. 또한 고용이 보장되고 일자리가 지속되기를 희망한다. 그러나 새로운 다국적기업을 유치하기 위해 자신이 희생돼도 괜찮다고 생각하는 개인은 없을 것이다. 시민들은 환경오염에 대해 염려하고, 자신의 재산 가치가 어떻게 될 것인지 관심을 두며, 교통체증이 심각해지는 것을 걱정한다. 도시가 발전하기 위해서는 역기능도 고려해야 하는데, 시민들은 대부분 순기능만 바란다.

시민들의 이러한 심리를 간파한 정치인들은 선거철만 되면 도시개발과 관련된 장밋빛 청사진만 내세운다. 그리고 막상 당선된 이후에 공약이 지켜지지 않으면, 시민들은 또 속았다고 생각한다. 정치권에 대한 불신만 커질 뿐이다. 따라서 도시 당국과 도시 의회는 시민들에게 도시개발의 순기능과 역기능을 솔직하게 설명하고, 그들을 설득해야 한다. 도시의 지도자는 진정한 미래의 모습을 꾸밈없이 말해야 한다. 새로운 다국적기업을 유치하고 일자리를 창출하기 위해서는 시민에게 신뢰를 받아야 한다. 도시의 시장은 다음과 같이 유권자들을 설득해야 한다. 첨단산업 분야의 기업과 인재를 유인하기 위해 도시를 발전시키는 사업은 매우 가치 있는 일이며, 채권을 발행해 인프라와 학교 등을 건설하면 일자리를 창출할 뿐만 아니라 도시의 미래 세대에게도 유익하다고 말이다.

다국적기업들이 도시에서 사회적 책임을 이행하기 위해 프로그램을 마련해야 하는 것처럼, 도시의 정치가와 지도자들 또한 시민들의 공감을 살 수 있도록 노력을 기울여야 한다. 이른바 '보다 나은' 혹은 '안정된 미래를 위한 시민적 희생'이라는 화두를 던져야 한다는 말이다.

도시 당국이 시민의 공감을 얻어 벌인 재개발사업 중 좋은 결과가 나타난 사례가 있다. 바로 도심 지역을 '차 없는 거리'로 만들어 쇼핑가로 바꾼 사례다. 아르헨티나 부에노스아이레스의 플로리다 거리는 여유로운 쇼핑을 즐기려는 수많은 관광객들이 모여드는 주목받는 명소이다. 멋스러운 상점들과 식당, 아트 갤러리들이 곳곳에 자리 잡은 12개의 거리 블록을 매일 100만 명이 넘는 사람들이 거닌다. 부에노스아이레스를 찾는 관광객들에게 이곳의 카페와 쇼핑가, 가죽제품 상점들은 반드시 둘러보아야 할 필수

코스이다. 플로리다 거리에 입점한 업체로는 전통을 자랑하는 서점 엘 아테네오(El Ateneo), 세계적으로 유명한 영국의 해롯백화점(Harrods), 아르헨티나 유명 화가의 벽화를 감상할 수 있는 5,000제곱미터 면적의 갈레리아 파시피코(Galeria Pacifico) 등이 있다.

이 책의 저자 중 한 명은 옛날 타자기를 제조하는 것으로 명성을 날렸던 이탈리아의 올리베티(Olivetti)의 이야기를 아직도 기억한다. 올리베티는 주요 도시에 생산시설을 세울 때면 늘 직원들을 위해 보다 나은 주거환경을 고려했다. 이와 같이 직원들의 삶의 질을 개선하는 데 투자를 아끼지 않는 온정적인 기업의 사례는 이밖에도 많다. 19세기 후반에 철도용 침대차 생산기업을 이끌었던 조지 풀먼(George Pullman)은 일리노이 주 풀먼에 근로자들을 위한 계획도시(또는 기업도시)를 세웠다. 현재 시카고의 일부로 편입된 이 도시에는 근로자를 위한 주택이 들어섰고 자치위원회도 갖추어졌다.

일도 잘하고 성실한 직원을 원하는 기업은 새로운 지역사회로 진입할 때마다 바람직한 노동 정책을 마련해야만 한다. 코카콜라와 IBM과 같은 기업은 자사 직원에 대한 처우가 훌륭하고, 지역사회의 문제를 개선하는 활동에도 적극적으로 참여한다는 평판을 얻고 있다. 이들 기업은 그런 활동들이 기업의 장기적인 목표를 달성하는 데 도움이 되고, 궁극적으로 기업의 성공에 기여한다고 생각한다.

대도시권은 기업이 손해보다는 이익을 줄 것이라는 것을 어떻게 확신할 수 있는가

기업을 위한 조언들을 충분히 했으니, 이제 도시 당국자들을 위한 이야기로 넘어가보자. 도시 당국은 다국적기업을 유치하면, 도시의 발전에 득이 될 수도 있고 해가 될 수도 있다는 점을 이해할 필요가 있다. 대개의 경우 도시들은 일자리 창출과 지역 경제 발전이라는 순기능만 염두에 둔 나머지 역기능을 무시하는 경향이 있다. 외국기업을 유치하게 되면 누군가는 이익을 얻을 수 있고, 또 다른 누군가는 피해를 입을 수 있다.

바라건대, 기업을 유치하는 일은 사전 논의와 심사숙고를 충분히 거친 후 결정되어야 한다. 대부분의 국가와 도시 지역에는 특정기업(예를 들어, 중공업이나 외국계 미디어기업 등)의 진입을 차단하거나 그 수를 제한하는 법률이 있다. 베이징의 경우만 봐도, 도시의 공기오염과 환경오염을 줄이기 위해 지속적으로 중공업을 도시 밖으로 이전시키고 있다.

다국적기업은 주요 글로벌도시로 진입할 때 많은 장애물에 부딪힌다. 2009년에 월마트는 2015년까지 인도 최대의 유통기업이 되겠다는 목표를 세웠다. 하지만 오늘날 월마트의 계획은 거의 실현되지 못하고 있다. 지금까지 고작 20개의 영업점을 개설하는 데 그쳤고, 그것도 현지기업인 바티 엔터프라이즈와 합작한 도매유통 분야에서만 진전이 있을 뿐이다. 이러한 결과는 몇 가지 문제점 때문에 발생했다. 가장 큰 문제점은 소규모 소매상들은 글로벌 유통기업이 인도시장에 진출하는 것에 정치적으로 반대한다는 것이다. 그들은 지금까지 월마트의 인도시장 진입을 성공적으로 저지한 셈이다. 2013년 기준 월마트는 인도시장에서 투자 확대를 잠정 중단했다. 소매유통 시장에 진입하는 데 실패했기 때문이다.

두 번째 문제점은 상업용 부동산 매입과 영업점 개설과 관련된 것이다. 인도에서 상업용 부동산을 매입하거나 영업점을 개설할 때는 복잡한 행정 절차를 밟아야 하고, 인도 관료들의 부정부패 때문에 애먹을 것이다. 인도는 대도시 지역에서조차 사업자등록증을 취득하는 일이 너무나 어렵고 시간이 오래 걸린다. 이것은 월마트에만 해당하는 것이 아니다. 인도 국내기업일지라도 마찬가지다. 대도시의 행정 당국으로부터 취득해야 하는 인허가의 개수만도 수십 가지에 달한다. 기업인들은 인도에서 사업을 시작하기 전에 대개 뇌물을 제공해야 한다.

세 번째 문제점은 월마트가 미국의 해외부정거래방지법(U. S. Foreign Corrupt Practices Act)을 위반했다는 의혹이 불거지면서 발생했다. 월마트는 협력업체들과 직원들이 미국과 인도의 법규를 모두 준수하도록 했어야 했다. 월마트는 멕시코에서도 유사한 문제를 경험한 바 있다.

네 번째 문제점은 인도에 진출한 외국 소매유통 기업은 자원의 30퍼센트를 인도 현지에서 조달해야 한다는 인도 정부의 규정이다. 월마트는 현실적으로 불가능한 규정이므로 비율을 20퍼센트로 낮추어달라고 원했지만 인도 정부의 일각에서는 40~50퍼센트로 상향 조정할 것을 주장하기도 했다. 유권자를 의식하는 인도 정부는 현지 조달 30퍼센트 규정을 포기하지 않았다.

현재 월마트의 인도도시들에 대한 투자는 잠정 중단된 상태이다. 대도시의 행정 당국이 허가를 취득하지 않았다는 이유로 건설을 중단하라는 명령을 내리고 정부 관리들이 현장을 봉쇄한 적도 있다. 월마트가 쌀, 렌즈콩, 과

일, 야채를 취급할 수 있는 별도의 면허를 취득하지 않은 채 도매영업점을 개설해 문제가 되기도 했다. 월마트는 인도는 물론 미국의 법과 규정을 모두 준수하는 데 보다 세심한 주의를 기울였어야 했다. 이렇듯 인도의 대도시에 진입하기 위해서는 많은 난관에 부딪쳐야 하므로 월마트는 더 이상 사업을 확장하지 않기로 했다.

월마트의 사례는 개발도상국의 대도시들이 지닌 양면성을 깨닫게 해준다. 도시 당국은 세계적인 기업을 유치하기 위해 노력하지만 막상 유치한 뒤에는 법률과 조례 등으로 방해하는 경우도 있다. 따라서 기업은 도시에 대한 조사를 보다 철저히 해야 할 것이다. 도시에 진출한 이후에도 어떤 난관들과 부딪힐 수 있는지 살펴야 한다.

결론

더 큰 성장을 원하는 도시는 도시 내에 본사나 지사, 생산시설, 영업점 등을 확고히 뿌리내리게 할 계획을 가진 다국적기업을 유형을 가리지 않고 기꺼이 받아들이는 경향이 있다. 그러나 이는 순진한 접근방법이다. 도시는 어떤 기업과 산업을 대도시권으로 유인할 것인지 보다 신중히 검토해야 한다. 특정산업 분야에 적합한 강점을 한층 강화하는 한편, 도시에서 성공할 가능성이 가장 높은 기업들을 물색해야 한다.

선진국이나 개발도상국의 도시시장으로 진입하는 다국적기업은 사회적 책무를 수행하기 위한 프로그램을 갖추고, 도시 지도자와 시민들의 공감을 이끌어낼 때 비로소 성공을 거둘 수 있다. 그리고 경쟁관계에 있는 기업들이 대중적인 반감이나 불안을 조장할 수 있다는 점을 명심해야 한다. 다국적기업은 기업의 사회적 책임을 다하면 대중의 호감도가 상승해 투자수익률도 높아질 수 있음을 반드시 인지해야 한다.

반면에 도시 당국은 어느 다국적기업이 도시 경제에 도움이 될 수 있는지 신중하게 판단해야 한다. 또한 유치 대상으로 정한 다국적기업이 도시에 어떤 악영향을 끼칠 것인지도 판단하는 과정을 거쳐야 한다. 몇몇 기업은 좋은 결과와 나쁜 결과를 모두 나타낼 수도 있다. 어떤 기업은 일자리와 수익 창출이라는 좋은 결과를 나타내고, 지역 경제의 당면 과제를 해결하는 데 기여하기도 한다. 그런 기업이 바로 도시가 유치해야 할 기업이다.

미래를 위한 질문

1. 기업은 도시 당국이 육성하고자 하는 산업에 대해 살펴보라. 그 산업이 지역 경제에 가져다줄 장점은 어떤 것이며, 나쁜 결과는 무엇인가? 향후 나쁜 결과가 나타난다면 그에 대한 해결책을 마련할 수 있는가? 해결책은 기업 스스로 마련해야 하는가? 아니면 도시 당국의 협조를 구해 마련할 수 있는가?
2. 기업은 교육, 보건, 빈곤, 부정부패 등 도시의 주요 문제들 중 어느 한 가지를 향후 3년 내에 개선할 수 있는가?
3. 도시 당국은 모범적인 기업 활동을 기리는 시상식을 마련해 다른 기업들이 그러한 관행을 모방하도록 하고 있는가?

8

마케터는 도시 중심의 시장에서 어떻게 일해야 하는가

국가가 아니라 도시가 성장의 중심축이다

지금까지 전 세계의 도시들을 살펴보면서, 기업이 입지를 선정하기 위해 벌이는 경쟁과 글로벌도시들이 기업의 투자를 유치하기 위해 벌이는 경쟁을 살펴보았다. 기업의 마케터는 본사나 사업본부의 근거지로 삼을 최적의 도시 지역을 선택해야 한다. 주로 도시 또는 대도시권의 경제개발 관련 관청에서 활동하는 도시의 마케터 역시 좋은 결과를 얻기 위해 노력해야 한다.

마케터는 다음과 같은 점을 명심해야 한다. 기업과 마케팅 조직은 '글로벌시장 확장은 대륙별 지역이나 국가 수준에서 진행해야 마땅하다는 수십 년 동안 지속되어온 고정관념'을 버려야 한다. 경제 성장과 관련된 기존의 데이터 대부분은 도시가 아니라 각 대륙의 지역이나 국가를 대상으로 수집되고 만들어졌다. 따라서 그동안 기업의 마케터들은 국가를 대상으로 기회를 찾고, 중앙정부를 대상으로 활동을 벌이는 데 치중할 수밖에 없었다. 우리 저자들은 이를 '외교적 경로(diplomatic route)'라고 칭한다. 그리고 이것은 시대에 뒤떨어진 방법이다.

경제 성장은 이제 국가 수준에서 발생하지 않는다. 글로벌도시 다수는 이미 GDP성장률에서 국가를 앞지르고 있다. 기업의 마케터들은 국가에서 도시로 관심의 초점을 옮겨야 하며, 도시 지역의 경제 데이터를 토대로 기업의 성장 기회를 찾아야 한다.

기업의 마케터와 마찬가지로, 도시의 마케터 역시 현명해져야 한다. 토착 기업 중심의 성장책을 모색하는 사고방식을 버려야 한다. 기존의 좁은 시야를 버리고 밖으로 눈을 돌려야 한다는 의미다. 전통적인 경제개발계획은 지역의 중소기업들과 스타트업 창업을 지원하는 데 중점을 두었다. 신생기업과 중소기업이 '고용 창출의 최대 기여자'라고 생각하기 때문에 그런 것이다. 이는 틀린 생각은 아니지만 도시를 경제적으로 성장시키는 것과는 거리가 먼 사고다.

글로벌 경제의 성장은 중소기업이 아닌 중형 및 대형 다국적기업들의 제품과 서비스에 대한 소비와 교역, 투자가 주도한다. 다국적기업들은 중소기업들을 인수해 해외시장을 확대하고 있다. 도시가 글로벌도시로 성장하려면 이들 중형 및 대형 다국적기업의 본사나 사업본부를 유치해야 한다. 물론 중소기업에 대한 지원도 중요하지만, 그것으로 세계적인 도시를 창출할 수는 없는 법이다.

요약하자면, 다국적기업은 글로벌도시들이 자사의 매출과 수익을 확대할 수 있는 중심축이라는 사실을 인지해야 하고, 도시는 다국적기업을 유치할 수 있는 역량이 도시를 성장시키는 중심축이라는 점을 이해해야 한다.

기업은 이제 넓은 지역(세계, 지역, 국가)에서 좁은 지역(도시 또는 도시권역)으로 시선을 돌려야 한다. 도시가 소비와 교역, 투자의 중심축이라는 점을 명심해야 한다는 의미다. 도시는 다국적기업이 도시를 성장하는 중심축이라고 생각해야 한다. 물론 중소기업을 업신여겨도 된다는 뜻은 아니다. 하지만 거듭 강조하건대 중소기업에만 치중한다면 보다 큰 무대로 진출할 수 없다. 도시가 성장하기 위해서는 중형 및 대형 다국적기업이 필요하다. 이것이 바로 다국적기업과 도시에게 주어진 중요한 도전과제이다.

먼저 기업의 마케터를 위한 전략을 살펴보도록 하자. 글로벌기업에게는 자사의 제품과 서비스에 대한 생산, 유통, 판매, 지원이 이루어질 최적의 도시를 선택하는 일이 다른 무엇보다 중요하다. 이 과업은 대개 고위급 마케팅 책임자와 입지 선정 전문가로 구성된 사업개발팀이 맡는다. 사업개발팀의 목표는 최적의 글로벌도시를 선정한 후 해당 도시에서 효율적인 사업 및 마케팅 조직을 구축하고, 그런 조직들을 서로 연결해 일관성 있는 기업 구조를 완성하는 것이다. 그들은 기회를 포착해야 하고, 그런 기회에 대한 최고경영자의 지지와 지원도 얻어내야 한다.

기업의 마케터는 급속하게 성장하는 글로벌 도시시장이 제공하는 기회를 포착하는 방법, 도시를 선택하고 조직을 구축하고 운영하는 방법 등에 대해 배워야 한다. 다국적기업은 다수의 사업 부문을 보유하고 있다. 각 사업 부문에 맞는 최적의 도시는 어디인가? 공급망과 소비 및 무역의 측면에서 각 사업 부문에 최적의 가치 사슬을 제공할 수 있는 도시는 어디인가? 이러한 질문을 스스로에게 던져야 한다.

마케팅 투자는 우선순위를 정하고 진행해야 한다. 성장하고 있는 글로벌도시는 많다. 기업이 성장하는 데 가장 적합한 도시는 어디인가? 마케터라면 각기 다른 글로벌도시들 중 어느 도시가 보다 경쟁력이 있는지 우선순위를 정해야 한다. 마케터는 기업의 경제 분석가이자 숙련된 대변인이 되어야 하며, 최고경영진의 전략적 투자 결정을 얻어내야 한다. 그리고 국가의 정책 모델이 아닌 도시가 제공하는 기회에 적합한 전략을 수립해야 한다.

자사의 성장 목표에 부합하다고 생각되는 글로벌도시를 선정하고 나면, 마케터는 최상의 진입 조건을 조성키 위해 각 도시들과 협상을 벌여야 한다. 다른 기업들, 대개 경쟁사일 가능성이 매우 큰 기업들도 이 도시를 눈여겨보고 있을 것이므로, 대개 협상 과정이 그리 단순하지 않다는 점을 염두에 두어야 한다.

기업의 마케터들은 해당 도시에 대한 자사의 투자계획서를 준비해 협상 과정에서 최상의 조건을 도출해내야 한다. 그리고 도시가 제공하는 다양한 혜택들을 면밀히 따져보아야 한다. 기업과 도시의 협상이 합의에 이르고 나면, 기업은 도시를 대상으로 하는 사업 및 마케팅 조직을 구성해야 한다. 마케터는 글로벌도시의 시장으로 나아가 시장점유율을 확보하고 수익을 창출해야 한다.

도시 중심의 글로벌 세계에서 사업을 성공적으로 운영하려면, 마케터는 각 도시들의 경제적 특성뿐만 아니라 사회적, 문화적 특성도 간파해야 한다. 마케터는 지리학자, 인류학자, 인구통계학자, 사회학자, 경제학자, 사업관리자의 역할을 모두 수행해야 한다.

모든 브랜드는 각기 다른 글로벌도시의 문화에 부합하는 현지화 과정을 거쳐야 한다. 글로벌 브랜드는 어떤 시장에서든 나름의 무게감을 가질 수 있지만, 그래도 현지의 문화에 맞춰 일정 부분 조정을 가할 필요가 있다. 다국적기업의 포트폴리오 역시 각기 다른 글로벌도시의 독특한 수요와 특성에 맞추어 조정되어야 한다. 제품의 포트폴리오와 가격, 판촉, 유통 경로, 판매 관리 등 모든 것을 현지의 요구 조건에 부합하도록 조정해야 한다는 의미다.

다국적기업의 본사와 사업본부는 현재 위치하고 있는 글로벌도시의 생존에 결정적인 영향력을 행사할 수 있는 존재가 되어야 한다. 마케터는 해당 도시의 요구와 희망, 문화, 포부 등에 들어맞는 자사만의 독특한 사회적 책임 수행 프로그램을 고안해야 한다. 그럼으로써 시민의 공감과 호의를 이끌어내야 한다는 얘기다.

기업의 마케터는 자신이 선택한 글로벌도시에서 이방인이 아닌 공공의 리더가 되어야 한다. 현재 위치하고 있는 글로벌도시의 요구와 바람을 충족시키기 위해 노력해야 하고, 도시의 정치가, 시민, 기업가들과 개인적인 인관관계도 형성해야 한다. 그러 위해 기업은 도시 중심의 마케팅 경영자를 선임해 충분한 기간 동안 공을 들이게 만들 필요가 있다.

다국적기업의 사업 조직은 하향식 구조가 아닌 도시 중심의 상향식 구조를 갖추어야 한다. 마케터는 효율적인 생산과 크로스 마케팅(cross-marketing)을 위해 해당 도시에서의 사업 운영을 다른 지역에서 활동하는 자사의 조직들과 결속시켜야 한다. 크로스 마케팅은 다양한 분야가 서로 연계해 마케팅하는 것이다. 대표적인 예는 스티븐 스필버그 감독의 〈ET〉다. ET는 인형, 만화책, 티셔츠 등 어린이용품으로 제작되어 엄청난 판매고를 기록했다. 최근에는 음반사업이 드라마와 영화의 삽입곡 등으로 크로스 마케팅의 덕을 톡톡히 보고 있다. 음반기업의 마케터들은 흥행에 성공할 만한 드라마와 영화, 공연 등에 크로스 마케팅을 제안하기도 한다.

도시에서 활동하는 마케터에게는 보다 큰 사업적 책임이 부여되어야 한다. 기업은 높은 수익을 창출하는 도시에서 근무하는 마케터에게 보다 큰 보상을 제공해야 한다. 이제까지는 지사가 아니라 본사에서 근무하는 마케터들이 우대받았는데, 본사의 마케터에게는 상대적으로 적은 보상이 주어지도록 해야 한다. 그렇다고 해서 본사의 마케터들을 무시하라는 말은 아니다. 본사의 최고마케팅 책임자(Chief Marketing Officer, CMO)나 마케팅 부서장은 글로벌도시에 마케터를 배치하고 그들을 관리감독하며, 그들의 성과를 평가하는 것과 관련해 궁극적인 책임을 져야 한다.

자, 이제 기업의 마케터가 취해야 할 행동들을 살펴보기로 하자.

글로벌도시가 제공하는 기회를 발견하라

중국에 신하오(Xinhao)라는 가상의 다국적기업이 있다고 가정해보자. 연 매출 200억 달러 규모의 이 대기업은 난방, 통풍, 에어컨을 통합한 HVAC(heating, ventilation, air conditioning) 제조 부문을 보유하고 있다. 신하오의 HVAC사업부는 랭리(Lengri)라고 부르기로 하자. 신하오는 대외투자 전략의 일환으로, 주상복합 콘도가 한창 인기를 끌고 있는 미국의 도시들에서 랭리 제품에 대한 생산과 판매, 고품질·저가의 장비를 마케팅하려 한다.

신하오와 랭리는 미국의 어느 도시가 랭리의 사업본부를 두는 데 가장 적합한지 판단해야만 한다. 사전조사 결과, 상업적 신축건물이 많은 미국 내 상위 20개 도시가 후보로 선정되었다. 첫 번째 후보도시는 2012년 기준 205억 달러 규모의 건설 프로젝트가 진행 중인 뉴욕이다. 그 뒤를 이어 각각 111억 달러 규모의 댈러스와 휴스턴, 96억 달러의 워싱턴, 79억 달러의 로스앤젤레스, 79억 달러의 애틀랜타 등이 있다. 이들 도시는 HVAC사업 분야에서 미국 내 상위 여섯 개 시장에 속한다.

워싱턴의 경우 대다수의 건설 프로젝트를 연방정부가 발주했기 때문에 정치적인 이유로 자국기업을 선호할 가능성이 높다고 판단한 신하오는 워싱턴을 후보도시에서 제외했다. 뉴욕은 인근 지역인 코네티컷 주 파밍턴(Farmington)에 있는 캐리어(Carrier)와 같이 오래전부터 자리를 잡은 전통적인 공급업체들이 포진해 있기 때문에 후보도시에서 제외되었다. 댈러스에 위치하고 있는 레녹스 인터내셔널(Lenox International)은 휴스턴과 댈러스 지역으로 새롭게 진입하는 외국 HVAC기업에게 만만찮은 경쟁상대가 될 터였다. 신하오는 휴스턴과 댈러스도 후보도시 목록에서 삭제했다. 잉가솔 랜드(Ingersoll Rand: 글로벌 본사가 아일랜드 더블린에 위치한 기업)의 사업부인 트레인(Trane)은 노스캐롤라이나의 데이비드슨에 위치하고 있다. 데이비드슨은 2010년 기준 인구 1만 명의 소도시로, 상위권에 위치한 상업적 건설이 활발한 도시들과는 거리가 멀다. 결국 신하오는 상황을 종합해 애틀랜타와 로스엔젤레스를 적합한 시장으로 판단했다. 그리고 경쟁사인 존슨 컨트롤스(Johnson Controls)에 주목했다. 존슨컨트롤스의 본사는 이들 도시와 상당히 떨어진 위스콘신 주의 밀워키에 위치해 있다. 물론 이 기업은 상당한 매출을 올리고 있다.

후보도시에 대한 프로파일링이 필요하다

신하오는 후보도시들 중 애틀랜타와 로스앤젤레스를 염두에 두고 있다. 애틀랜타는 많은 기회를 제공해줄 수 있는 도시다. 메트로 애틀랜타 상공회의소(Metro Atlanta Chamber)가 발표한 자료에 의하면, 2012년에 북미 지역에서 신규 프로젝트의 수가 네 번째로 많은 도시로 선정된 바 있다. 또한 창업하기에 가장 좋은 도시 1위, 기업 활동이 용이한 도시 4위, 북미 지역의 미래 도시 6위에 오르기도 했다.

로스앤젤레스 또한 매력적인 도시이다. 로스앤젤레스 도시 지역은 미국에서 두 번째로 규모가 큰 메가시티이며, 인구 규모도 뉴욕의 1,900만 명에 이어 두 번째로 큰 1,300만 명을 보유하고 있다. 7,924억 달러의 도시 GDP 또한 뉴욕에 이어 두 번째이다. 도쿄와 뉴욕에 이어 전 세계 3위의 대도시권이며, 미국 내에서 뉴욕과 샌프란시스코에 이어 중국인 인구가 세 번째로 많은 도시이다. 중국계 HVAC기업이 진출하는 데 좋은 입지 조건을 갖춘 셈이다. 마지막으로 미국의 상위 다섯 개 HVAC기업 중에는 서부해안 지역에 본사를 두고 있는 기업이 하나도 없다.

후보도시에 효율적으로 접근하기 위해

신하오와 랭리 HVAC사업부는 업계의 전문 컨설턴트를 고용했다. 후보도시에 대해 잘 알고 있으며, 향후 어떠한 건물들이 건설될 것인지, 경쟁사들은 이들 도시의 HVAC시장에 어떻게 진입했는지 등에 대한 정보를 보유한 현지 컨설턴트를 고용한 것이다.

애틀랜타와 로스앤젤레스를 각각 방문해 시청의 경제개발 부서를 비롯해 정치가와 기업가, 시민단체들과 만나보기도 했다. 이들 도시의 상업용 부동산시장의 성장률을 조사하고, 경쟁사들의 현재 포지션에 대해서도 연구했다. 그리고 자신들의 사업을 위한 틈새시장도 파악해두었다.

상업용 부동산 개발업자와 파트너가 될 수 있는지, 도시에서 HVAC의 수요는 얼마나 되는지, 지역의 인적 자원은 어떠한지, 이들 도시는 다른 기업에게 인센티브를 얼마나 제공했는지, 도시시장으로 진입하는 중국계 기업에 대한 선호도는 어떠한지 등 여러 가지를 조사했다. 두 도시에 각각 전략적 투자의향서를 작성해 제출했고, 긍정적인 답변이 돌아왔다. 곧이어 협상을 위한 회의 일정이 수립되었고, 두 도시에서 동시에 논의가 진행되었다.

도시 당국도 마케터의 관점을 지녀야 한다

이제 도시의 마케터들을 위한 전략을 살펴보기로 하자. 도시의 주요 관심사는 더 많은 기업이 자신의 도시시장으로 들어오도록 만드는 것이다. 이와 관련된 마케팅은 대개 시장과 시의 경제개발 부서, 정치인, 기업가 등이 해야 하며, 이들은 실현 가능한 기업 유치 계획을 창출해야 한다. 그렇다면 이들은 도시와 기업 모두에게 이익을 안겨줄 합의안을 도출하기 위해 무엇을 어떻게 해야 하는가?

투자자는 또 다른 투자자를 낳는다

도시는 어떤 기업을 유치하는 것이 유익한지에 대한 의사결정을 내려야 한다. 도시는 어떤 기업과 산업이 도시 경제에 혜택을 안겨줄 것인지를 예측해야 한다.

우선 도시가 보유한 특별한 기량과 장점을 파악하는 것부터 시작해야 한다. 다시 신하오의 사례로 돌아가서, 애틀랜타와 로스앤젤레스는 모두 2012년 기준 미국에서 상업적 건설이 가장 많이 진행된 상위 다섯 개 도시에 포함된다. 두 도시 모두 글로벌 HVAC기업을 유치할 수 있는 기회를 잡고 싶어 한다. 아직까지 자신들의 도시에 본사를 두고 있는 미국계 HVAC 기업이 없기 때문이다. 사전조사를 통해 중국계 글로벌 HVAC기업들이 미국시장에 진입하려 한다는 사실도 알고 있다. 또한 중국기업을 유치해 만족스러운 투자 경험을 갖게 해준다면, 다른 중국기업의 투자가 연이을 것이라는 사실도 알고 있다. 중국 투자자는 더 많은 중국 투자자를 낳기 마련이다.

투자자는 보다 우호적인 도시를 원한다

애틀랜타와 로스엔젤레스는 신하오의 랭리 사업부를 포함한 중국 HVAC기업들에게 접근한다. 이는 대개 중국에 위치한 그룹의 본사 또는 중국에서 사업을 하고 있는 미국의 기업가를 통해 이루어진다. 두 도시의 시장들은 여러 경로를 통해 신하오의 환심을 사기 위해 노력하고, 마침내 기업으로부터 관심을 갖고 있다는 반응을 얻는다.

이 두 도시는 또한 신하오의 관심을 이용해 미국계 HAVC기업들의 투자를 늘리도록 유도하는 방안도 강구한다. 미국의 기업들이 새로운 글로벌 주자가 시장을 장악하는 것을 수수방관하지만은 않을 것 아닌가. 캐리어, 존슨 컨트롤즈(Johnson Controls), 트레인, 레녹스 등은 도시 내에 판매 조직을 두고 있지만 외국계 HVAC기업의 사업본부가 들어서면 만만찮은 경쟁이 펼쳐질 것이다. 미국계 기업들이 투자를 확대해 이들 두 도시에서 입지를 강화하고, 중국계 기업의 진입을 차단하거나 무력화시킬 가능성은 매우 높다.

경쟁을 벌이고 있는 두 도시는 중국의 신하오와 랭리 사업부가 호락호락하지 않으며, 그들이 다른 나라의 도시들에서 또 다른 기회를 찾을 수 있다는 사실을 인지하고 있다. 신하오와 랭리를 미국의 기업들과 입찰 경쟁을 벌이게 한다면 중국인들의 반감을 살지도 모른다. 그럼에도 불구하고 한 도시는 입찰을 통해 기업을 정하기로 결정했다. 하지만 다른 한 도시는 중국기업에게 집중하는 쪽을 선택하고, 거래 조건에 대한 협상에 들어가기로 결정했다. 당연히 중국기업은 이 도시를 선택했다.

최종 계약을 체결하기 전까지 조바심을 버려야 한다

협상을 위해서는 전략과 전술적 세부 사항 등이 필요하다. 일정 수준 이상의 상호 신뢰를 바탕으로 합의에 도달하면, 쌍방은 시한을 정하고 독점적 권리를 인정하는 기본 조건이 명시된 양해각서(MOU)를 체결한다.

MOU를 체결한 뒤 양 당사자는 실사를 수행하고 제안서를 준비할 수 있는 시간을 갖는다. 중국기업의 입장에서 본다면 투자 제안서가 될 것이고, 미국도시의 입장에서 보자면 도시가 제공할 인센티브 제안서가 될 것이다. 각자 제안서를 작성해 서로 교환한다. 그 과정에서 엔지니어, 산업 분야 전문가, 변호사, 금융기관, 마케팅 전문가, 홍보 에이전트, 중국 및 미국 정부의 상업 관련 관청, 정치인, 기업가, 시민단체 등의 지원과 도움이 필요하다. 이렇게 긴 협상 과정은 계약의 체결로 마무리될 수도 있고, 선택 사항에 관한 협상이 장기간 이어질 수도 있으며, 협상이 중단될 수도 있다. 설사 양 당사자가 계약 체결에 합의한다 하더라도, 최종 계약 체결까지 머나먼 길을 가야 할지도 모른다. 결국 협상 과정에서는 조바심을 버리고 상대방으로 하여금 원하는 것을 얻어내야 할 것이다.

결론

가상의 기업 신하오의 사례는 각자의 기회와 장점을 극대화할 수 있는 방법을 모색하는 도시와 기업 사이에서 흔히 발생하는 상황을 재현한 것이다. 기업과 도시는 모두 상대방의 관심을 끌기 위해 마케팅한다. 만약 기업이 잘 알려진 존경받는 기업이라면, 도시 당국은 기업에게 유리한 조건을 제시할 것이다. 도시의 이익이 다소 줄어든다 해도 어쩔 수 없는 일이다. 그 반대의 경우도 생각해볼 수 있을 것이다. 도시가 다른 경쟁 도시들에 비해 월등히 우월하다면, 기업에게는 선택의 여지가 없이 그 도시에 진입해야만 하는 경우도 있을 수 있다. 이 경우에 기업은 자신의 이익이 다소 줄어든다 해도 도시에는 유리한 조건을 제시할 것이다.

이러한 과정을 거쳐 투자 협상이 체결되면, 한편으로는 도시의 경제성장률에 영향을 미치고, 다른 한편으로는 기업의 수익성에 영향을 미친다. 대부분의 협상은 당사자인 도시와 기업이 보유한 마케팅의 세련도와 협상의 기술에 의해 결정된다. 그러므로 마케터의 역량이 절실히 필요하다. 마케터의 역량에 따라 기업과 도시의 수익성이 달라질 수 있기 때문이다.

미래를 위한 질문

1. 현재 기업 내에는 새로운 글로벌도시 지역을 전략적으로 선별하는, 고위경영진으로 구성된 조직체가 갖추어져 있는가?
2. 기업 내에서 어떤 팀이 입지 선정을 담당하고 있는가?
3. 현재 도시 내에는 도시에 혜택을 안겨줄 만한 다국적기업을 파악할 수 있는 충분한 자원과 인력, 권한을 보유한 경제개발 부서가 설치되어 있는가?
4. 기업이 수행하는 정보 수집, 프로파일링, 커뮤니케이션, 협상 등의 절차는 체계적인가, 아니면 두서없는가?

5. 이 책을 읽고 투자 대상으로 삼을 만한 도시를 발견했는가? 그렇다면 그 도시는 어디인가?

5. 이 책을 읽고 투자 대상으로 삼을 만한 도시를 발견했는가? 그렇다면 그 도시는 어디인가?

필립 코틀러
시장의 미래

지은이 | 필립 코틀러 · 밀턴 코틀러

옮긴이 | 안진환 · 최정임

초판 1쇄 찍은날 · 2015년 8월 20일

초판 1쇄 펴낸날 · 2015년 8월 25일

펴낸이 · 이효순 | 펴낸곳 · 일상과 이상 | 출판등록 · 제300-2009-112호

편집인 · 김종필

주소 · 경기도 고양시 일산서구 일현로 140 112-301

전화 · 070-7787-7931 | 팩스 · 031-911-7931

이메일 · fkafka98@gmail.com

ISBN 978-89-98453-25-1 03320

자연과 더불어 사는 기업,
친환경 재생지로 만든 책